A QUARTA REVOLUÇÃO

John Micklethwait e Adrian Wooldridge

A QUARTA REVOLUÇÃO

A corrida global para reinventar o Estado

TRADUÇÃO
Afonso Celso da Cunha Serra

PORTFOLIO
PENGUIN

Copyright © John Micklethwait and Adrian Wooldridge, 2014
Todos os direitos reservados.

A Portfolio-Penguin é uma divisão da Editora Schwarcz S.A.

Grafia atualizada segundo o Acordo Ortográfico da Língua Portuguesa de 1990, que entrou em vigor no Brasil em 2009.

PORTFOLIO and the pictorial representation of the javelin thrower are trademarks of Penguin Group (USA) Inc. and are used under license. PENGUIN is a trademark of Penguin Books Limited and is used under license.

TÍTULO ORIGINAL The Fourth Revolution — The Global Race to Reinvent the State
CAPA Mateus Valadares
PREPARAÇÃO Juliana Cunha
ÍNDICE REMISSIVO Probo Poletti
REVISÃO Marise Leal, Carmen T. S. Costa e Adriana Bairrada

Dados Internacionais de Catalogação na Publicação (CIP)
(Câmara Brasileira do Livro, SP, Brasil)

Micklethwait, John
A quarta revolução: a corrida global para reinventar o Estado / John Micklethwait e Adrian Wooldridge ; tradução Afonso Celso da Cunha Serra. — 1ª ed. — São Paulo: Portfolio-Penguin, 2015.
Título original: The Fourth Revolution — The Global Race to Reinvent the State.
ISBN 978-85-8285-007-7
1. Ciência política — História 2. Estado 3. Estados Unidos — Política e governo — 1989 — 4. Hobbes, Thomas, 1588-1679 — Visão política e social 5. Mill, John Stuart, 1806-1873 — Visão política e social 6. Mudança social 7. Política mundial — 1989 — 8. Webb, Beatrice, 1858-1943 — Visão política e social I. Wooldridge, Adrian. II. Título.
15-00451   CDD-320.1

Índice para catálogo sistemático:
1. Estado : Ciência política   320.1

[2015]
Todos os direitos desta edição reservados à
EDITORA SCHWARCZ S.A.
Rua Bandeira Paulista, 702, cj. 32
04532-002 — São Paulo — SP
Telefone (11) 3707-3500
Fax (11) 3707-3501
www.portfolio-penguin.com.br
atendimentoaoleitor@portfoliopenguin.com.br

Para
Tom, Guy e Edward
Ella e Dora

SUMÁRIO

Introdução   9

I. Três revoluções e meia   31

1. Thomas Hobbes e a ascensão do Estado nacional   33
2. John Stuart Mill e o Estado liberal   51
3. Beatrice Webb e o Estado de bem-estar social   67
4. O paraíso perdido de Milton Friedman   82

II. Do Ocidente para o Oriente   101

5. Os sete pecados mortais — e uma grande virtude — do governo da Califórnia   103
6. A alternativa asiática   130

III. Os ventos da mudança   163

7. O lugar onde o futuro aconteceu primeiro   165
8. Consertando o Leviatã   183

9. Para que serve o Estado? 213

Conclusão: O déficit democrático 239

Agradecimentos 259
Notas 261
Índice remissivo 275

INTRODUÇÃO

ENTERRADA NOS SUBÚRBIOS DE XANGAI, perto do poluído anel rodoviário da cidade, a China Executive Leadership Academy — CELAP (Academia Chinesa de Liderança Executiva), em Pudong, mais parece um complexo militar. Há arame farpado nas cercas em torno do complexo e guardas no portão. No entanto, quando se chega no campus pela rua das Expectativas Futuras, que tem mesmo esse nome esquisito, a sensação é de estar entrando em Harvard, só que redesenhada pelo Dr. No. Ao centro, um enorme edifício vermelho brilhante em forma de escrivaninha se destaca. Ao seu lado, encontra-se um tinteiro escarlate igualmente monumental. Ao redor desses prédios, espalhados por cerca de 420 mil metros quadrados, veem-se lagos e árvores, bibliotecas, quadras de tênis, um centro esportivo (com ginásio, piscina e mesas de pingue-pongue) e vários prédios marrons com dormitórios, todos projetados para parecerem livros abertos. A CELAP denomina o lugar de "campus", mas a organização é demasiado disciplinada, hierárquica e empresarial para ser uma universidade. Os locais chamam-na de "escola de treinamento de quadros", o que parece um nome mais adequado, visto que essa é uma organização voltada para a dominação mundial.

Os alunos da academia de liderança são os futuros governantes da China. Os dormitórios de aparência idêntica mascaram uma rigorosa ordem hierárquica que inclui suítes para os hóspedes mais antigos, vindos de Pequim. E, como em outras tentativas de supremacia global, constata-se certo travo de vingança. Treze séculos atrás, lembra o pessoal da CELAP aos visitantes, a China instituiu um sistema de seleção imperial para identificar os jovens mais aptos a se tornarem servidores públicos. Durante séculos, esses "mandarins" dirigiram o governo mais avançado do mundo; no século XIX, porém, os ingleses, os franceses e, por fim, os americanos, plagiaram o sistema — e o melhoraram. Desde então, possuir governos melhores tem sido uma das grandes vantagens do Ocidente. Agora, os chineses querem reconquistar o trunfo perdido.

Quando a academia de liderança foi constituída, em 2005, o presidente Hu Jintao explicitou seu propósito: "Para fazer da China uma sociedade próspera e moderna sob todos os aspectos e para desenvolver um socialismo com características chinesas, precisamos urgentemente de programas de treinamento em larga escala para melhorar significativamente a qualidade de nossos líderes". Em vez de concentrar-se na doutrinação, como ocorre nas escolas partidárias, a CELAP e suas irmãs menores em Jinggangshan (CELAJ) e Yan'an (CELAY) seriam instituições com propósitos práticos. A ideia aqui é alavancar as habilidades dos alunos, fortalecer sua mentalidade global e aprimorar sua capacidade de fazer apresentações e discursos em público. Tudo isso visa complementar aquilo que já é transmitido pelas escolas partidárias. O fato, contudo, de a CELAP situar-se em Xangai, enquanto a escola partidária central funciona em Pequim, acrescenta um frisson competitivo. Quando um aluno treinando em Pudong explica que a escola partidária foca no "por quê", enquanto a CELAP se ocupa do "como", não há dúvida sobre qual dessas questões ele considera mais importante para o futuro da China. Se a CELAP tivesse um lema, talvez fosse o verso de Alexander Pope: "Que os tolos contestem as formas de governo/ Qualquer que seja, a melhor é a mais bem administrada".

Movidas pelo desejo de "administrar melhor", cerca de 10 mil pessoas por ano frequentam os cursos da escola; novecentas delas são calouras. Algumas chegam ex officio, como é o caso de burocratas que

INTRODUÇÃO

acabaram de assumir uma empresa estatal, governadores prestes a gerir uma nova província e embaixadores a caminho de um novo posto. Pessoas assim costumam ser enviadas a Pudong para um curso de reciclagem. (Como forma de agradecimento, é praxe que os embaixadores ofereçam um livro à biblioteca da escola, simbolizando seu novo posto. O sujeito que presenteou a biblioteca com uma cópia de *The Rough Guide to Nepal*, contudo, teve que se explicar.) De maneira geral, os cursos da academia de liderança se tornaram um prêmio cobiçado por todo burocrata ambicioso. Os servidores públicos chineses devem passar por três meses de treinamento a cada cinco anos, ou cerca de 133 horas por ano. Os cursos da CELAP estão com excesso de demanda: há três candidatos para cada vaga, a maioria vice-diretores gerais, o quarto cargo mais alto na hierarquia chinesa.

As duas perguntas mais comuns, diz um professor, são "O que funcionaria melhor?" e "Será que isso pode ser aplicado aqui?". Um curso típico se divide em três partes: primeiro vêm as aulas teóricas; depois, os trabalhos de campo, quando os mandarins (como são chamados os altos funcionários chineses) estudam algo que talvez lhes seja útil; e, finalmente, a análise das aplicações práticas. Os temas variam desde aqueles que são relativamente simples, como a maneira mais conveniente de demolir casas para viabilizar projetos de infraestrutura, até os mais complexos, como o desenvolvimento de sistemas de aposentadoria e pensões mais equitativos. O apetite por ideias é voraz e elas brotam de todos os lugares: de empresas locais (há mais de duzentos centros de estudos de campo no delta do rio Yangtzé, incluindo um minicampus da CELAP na cidade de Kunshan); das diversas universidades do país; de pensadores ocidentais da área de gestão.

Ao modernizarem sua economia, os chineses buscaram inspiração no Ocidente. Ainda hoje, a academia de liderança envia representantes ao Vale do Silício em busca de inovações. Já o governo é outra história. Diz-se que a CELAP é uma espécie de Kennedy School da China, e Joseph Nye, ex-reitor da Kennedy School of Government [Escola Kennedy de Administração Pública], já esteve lá como palestrante. Não faltam insinuações, porém, de que Harvard seria teórica demais para satisfazer as necessidades imediatas da China. Exemplos históricos não são muito valorizados por aqui, tampouco as virtudes da democracia e do soft power. O propósito da CELAP é produzir governos eficientes aqui e agora, é proporcionar assistência médica barata e escolas disciplinadas. Desse ponto de vista, há exemplos melhores para se observar — Cingapura talvez seja o mais notável — do que os Estados Unidos, onde impasses políticos e diferenças entre os partidos do governo acabam atravancando as decisões.

A cidade-Estado pode ser minúscula, mas fornece quase tudo que os chineses esperam de um governo — escolas de padrão internacional, hospitais eficientes, lei e ordem, planejamento industrial —, tudo isso com um setor público que, proporcionalmente, equivale à metade do americano. Para os chineses, é o Vale do Silício do governo. Até a proposta que se situa no âmago da CELAP — treinar a elite do serviço público — se baseia no modelo de Cingapura, embora os chineses se gabem de que suas exigências são mais rigorosas. Sendo assim, não é surpresa que a academia de liderança exiba com orgulho fotografias de seus membros de maior destaque participando de reuniões em Cingapura, e do fundador de Cingapura, Lee Kuan Yew, visitando o campus.

Às vezes a academia de liderança pode parecer um pouco cômica. Seus dirigentes não raro se atrapalham ao tentar explicar por que alguns conceitos que funcionam bem no exterior, como democracia e liberdade de expressão, não funcionariam na China, por "motivos culturais". Um professor recorre a um provérbio sobre certas laranjeiras que produzem frutos doces "apenas na margem sul do rio". A corrupção em Washington é denunciada em termos grandiloquentes, ainda que o patrimônio conhecido dos cinquenta membros mais ricos do Congresso Nacional do Povo, de Pequim, chegue a US$ 95 bilhões — sessenta vezes a riqueza total dos cinquenta membros mais ricos do Congresso americano, que ainda são monitorados de maneira mais rigorosa.[1] Os sites locais de Xangai estão cheios de histórias sobre ineficiência e suborno no governo. Se a CELAP existe é justamente porque os chineses sabem que precisam melhorar.

No fim das contas, a reação mais natural de um político ocidental ao visitar a CELAP deve ser parecida com a de um industrial ocidental que visitava uma fábrica de Xangai duas décadas atrás: espanto e, talvez, um pouco de medo. Se há vinte anos a China buscou deliberadamente reinventar a arte do capitalismo, o esforço agora é para redescobrir a arte de governar. A diferença crucial é que os chineses hoje acreditam que têm muito menos a ganhar estudando as formas de governo ocidentais do que tinham no passado, estudando o capitalismo ocidental.

O Leviatã e seus descontentes

A CELAP pode ser extraordinária, mas está longe de ser a única. No mundo todo, de Santiago a Estocolmo, políticos e burocratas mais argutos também estão vasculhando exemplos estrangeiros em busca de ideias. O motivo é simples: o principal desafio político da próxima década será consertar o governo. Em *O federalista*, Alexander Hamilton exortou seus compatriotas americanos a decidirem se "as sociedades humanas são mesmo capazes de constituir um bom governo, com base na reflexão e na escolha, ou se estão condenadas para sempre a ter organizações políticas que são fruto do acidente e da força".[2] Essas palavras continuam tão verdadeiras quanto na época em que foram escritas. Os países que forem capazes de constituir um "bom governo" terão melhores chances de proporcionar a seus cidadãos um padrão de vida razoável. Já os países incapazes de enfrentar o desafio estarão fadados ao declínio e à disfunção, da mesma forma que já ocorreu com os chineses no passado.

Porque o Estado está prestes a mudar. A revolução está no ar, induzida em parte pela pressão de recursos escassos; em parte pela lógica da competição crescente entre os Estados nacionais; e em parte pela oportunidade de fazer as coisas de um jeito melhor. Esta Quarta Revolução no governo mudará o mundo.

Por que a denominamos de *quarta* revolução? Para nos lembrarmos de que o Estado pode mudar drasticamente. No Ocidente, a maioria das pessoas conhece apenas um modelo — o do Estado democrático, em expansão constante, que domina nossas vidas desde a Segunda Guerra Mundial. A história, entretanto, nos apresenta uma narrativa diferente. De fato, a Europa e os Estados Unidos dispararam na frente justamente por continuarem mudando: seus governos se engajaram em um processo de melhoria contínua. Olhando para trás, há quem identifique dezenas de pequenas revoluções, como a "revolução no governo", implementada por Thomas Cromwell na Inglaterra dos Tudor; ou a reforma das pensões, conduzida por Otto von Bismarck na Alemanha do século XIX. Neste livro, optamos por simplificar as coisas e defendemos a ideia de que o Estado ocidental passou por três grandes revoluções e meia nos tempos modernos.

A primeira revolução ocorreu no século XVII, quando os príncipes da Europa construíram Estados centralizados e isso lhes trouxe vantagens em relação ao resto do mundo. Na década de 1640, quando Thomas Hobbes — um monarquista de meia-idade em fuga — produziu sua anatomia do Estado em plena Guerra Civil Inglesa, havia boas razões para acreditar que o futuro era a China ou a Turquia. Hobbes decidiu batizar o Estado, que ele considerava a única resposta para a sordidez, a brutalidade e a brevidade da vida humana, com o nome de um monstro bíblico, o Leviatã. E que monstro de sucesso essa criatura se revelou! A incubadora europeia produziu monstros concorrentes e deu origem a um sistema de governo em aperfeiçoamento contínuo: os Estados nacionais se transformaram em impérios comerciais e, depois, em democracias liberais empreendedoras. A luta por proezas políticas e econômicas foi sangrenta e confusa — a Inglaterra guerreou contra praticamente todos os países da Europa Ocidental —, mas essas disputas permitiram que o Ocidente deixasse outras regiões do mundo para trás.

A segunda revolução ocorreu no fim o século XVIII e durante o século XIX, quando as revoluções americana e francesa acabaram se espalhando por toda a Europa à medida que as reformas liberais substituíam os sistemas de patronagem monárquicos (conhecidos na Inglaterra como a "Velha Corrupção") por governos mais meritocráticos e responsáveis. Nós nos concentramos aqui na manifestação inglesa dessa revolução em parte porque suas irmãs mais conhecidas incluem fatores que dispersam a discussão — a Revolução Francesa degenerou em carnificina, enquanto a Americana teve uma virtude peculiar de alastrar-se por um país de dimensões continentais — e em parte porque a revolução vitoriana é a que parece ser mais relevante hoje. Os liberais

INTRODUÇÃO

ingleses pegaram um sistema velho e decrépito e o reformaram desde o âmago, priorizando a eficiência e a liberdade. Eles "roubaram" a ideia da China de ter servidores públicos civis profissionais, selecionados por concurso; atacaram o compadrio; abriram os mercados; e restringiram os direitos do Estado de subverter a liberdade. O "Estado vigia noturno", ou o "Estado mínimo" proposto por John Stuart Mill e outros, era ao mesmo tempo mais enxuto e mais competente. Embora o tamanho da população inglesa tenha aumentado em mais de 50% entre 1816 e 1846 e os vitorianos tenham melhorado em muito os serviços públicos (criando inclusive a primeira força policial moderna), a receita tributária do Estado caiu de £80 milhões para £60 milhões[3] e reformadores posteriores como William Gladstone continuaram buscando maneiras de "poupar tocos de vela e raspas de queijo pelo bem do país".

No entanto, como frequentemente acontece, uma revolução puxa a outra. Durante a segunda metade do século XIX, o liberalismo começou a questionar suas raízes no Estado mínimo: de que servia a liberdade, indagavam Mill e seus discípulos, a um trabalhador que não tinha acesso à educação nem à assistência médica? Além disso, se é verdade que esse homem (e, eventualmente, essa mulher) merecia o direito ao voto — pensar diferente disso seria contradizer a ideologia liberal —, então a escolarização deveria ser ampla e ambiciosa. E se os governos estavam competindo uns com os outros — e essa visão ganhava espaço à medida que Bismarck transformava a Prússia em uma grande potência —, quem melhor educasse seus trabalhadores decerto teria mais condições de triunfar.

Melhorar as condições de vida de todos os cidadãos, portanto, tornou-se parte do contrato com o Leviatã. Essa medida pavimentou o caminho para a aberração do comunismo, mas também para a terceira grande revolução: a invenção do moderno Estado de bem-estar social. O Estado de bem-estar social foi outro projeto que mudou muito em relação ao que seus ideólogos, como Beatrice e Sidney Webb, imaginaram; mas, em linhas gerais, é o que vivemos hoje em boa parte do Ocidente. Na Europa Ocidental e nos Estados Unidos, o Estado de bem-estar social prevaleceu sem maiores contestações desde a Segunda Guerra Mundial — exceto durante a década de 1980, quando Margaret

Thatcher e Ronald Reagan, inspirados por pensadores liberais clássicos como Milton Friedman, contiveram temporariamente a expansão do Estado e privatizaram as torres de comando da economia. Chamamos esse movimento empreendido por Thatcher e Reagan de meia revolução porque, embora ele tenha recuperado algumas ideias fundamentais da segunda revolução "liberal", acabou contribuindo muito pouco para reverter o tamanho do Estado.

Cada uma dessas revoluções teve reviravoltas importantes, como veremos adiante. O que fica claro, porém, é que, nos últimos quinhentos anos, a Europa e os Estados Unidos foram fontes de novas ideias sobre como o Estado deveria funcionar. Nem todas elas foram eficazes; mas, mesmo quando consideramos suas degenerações mais grosseiras como o fascismo e o comunismo, notamos que o Ocidente persistiu no esforço, pelo menos em teoria, de construir o futuro. O resto do mundo se limitava a seguir o que o Ocidente criava. Os chineses e os russos seguiram o marxismo. A Índia, ao tornar-se independente, em 1947, adotou o fabianismo, um movimento político-social britânico, embora tenha incendiado o imperialismo britânico. Apesar de sua relação de amor e ódio com os gringos do norte, a América Latina viu sua economia decolar há duas décadas, quando a maioria dos países da região adotou o "Consenso de Washington" (frase cunhada por John Williamson para designar uma administração que combinava a abertura do mercado a uma gestão econômica cautelosa). Mesmo em Pudong as pessoas reconhecem que, até pouco tempo atrás, o modelo ocidental representava o padrão-ouro da modernidade.

Liberdade e democracia foram os elementos centrais desse modelo. A ascensão do Estado ocidental não se resumiu a criar um serviço público competente. Mesmo o monstro de Hobbes, como veremos, era uma proposta perigosamente liberal para ser feita por um monarquista, pois o Leviatã se baseava na ideia de um contrato social entre governantes e governados. Os liberais vitorianos achavam que ter um Estado liberal bem governado era pré-requisito para a emancipação do indivíduo. Seus sucessores, adeptos do fabianismo, encaravam o Estado de bem-estar social como requisito para a realização individual. À medida que se expandia, o Estado ocidental concedia mais direitos aos indivíduos — o direito ao voto, à educação e saúde, ao bem-estar. Coisas como educação universitária, que um século atrás eram consideradas privilégios de homens brancos e ricos, passaram a ser vistas como serviços públicos, em alguns casos até mesmo gratuitos, para todos os cidadãos.

Contudo, o Estado ocidental agora padece de outro mal: o inchaço. As estatísticas mostram parte do problema. Nos Estados Unidos, os gastos públicos aumentaram de 7,5% do PIB em 1913 para 19,7% em 1937, para 27% em 1960, e para 49% em 2011. No Reino Unido, subiram de 13% em 1913 para 49% em 2011. Em treze países ricos, a proporção média dos gastos cresceu de 10% para 49%.[4] Esses números, porém, não refletem totalmente a maneira como o governo se tornou parte de nossas vidas. O Leviatã americano reivindica o direito de monitorar seus e-mails e de dizer a você o quanto é preciso estudar para se tornar cabeleireiro na Flórida (dois anos). Também obriga os hospitais americanos a identificar doenças por códigos. Ao todo, são 140 mil códigos, um deles trata de lesões provocadas por tartarugas. O governo costumava ser um parceiro ocasional, a outra parte no contrato social imaginado por Hobbes, o vigia noturno a nos observar em silêncio na teoria formulada por Mill. Hoje está mais para uma babá onipresente. Nos idos de 1914, "um inglês sensato e cumpridor das leis podia passar a vida sem notar a presença do Estado, exceto a do carteiro e a do policial da esquina", observou o historiador A. J. P. Taylor. "Ele vivia como e onde quisesse... De modo geral, o Estado atuava apenas para ajudar quem não podia se virar sozinho e deixava o cidadão adulto em paz." Hoje, o inglês sensato e cumpridor das leis não consegue passar uma hora sem notar a existência do Estado, quiçá a vida.

Foram feitas várias tentativas no sentido de conter a hipertrofia do Estado. Em 1944, Friedrich Hayek advertiu para o fato de que o Estado ameaçava esmagar a sociedade que lhe deu vida em seu livro *O caminho da servidão*, obra que viria a ser fonte de inspiração para políticos conservadores. Em 1975, o atual governador da Califórnia, Jerry Brown, proclamou uma "era de limites". Essa preocupação com os "limites" reformulou profundamente os conceitos sobre o Estado nos quinze anos seguintes. Na década de 1990, tanto a esquerda quanto a direita achavam que a globalização restringiria o Estado: Bill Clinton profetizou que a era dos grandes governos chegara ao fim. Na verdade, o Leviatã tinha apenas parado para respirar. Pouco tempo depois, o Estado retomaria seu crescimento. George W. Bush aumentou o tamanho do governo americano mais do que qualquer outro presidente desde Lyndon Johnson e a globalização intensificou o anseio de muitos por uma rede de segurança. Mesmo considerando seus retrocessos recentes, o Estado ocidental moderno é mais poderoso que qualquer outro na história e muito mais robusto, de longe, que qualquer empresa privada. O Walmart talvez disponha da mais eficiente cadeia de fornecimento do mundo, mas não tem respaldo legal para tributar e aprisionar cidadãos — nem para interceptar suas conversas telefônicas. O Estado moderno é capaz de matar pessoas do outro lado do mundo ao toque de um botão — e de assistir à cena em tempo real.

Existem diversas razões econômicas e demográficas que fazem com que muitos acreditem que o Estado continuará a crescer. Os direitos sociais aumentam à medida que as populações envelhecem. Os governos dominam áreas da economia, como saúde e educação, que são resistentes ao aumento da produtividade. No entanto, existem outras razões para a disseminação do Estado que são de natureza política. A ânsia de aumentar os tentáculos do governo tem crescido tanto na esquerda quanto na direita, aquela exaltando a importância de hospitais e escolas, esta enaltecendo presídios, exércitos e polícias, e ambas multiplicando leis e regulamentos. A exortação de que "algo precisa ser feito" (ou seja, que uma nova lei ou departamento precisa ser criado) emerge com a mesma frequência tanto da Fox News e do *Daily Mail* quanto da BBC e do *New York Times*. Apesar de toda a preocupação com pessoas que "se encostam" nos benefícios sociais em vez de trabalharem, a verdade é que grande parte dos gastos públicos com bem-estar social se destina às classes médias, boa parte dela conservadora. Os eleitores sempre votaram por mais serviços, a única diferença é que alguns se ressentem mais em ter que pagar por eles. Os cartazes apócrifos em um comício do Tea Party instando a "inchada máquina estatal" a "manter-se longe do meu Medicare" resumem a hipocrisia de muitos americanos em relação ao Estado.

INTRODUÇÃO

Para o bem ou para o mal, democracia e elefantíase estatal caminham de mãos dadas. Os políticos se esforçam para nos dar mais daquilo que queremos — mais educação, mais assistência médica, mais presídios, mais pensões, mais segurança, mais direitos sociais. Mesmo assim — eis o paradoxo —, não estamos satisfeitos.

Os eleitores sobrecarregam o Estado com suas reivindicações, depois se enfurecem com seu mau funcionamento. De Seattle a Salzburg, desconfia-se que o sistema que serviu tão bem ao Ocidente tenha se tornado disfuncional; que, recorrendo ao jargão dos institutos de pesquisas de opinião, as coisas estejam "no trilho errado"; que nossos filhos tenham uma vida pior que a nossa. Nos Estados Unidos, o governo federal tem menos apoio popular hoje do que Jorge III tinha durante a Revolução Americana: apenas 17% dos americanos confiam no governo federal, menos da metade de 1990 e um quarto dos 70% da década de 1960.[5] O Congresso não raro conta com a aprovação de apenas 10% da população. A afiliação a partidos políticos despencou. Na Inglaterra, menos de um 1% da população é membro de algum partido político. O número de conservadores de carteirinha caiu de 3 milhões na década de 1950 para 134 mil hoje, um desempenho que levaria qualquer empresa privada à falência. Nos Estados Unidos, há mais pessoas se declarando independentes ou apartidárias do que republicanas ou democratas. Os únicos políticos que despertam paixão parecem situar-se nos extremos — são aqueles que rejeitam totalmente o Estado, que se recusam a apoiar qualquer tipo de reforma, que atribuem todas as mazelas do mundo aos imigrantes, aos banqueiros ou à União Europeia.

A guinada aos extremos não é surpreendente se considerarmos a incapacidade do centro de encarar a realidade. Observando as duas maiores crises dos governos ocidentais, a lambança fiscal americana e o colapso do euro, constata-se que, em geral, os políticos mais relevantes se comportaram como avestruzes. No primeiro caso, a maioria dos economistas concorda que a solução seria uma combinação de redução de gastos e aumento de impostos; a discordância encontra-se na proporção de cada uma das medidas. Na maioria dos casos de "ajustes fiscais" bem-sucedidos em outros países, a redução de gastos se incumbiu da maior parte do trabalho, mas nunca resolveu tudo sozinha. Mesmo assim, na última eleição presidencial todos os candidatos republicanos rejeitavam enfaticamente a ideia de qualquer aumento de impostos. "Nem um tostão a mais", era o bordão universal. Os democratas, por sua vez, se mostraram apenas levemente menos teimosos em sua recusa obstinada a admitir restrições na seguridade social.

Pode-se argumentar que os americanos ainda têm um pouco de gordura para queimar antes de serem obrigados a encarar a realidade fiscal. A crise do euro, por outro lado, já é um fato inescapável. Mesmo assim, vamos pensar nas eleições nas três maiores economias da Zona do Euro. A corrida presidencial francesa de 2012 foi um exercício de negação em que nem Nicolas Sarkozy nem François Hollande admitiram a ideia de cortes na máquina estatal mais inchada do continente. Em 2013, embora o país enfrentasse a pior crise desde a guerra, um em cada quatro italianos não se deu ao trabalho de votar — e mais da metade dos votantes escolheu Beppe Grillo, ex-comediante, ou Silvio Berlusconi, bufão congênito. Não se pode acusar Angela Merkel de bufonaria, mas mesmo sua vitória fácil na Alemanha, em 2013, foi uma recusa nacional em encarar a realidade, uma ilusão coletiva de que a crise do euro era um problema do sul da Europa e que sobrava aos austeros alemães o fardo de salvar o continente. Ninguém discutiu o fato de que os bancos alemães só continuavam de pé porque seus devedores do sul tinham sido socorridos com dinheiro público.

Existem algumas razões práticas para essa guinada aos extremos. Nos Estados Unidos, o *gerrymandering*, ou loteamento político, deixou muitos distritos eleitorais nas mãos de políticos linha-dura, ao passo que o sistema de governo da União Europeia é um labirinto de irresponsabilidade. A realidade nua e crua, porém, é que os eleitores — sejam eles bávaros furiosos com os italianos indolentes vivendo *la dolce vita* às custas de seus euros ou gregos raivosos com a austeridade de Merkel — estão frustrados com o sistema. Estão muito zangados. Não aguentam mais. O Ocidente perdeu a confiança em seu sistema de governo.

O mesmo pode-se dizer do mundo emergente. Depois de dez anos de um crescimento espetacular de seus mercados, muitos emergentes também estão discutindo seus próprios governos. Os principelhos chi-

INTRODUÇÃO

neses já começaram a perceber que a continuidade do progresso depende agora da melhoria do Estado, não mais apenas da abertura de mercados. E, assim como os indianos, eles agora encaram as consequências dessa maior liberdade dos mercados — uma classe média escolarizada cada vez mais farta de seu Estado antiquado, frequentemente corrupto.[6] No Brasil, os manifestantes se concentraram na corrupção: um em cada quatro brasileiros já pagou propina. Na Turquia, a queixa é contra a arrogância por parte do primeiro-ministro, Recep Tayhyip Erdogan, que age antes como um sultão do que como um democrata. Gurcharan Das, um astuto comentarista indiano, observa que, não muito tempo atrás, seus conterrâneos diziam que "a Índia cresce à noite, enquanto o governo dorme". Agora, eles se deram conta de que a Índia não tem condições de continuar crescendo se suas escolas permanecerem abaixo da média e suas estradas continuarem esburacadas.[7] Nem a China está imune: a insatisfação com a qualidade das escolas em Guangzhou é tão intensa quanto a que se percebe na praça Tahrir ou nas favelas de São Paulo.

O resultado disso é que o Estado está sob suspeita tanto nos países ocidentais avançados quanto no mundo emergente. O mistério é por que tão poucas pessoas admitem a probabilidade de mudanças radicais. Acontece que a manutenção do status quo é que parece improvável. Como disse o economista americano Herbert Stein certa vez, "Se algo não pode evoluir para sempre, um dia estagnará". O governo terá de reformular-se drasticamente nas próximas décadas. No mundo emergente, a era do crescimento noturno já se esgotou. Nos países ocidentais avançados, a era do "cada vez mais" se aproxima do fim. É chegada a hora de uma Quarta Revolução.

Por que é preciso mudar

Por que seria diferente desta vez? Restabelecer o controle sobre o Leviatã será o âmago das políticas globais devido à confluência de três forças: fracasso, competição e oportunidade. O Ocidente precisa de mudanças pois está prestes a quebrar. O mundo emergente necessita de reformas para continuar avançando. Uma competição global está em curso e ela traz tantas expectativas quanto temores: é possível fazer um sistema de governo melhor do que esse.

Dívidas e demografia são fatores que indicam que os governos dos países ricos têm que mudar. Mesmo antes do colapso do Lehman Brothers, os governos ocidentais gastavam mais do que arrecadavam. O governo dos Estados Unidos só teve cinco superávits desde 1960; a França não produz um superávit desde 1974-5. O aperto só aumentou a dívida já que os governos tiveram que tomar empréstimos. Em março de 2012, o total de títulos públicos em circulação era de mais ou menos US$ 43 trilhões.[8] No fim de 2001, esse total era de apenas US$ 11 trilhões. E essa quantia é unicamente uma fração do passivo total dos governos ocidentais, quando se incluem as pensões e a assistência médica. Os números referentes a muitas cidades são ainda piores: San Bernardino, na Califórnia, e Detroit, em Michigan, chegaram a pedir falência por causa disso.

E quem vai pagar essa conta? Na "velha Europa", por exemplo, a população em idade de trabalho atingiu seu pico em 2012, com 308 milhões — e deverá cair para 265 milhões em 2060. Esses jovens terão de sustentar muito mais idosos do que os jovens de hoje. O índice de dependência de idosos (proporção de indivíduos com mais de 65 anos para cada indivíduo com idade entre vinte e 65 anos) aumentará de 28% para 68% — isso assumindo que a UE permitirá a entrada de mais de 1 milhão de jovens imigrantes por ano.[9] Do outro lado do Atlântico, os Estados Unidos continuam usando o sistema tributário de um país com uma máquina estatal modesta e ocultando seus passivos de verdade com táticas que fariam Bernie Madoff corar. Com o envelhecimento dos baby boomers, o Congressional Budget Office avalia que só a conta da assistência médica aumentará em 60% nos próximos dez anos — dívida que hoje talvez seja gerenciável, mas os Estados Unidos precisam escolher: ou contêm os direitos sociais, ou aumentam os impostos em níveis extraordinários, ou cambaleiam de crise em crise.

A cada seis meses, o Fundo Monetário Internacional publica seu monitor fiscal, cuja Tabela Estatística 13a tem o título bombástico "Economias Avançadas: exemplos de necessidades de ajustes com base em

INTRODUÇÃO

metas de dívida de longo prazo". A última coluna do relatório apresenta uma estimativa do quanto o governo precisará reduzir nas despesas ou aumentar nas receitas a fim de diminuir o endividamento e fazê-lo retornar para níveis razoáveis até 2030. Essa estimativa leva em conta as despesas relativas ao envelhecimento da população. Nos Estados Unidos, o número é 11,7% do PIB; no Japão, 16,8%. A média dos países avançados do G20 é de 9,3%. Dá para questionar algumas recomendações do FMI quanto a determinados países: alguns economistas acham que os critérios são muito rigorosos em relação aos Estados Unidos, por exemplo, argumentando que o FMI estabelece uma meta desnecessariamente ambiciosa como limite da dívida pública (60% do PIB) e observando que pequenas mudanças nas taxas de crescimento ou nas receitas tributárias fariam enorme diferença nas projeções.[10] As duas últimas décadas da história política americana, no entanto, sugerem que seria ingênuo apostar na capacidade do país de aumentar impostos. Mesmo que de algum modo seja possível equilibrar os números, sem reformas sérias do setor público os Estados Unidos se transformarão em um "conglomerado de seguridades sociais protegido por um grande exército em prontidão",[11] com todo o dinheiro sendo escoado para direitos sociais e para a defesa, sobrando muito pouco para educação ou qualquer outra coisa.

Em um futuro previsível, o Estado ocidental se empenhará em desfazer-se de coisas — de muito mais coisas do que a maioria das pessoas imagina. Em alguns lugares onde os governos gerenciaram as próprias finanças com extrema ineficiência, como na Grécia e em algumas cidades americanas, esse descarte já tem sido drástico. Em San Bernardino, o procurador geral da cidade aconselhou a população a "trancar suas portas e carregar suas armas", porque a cidade já não tinha condições de pagar por uma força policial. Na Europa, mesmo os políticos mais apegados ao consenso reconhecem que algo precisa mudar: a estatística preferida de Angela Merkel é a de que a União Europeia abarca cerca de 7% da população mundial, 25% do PIB mundial e 50% dos gastos sociais.[12] Mudar esse quadro, no entanto, não será um processo indolor, e sim uma batalha sangrenta entre governos falidos forçados a cortar serviços públicos, eleitores ressentidos querendo manter seus direitos sociais, pagadores de impostos que querem obter mais benefícios com o dinheiro que dão ao governo e poderosos sindicatos de servidores públicos que querem manter seus privilégios. Se milhões de franceses foram às ruas quando o presidente Nicolas Sarkozy elevou a idade de aposentadoria de sessenta para 62 anos, Deus sabe o que acontecerá quando François Hollande ou seu sucessor se virem forçados a postergá-la para os setenta anos.

Essa batalha atingirá em cheio o coração da democracia. Os políticos ocidentais adoram gabar-se das virtudes da democracia e exortam países errantes, do Egito ao Paquistão, a adotá-la. Argumentam que o epíteto "uma pessoa, um voto" seja o remédio para todos os males, da pobreza ao terrorismo. A prática da democracia no Ocidente, todavia, afasta-se cada vez mais do ideal, com o Congresso americano contaminado pelo poder financeiro e pelo sectarismo enquanto os parlamentos europeus se encontram à deriva e a maior parte da população fica descontente. A triste verdade é que a democracia ocidental encontra-se esfarrapada e em frangalhos. Grupos de lobistas (muitos deles políticos e funcionários públicos) se revelaram extremamente eficazes em apossar-se do governo. O exemplo do Japão é assustador: por décadas o país não conseguiu reformar seu sistema político esclerosado, mesmo enquanto a economia murchava. A União Europeia parece seguir uma trajetória semelhante.

Se o fracasso é o melhor estopim para a mudança no Ocidente, a competição é o segundo melhor. Por conta de todas suas frustrações com o governo, o mundo emergente começa a desenvolver ideias novas e impressionantes, reduzindo bastante a vantagem competitiva dos países ocidentais avançados. Caso esteja em busca do futuro da assistência médica, a tentativa indiana de aplicar técnicas de produção em massa aos hospitais pode ser parte da resposta, da mesma forma como o sistema brasileiro de transferência de renda que estabelece condições que devem ser cumpridas pelos beneficiários de programas sociais é parte do futuro do bem-estar social. A coisa, porém, é mais profunda que isso. A Ásia, sob a influência chinesa, oferece novo modelo de governo que desafia dois dos valores mais cultivados pelo Ocidente: o sufrágio universal e a generosidade de cima para baixo. Essa "alternativa asiática" é uma mistura incomum de autoritarismo e Estado mínimo. A figura mais icônica desse modelo, Lee Kuan Yew, governou Cingapura por três décadas e tem sido um crítico severo do Ocidente, não só pela democracia irrestrita, mas também pelo bem-estar social, comparável, na opinião dele, a um bufê liberado onde coisas que deveriam destinar-se aos pobres, como universidade gratuita e assistência médica para idosos, converteram-se em direitos da classe média, inflados e dispendiosos. No que tange ao bem-estar social e à democracia, a China tenta seguir Cingapura, não o Ocidente: o país estendeu sua cobertura de pensões a mais 240 milhões de moradores rurais nos últimos dois anos, um número muito acima do número total de pensionistas americanos, mas também quer, inequivocamente, evitar os excessos dos Estados Unidos.

É fácil apontar furos no modelo asiático — e identificamos vários deles neste livro. Cingapura é muito pequena. A eficiência do governo chinês desmorona quando observamos o nível local. Até agora, o mundo emergente não explorou as vantagens trazidas pela tecnologia para fazer grandes avanços. O Brasil se encaminha para uma crise previdenciária que talvez apequene, em contraste, a da Grécia e de Detroit. A Índia talvez tenha alguns dos hospitais mais inovadores do mundo, mas tem também algumas das piores estradas e dos mais preguiçosos políticos. Não se iluda, porém, achando que os países emergentes estão milhas e milhas atrás da Europa e dos Estados Unidos. Os burocratas da CELAP estão certos: os dias em que o Ocidente tinha o monopólio das melhores formas de governo ficaram para trás.

E neste ponto surge a terceira força motriz da mudança: a oportunidade de melhorar o governo. A crise do Estado ocidental e a expansão do Estado emergente estão chegando em uma época favorável: novas tecnologias oferecem a chance de melhorar o governo radicalmente, tanto quanto se perguntar velhas questões, incluindo a mais fundamental: "para que serve o Estado?". Como nas revoluções anteriores, as ameaças são óbvias: falência, extremismo, deriva. As oportunidades, porém, também se repetem: a chance de modernizar uma instituição que sobrecarregamos de atribuições.

Por que as ideias importam

Como mudar o Estado? Achamos que qualquer resposta deve envolver dois aspectos, um deles embasado no pragmatismo e outro fundamentado em princípios políticos.

A resposta pragmática, a ser praticada por pessoas de todas as crenças, consiste em melhorar a gestão e em explorar a tecnologia, em especial a tecnologia da informação. Cinquenta anos atrás, as empresas sofriam do mesmo inchaço que hoje aflige os governos. Desde então, as empresas se reinventaram drasticamente, tornando-se mais compactas, focadas e menos hierárquicas, com uma estrutura organizacional mais plana. Os governos podem fazer o mesmo. As máquinas estatais ainda estão presas à época da integração vertical, quando Henry Ford achava que fazia sentido ser dono da ovelha que forneceria a lã para o estofamento dos assentos de seus automóveis. O governo é péssimo em explorar boas ideias. Não há motivo para as escolas da Califórnia serem tão piores que as finlandesas ou cingapurenses, ainda mais considerando que o Estado americano gasta mais por aluno. Se todas as escolas de ensino fundamental dos Estados Unidos fossem tão boas quanto as de Massachusetts, o país teria alcançado o quarto lugar em leitura e o décimo em matemática no PISA de 2012, em vez de se contentar com o 17º e o 26º lugares, respectivamente. Na Itália, Trento conseguiu uma das mais altas pontuações do mundo em matemática, já a Calábria ficou dois anos atrás. O governo também é horrível em controlar a si mesmo: pense nas milhares de folhas gastas nas reformas financeiras Dodd-Frank. Ou simplesmente olhe para os números. O Escritório de Estatísticas Nacionais da Inglaterra estima que a produtividade do setor privado tenha aumentado em 14% entre 1999 e 2013. Em contraste, a produtividade do setor público diminuiu em 1% entre 1999 e 2010. Os governos precisam aprender com quem tem feito as coisas de modo mais inteligente da mesma maneira como as empresas que se encontravam em um processo de dispersão aprenderam com o método Toyota de produção, na década de 1980.

A tecnologia tem ainda mais potencial do que a gestão. A internet revolucionou tudo que encontrou pelo caminho, da imprensa ao varejo. Seria estranho se também não revolucionasse o Estado. A revolução da tecnologia da informação (TI) está tirando do Estado uma de suas principais fontes de poder — o fato de que ele possui muito mais informações do que qualquer outra organização. A revolução é também parte da cura para a "doença dos custos de Baumol". William Baumol, economista americano, dizia ser impossível reduzir o tamanho do Estado, pois ele se concentrava em áreas com grande intensidade de trabalho, como saúde e educação, nas quais os gastos continuarão a crescer com mais rapidez que a inflação. A produtividade no setor público é de fato péssima, contudo, os computadores e a internet estão começando a fazer pelos serviços o que as máquinas fizeram pela agricultura e pela indústria. Hoje é possível assistir às melhores palestras do mundo no iPad, de graça, em vez de pagar para ver vira-casacas em salas de palestras malcheirosas.

Defender uma melhoria na gestão pública deveria ser uma bandeira completamente apolítica. Quem não defende que as crianças tenham boas oportunidades logo no começo de suas vidas? Ou que idosos tenham uma aposentadoria digna? Mas o futuro dificilmente será assim, pois os principais obstáculos à modernização em geral são os sindicatos dos servidores públicos, quer sejam os professores americanos ou os ferroviários, franceses, aliados leais dos partidos de esquerda. No entanto, a verdade é que a esquerda tem mais a ganhar com a melhoria da gestão pública do que a direita, já que a primeira deposita mais esperanças na capacidade do governo de melhorar a vida do povo, especialmente a dos pobres. Não faz sentido que quem acredita na benevolência do governo evite que a administração pública contrate os melhores (ou que demita os piores), ou permita que a máquina pública seja conduzida por interesses individuais de quem a comanda. Pense em um fato surpreendente que aflorou durante o acirrado debate americano sobre o andamento atabalhoado do Obamacare: 94% dos projetos federais de TI dos últimos dez anos falharam, uns mais outros menos — mais de 50% ultrapassaram o prazo ou estouraram as verbas e 41,4% foram fracassos completos. O Pentágono gastou mais de US$ 3 bilhões com dois sistemas de assistência médica que nunca funcionaram de maneira adequada. O fracasso se explica em parte porque as rígidas normas do governo dificultam a contratação de especialistas em TI, mas também porque o governo se tornou refém dos poucos fornecedores que dominam as 1800 páginas de jargão hermético do Regulamento de Compras Federais. Se a esquerda de fato quer defender o governo, então ela precisa se empenhar para torná-lo o mais eficiente possível.

O futuro do governo, porém, envolve outros fatores além da melhoria da gestão. A certa altura, também será necessário tomar uma decisão mais importante. Por mais que se consiga melhorar o desempenho do Estado tal como hoje concebido, vai chegar o momento em que nos depararemos com a dúvida: será que esse é o tipo de organização estatal mais adequado? Para que serve o Estado? Essa questão é o cerne de um antigo debate — um debate que desapareceu durante a fase do bufê ilimitado da democracia moderna. Para Hobbes, a razão de ser do Leviatã era garantir a segurança. Para Mill e para o radical Thomas Paine, a resposta era liberdade. Para os socialistas fabianos, era o bem-estar da humanidade. Todos esses pensadores, porém, consideravam necessário responder a essa importante pergunta antes de partir para os detalhes práticos. Agora, essas questões são analisadas apenas no varejo. Os políticos modernos são como arquitetos que discutem as condições dos cômodos numa casa em ruínas, apressando-se em consertar uma janela aqui ou em pintar uma parede acolá sem jamais considerar as condições da edificação como um todo. Precisamos vistoriar a situação de toda a estrutura e refletir em profundidade sobre a função adequada do Estado em uma sociedade em rápida transformação. Precisamos fazer isso da mesma maneira que os vitorianos o fizeram, na alvorada da moderna era democrática.

Nesse grande debate, devemos admitir que nós, autores deste livro, temos um preconceito marcante: trabalhamos numa revista ancorada no liberalismo clássico, que, em geral, atribui grande valor à liberdade individual (um conceito que, a propósito, foi fundado na época daquela reinvenção vitoriana). Em geral, preferimos um Estado mais enxuto. Achamos que para entender o que deu errado é preciso reconhecer a necessidade de manter o governo sob controle. É preciso reconhecer que, em geral, o governo é uma ferramenta grosseira; que, deixado por conta própria, ele se expandirá inexoravelmente. Esse, porém, é um preconceito a ser testado em relação aos fatos, não uma convicção de fé dogmática.

Não compartilhamos da ideia libertária de que o governo seja, na melhor das hipóteses, um mal necessário. Falta de governo é uma coisa mais perigosa do que excesso de governo. Dificilmente alguém seria louco de preferir viver em um Estado falido como o do Congo, onde a falta do Leviatã torna a vida de fato "sórdida, brutal e curta", do que sob um governo grande e bem dirigido como o da Dinamarca. Ao financiar bens públicos como educação e assistência médica, os governos podem melhorar a eficiência e o bem-estar. O sistema de assistência médica supostamente "privado" dos Estados Unidos é mais oneroso em impostos e menos eficiente em serviços do que a contrapartida pública da Suécia. Uma das razões pelas quais a Alemanha é tão mais bem-sucedida que a Grécia é a atuação de um Estado eficaz na arrecadação de impostos, na prestação de serviços e na preservação da lei e da ordem. O mesmo se diria de Cingapura versus Malásia, China versus Rússia ou Chile versus Argentina.

Governos, portanto, podem sim ser instrumentos civilizatórios. Rejeitamos, contudo, a ideia progressista de que nada há de errado com o Estado que "mais Estado" não possa resolver. Talvez haja argumentos pragmáticos em favor do uso de gastos públicos no curto prazo para evitar que a economia afunde na recessão. Não se pode negar, todavia, a necessidade de domar o Leviatã no médio prazo. O Estado moderno sobrecarregado é uma ameaça à democracia: quanto mais atribuições o Leviatã assume, pior as executa e mais enfurece as pessoas — o que as leva a exigir ainda mais ajuda. Esse é o círculo vicioso da política progressista. Fundamentalmente, o Estado moderno também é ameaça à liberdade: quando o Estado toma a metade de tudo o que o cidadão produz; quando o impede de ganhar sua vida como cabeleireiro sem lançar mão de licenças dispendiosas; quando dita a raça e o gênero de quem as empresas devem empregar; quando assume poderes draconianos para combater o terrorismo, prender motoristas infratores e impedir o comércio de maconha, o Leviatã começa a metamorfosear-se de servo em senhor. Nessas condições, o Leviatã precisa ser domado. Ele deve ser mantido sob controle.

"Ainda nem dançamos sob um novo tom, mas já se percebe a mudança no ar",[13] disse John Maynard Keynes sobre outra grande transformação. A afirmação também se aplica ao presente. Os países democráticos do Ocidente têm a melhor chance de reagir à mudança: a democracia lhes confere maior flexibilidade, além de meios para ouvir as pessoas. A mudança deve trazer mais liberdade, e a democracia também é a forma de governo menos sujeita a restrições. O Ocidente, porém, também corre o maior risco: ouvir o povo é uma das razões pelas quais o Estado ocidental ficou tão assoberbado, e isso induz os políticos a sobrecarregarem ainda mais o governo com novas obrigações. No quadro atual, a democracia parece cavar sua própria cova. O Ocidente agora pode seguir seus melhores ou seus piores instintos: essa é a questão que determinará o desfecho da Quarta Revolução.

I
Três revoluções e meia

1
Thomas Hobbes
e a ascensão do Estado nacional

POR QUE O OCIDENTE FICOU À FRENTE DO RESTO DO MUNDO nos últimos trezentos anos? E por que a Europa Ocidental, mera península no extremo oeste do supercontinente eurasiano, foi tão desbravadora a ponto de conseguir se distinguir no mundo moderno? Os historiadores têm procurado a resposta para essas perguntas nas mais diversas fontes, desde o Direito Romano, que reconhecia a propriedade privada, até a religião cristã, que fomentava o universalismo moral. Grande parte da resposta, porém, reside na máquina estatal.

Uma narrativa completa de como o Ocidente assumiu a liderança na arte de governar seria um trabalho monumental. Samuel Finer tentou fazer uma obra assim. Quando o autor morreu, o livro de 1701 páginas[1] ficou inconcluso. Neste livro, resistimos à tentação de abarcar tudo sobre o assunto e tentamos focar nas três grandes reinvenções que redefiniram o Estado ocidental, analisando-as sob o prisma de três grandes pensadores: Thomas Hobbes (anatomista do Estado nacional que também pavimentou o caminho para o Estado liberal), John Stuart Mill (filósofo do Estado liberal que também preconizou o Estado de bem-estar social) e Beatrice Webb (madrinha do Estado de bem-estar social, que também personificou seus excessos). No capítulo 4, examinamos a meia revolução contra o governo, liderada por Milton Friedman, cujas ideias influenciaram Ronald Reagan e Margaret Thatcher. Esses pensadores ocuparam diferentes posições no espectro da teoria à prática. Hobbes queria desenvolver uma filosofia da política. Os Webb pretendiam mudar o mundo. Mill e Friedman ficaram no meio do caminho: escreveram trabalhos profundos sobre economia política, mas também desempenharam papel ativo na política partidária, Mill como membro do Parlamento e Friedman como assessor de presidentes e de primeiros-ministros. A teoria filosófica de Hobbes, porém, acabou exercendo profundo impacto sobre a natureza do Estado, enquanto o ativismo implacável dos Webb baseava-se em fundamentos filosóficos firmes. E todos os quatro (ou quatro e meio, se contarmos Sidney como meio) propuseram respostas totalmente diferentes para a questão central deste livro: para que serve o Estado?

Não nos desculpamos, portanto, pelo fato de nos concentrarmos em pensadores. Desculpamo-nos, porém, pelo fato de os primeiros três serem britânicos enquanto o quarto está atrelado a um primeiro-ministro britânico. A Inglaterra fornece a espinha dorsal dessa parte de nossa história, tendo sido pioneira de muitas de suas ideias, boas e más. Nenhum outro país oferece melhor exemplo das reviravoltas do Estado ocidental nos últimos quatrocentos anos.

O nascimento do "Leviatã"

Datar o surgimento de toda grande mudança é complicado. Virginia Woolf salientou isso em seu ensaio sobre o advento do modernismo:

> Em (ou por volta de) dezembro de 1910, a natureza humana mudou. Não estou dizendo que alguém saiu, como se sai de casa para o jardim, e lá viu que uma rosa florescera, ou que uma galinha pusera um ovo. A mudança não foi assim tão súbita e perceptível. A mudança, entretanto, ocorreu e, como é preciso ser arbitrário, vamos datá-la por volta de 1910.[2]

Da mesma maneira, digamos que maio de 1651 foi o momento em que o pensamento político mudou,[3] pois foi quando Thomas Hobbes publicou o seu livro *Leviatã* — e foi com a publicação de *Leviatã* que nasceu o conceito moderno de Estado nacional.

Hobbes não foi o primeiro a basear sua teoria política em uma visão obstinada e empírica da natureza humana: essa honra pertence a Nicolau Maquiavel. Tampouco foi o primeiro a aplicar o raciocínio dedutivo: seu precursor foi Tomás de Aquino. Ele sequer foi o primeiro a focar o conceito de Estado nacional, em vez do de cidade-Estado ou Cristandade: isso remonta a Jean Bodin. Hobbes, porém, foi o primeiro a reunir esses três conceitos em um único volume e a acrescentar a ideia explosiva de um contrato social entre governante e governados. Se o Estado moderno é um dos grandes produtos da engenhosidade humana, sua ata de fundação consta em um documento específico, o *Leviatã*.

A ideia central do *Leviatã* é a de que o dever primordial do Estado consiste em garantir a lei e a ordem. Este é o bem público supremo — aquele que resgata o ser humano da miséria e possibilita a civilização. Hobbes chegou a essa conclusão por meio de um raciocínio lógico irrepreensível: ele desconstruiu a sociedade e observou as partes que a compõem da mesma forma que um mecânico desmonta um carro para compreender seu funcionamento. Para isso, ele se perguntou como seria a vida em um "estado de natureza". Hobbes não se detêve na ideia aristotélica de que o homem é, por natureza, um animal social. Pelo contrário, ele achava que o ser humano era, por natureza, uma partícula de ego impulsionada ora pelo medo, ora pela ganância. Hobbes tampouco fez concessões à noção feudal de que o ser humano desempenha papéis sociais predeterminados, fadado pela natureza a dar ordens, se afortunado, ou a labutar nos campos, se desafortunado. As motivações do ser humano para associar-se uns com os outros não são nem afeições pessoais nem afiliações de classe, mas sim o medo e a busca por segurança. No estado natural de Hobbes, os seres humanos estão sempre tentando explorar uns aos outros, enleados em "guerra de todos contra todos" e condenados a uma vida "sórdida, brutal e curta". A visão de Hobbes da natureza humana "não era um retrato realista do ser humano, com verrugas e tudo. Era um retrato somente das verrugas",[4] observou certa vez George Will, um jornalista americano conservador.

A única maneira de evitar uma guerra civil perpétua, argumentava Hobbes, é renunciar ao direito natural à liberdade plena e submeter-se a um soberano artificial: um Estado cuja função é manejar o poder, cuja legitimidade emana da eficácia, cujas opiniões são verdadeiras e cujas ordens são justas. Um Big Brother com túnica de filósofo. Não há espaço para oposição a esse "Leviatã"; isso implicaria um risco de retrocedermos às "misérias da vida sem governo". O único direito que o indivíduo preserva é o de salvar sua própria vida em circunstâncias extremas, pois, considerando que o propósito do Estado é proteger a vida, não se pode permitir que o Estado mate.

Apesar de todo o rigor lógico, o raciocínio de Hobbes também foi emocional, fruto de suas experiências pessoais. Ele mais do que ninguém sabia como uma vida ordenada podia facilmente descambar para a barbárie e para o caos. Hobbes nasceu prematuro, em 1588, quando a mãe estava aterrorizada e fora de si pela combinação de uma tempestade violenta e dos boatos de que a Armada Espanhola havia chegado. (Em sua autobiografia, Hobbes escreveu que "àquela altura, minha mãe se deixara dominar por tal pavor que deu à luz gêmeos, eu e, junto comigo, o medo".)[5] O pai era um clérigo com pouca instrução que servia em uma das paróquias mais pobres de Wiltshire e passava mais tempo na taberna do que na Igreja. Em dado momento, ele se viu obrigado a fugir.[6] A Inglaterra elisabetana sempre estava sob ameaça (vide o caso da armada de Filipe II) e a paranoia alastrada pelo conflito religioso prosseguiu sob o regime de Jaime I (vide o caso da Conspiração da Pólvora, em 1605). Em 1640, o regime autocrático, porém falido, dos Stuart quebrou. A guerra civil subsequente entre Charles I e seus adversários puritanos no Parlamento acabou em regicídio e ditadura, matando mais britânicos proporcionalmente do que a Primeira Guerra Mundial. Entre as baixas fatais estava Sidney Godolphin, um dos melhores amigos de Hobbes e irmão do homem a quem ele dedicou seu livro.

Hobbes enfrentou as incertezas da vida aliando-se a patronos poderosos. Pouco depois de formar-se em Oxford (onde, segundo ele mesmo, passava o tempo capturando gralhas em arapucas com pedaços de queijo em vez de estudar), conseguiu emprego como professor particular da família Cavendish, que lhe proporcionou acesso a um estilo de vida aristocrático com direito a caçadas, criação de aves de rapina e a acompanhar seu pupilo, William Cavendish, em suas viagens. Com efeito, foi em uma excursão ao exterior, em 1628, que Hobbes, então com quarenta anos, pegou um exemplar do livro *Geometria*, de Euclides (hoje intitulado *Elementos*), e o abriu na proposição 47, um enigma geométrico conhecido como teorema de Pitágoras ainda hoje tido em alta conta pela maçonaria. O enigma consiste em três quadrados com um triângulo no espaço vazio entre eles. "Meu Deus", exclamou Hobbes, "isso é impossível."[7] Já era, fora fisgado. O diletante extraviado converteu-se em filósofo em tempo integral. "O enorme prazer que o estudo me dá supera todos os outros apetites",[8] escreveu.

Desde o começo, as ideias de Hobbes eram controversas e, portanto, perigosas. Era um monarquista com ideias heréticas sobre a fonte da legitimidade da monarquia e um absolutista com certo apreço por ideias subversivas. Em 1640, já tendo vivido uma década a mais que a média dos ingleses, Hobbes fugiu da Inglaterra para Paris, onde passou os onze anos seguintes ganhando a vida como tutor de monarquistas exilados, inclusive do mais nobre deles, o futuro Charles II. Por fim, quando finalmente publicou o *Leviatã*, em 1651, teve de fugir de volta para a Londres de Oliver Cromwell já que seu desprezo óbvio pela religião o segregara de muita gente da corte. Hobbes só ficou seguro quando Charles II recuperou o trono, em 1660, e adotou seu antigo tutor queridinho, perdoando-o pelo flerte com Cromwell e pelas farpas anticlericais, provendo-o com uma generosa pensão de cem libras por ano e concedendo-lhe "livre acesso à sua majestade".

À primeira vista, grande parte do *Leviatã* parece completamente alheia a nossa época — um livro que dá a impressão de justificar o poder absolutista, escrito por um fugitivo numa época em que a vida era selvagem e curta. Mas não se iluda, a relevância duradoura dessa obra emana da mesma fonte de que brota seu potencial divisório. O *Leviatã* é um documento essencialmente moderno.

Hobbes foi o primeiro teórico político a construir seus argumentos com base no princípio do contrato social. Ele não tinha tempo para o arrazoado monárquico de que o poder era produto do direito divino ou da sucessão dinástica e sustentava que o Leviatã podia assumir a forma de um parlamento, tanto quanto de um soberano, e que a essência do Leviatã residia no Estado nacional, em vez de no conjunto de territórios familiares. Os atores centrais do mundo de Hobbes são indivíduos racionais que tentam estabelecer um equilíbrio entre seu anseio por liberdade e seu medo da destruição, e que o fazem por meio de um contrato social: abrem mão de direitos menores a fim de garantir o direito maior, o da autopreservação. O Estado, em última instância, é feito para os súditos, não os súditos para o rei: o frontispício do *Leviatã* apresenta um rei poderoso, um mosaico de milhares de minúsculos homens.

Hobbes deixou um espaço surpreendente para a liberdade individual.[9] O soberano pode ter o direito de legislar sobre o que lhe aprouver. Direito, porém, não implica dever nem preferência: os soberanos sensatos governavam com brandura e agiam como que sujeitos às restrições de uma ordem constitucional. Os governos não precisavam dizer às pessoas a que trabalho deveriam dedicar-se. As pessoas se organizariam de maneira espontânea para evitar a inanição. Hobbes argumentava que o Estado precisava oferecer dois tipos de assistência às sociedades comerciais: leis, para ajustar as transações de negócios e para evitar fraudes, e um mínimo de bem-estar social, para cuidar dos indivíduos incapazes.

Para os monarquistas, Hobbes também era perigosamente igualitário. O "estado da natureza" era como ácido aplicado sobre a hierarquia social: alguns homens podiam ter títulos mais importantes e roupas mais elegantes que outros, mas no estado da natureza todos eram mais ou menos iguais. O mais fraco podia matar o mais forte, caso agisse com astúcia. Hobbes também era um materialista consumado e rejeitava qualquer justificativa religiosa para o status quo. "O universo é corpóreo", escreveu no *Leviatã*; "tudo o que é real é material, e o que não é material não é real". A legitimidade do Estado dependia de sua capacidade de promover os interesses materiais do homem: tudo o mais não passava de mera ilusão.

Hobbes também era moderno em seu método. Desde aquele breve encontro com Euclides, tentou basear sua teoria política em raciocínio científico — na dedução matemática, mais especificamente — em vez de usar o empirismo casuístico de Maquiavel. "Erguer e preservar uma nação é uma tarefa que consiste na observância de certas normas de aritmética e geometria", disse, "não é como no jogo de tênis, que se resolve somente na prática." O propósito do *Leviatã* não era dar conselhos aos cortesãos, como tinham feito Maquiavel e seu contemporâneo Castiglione, mas formular uma teoria da política do mesmo modo que os melhores cientistas desenvolveram uma teoria da matéria ou do movimento. O resultado foi profundamente inconveniente. A preferência de Hobbes pela lei e ordem o converteram em inimigo das forças parlamentares, enquanto seu entusiasmo pelo contrato social e pelo secularismo o transformaram em adversário da causa monárquica. Pouco depois da morte de Hobbes, no leito, com a idade de 91 anos, sua antiga universidade condenou seus escritos como subversivos e os incinerou no pátio interno da Biblioteca Bodleiana. Hoje, no entanto, é mais fácil que o *Leviatã* seja condenado como apologia da opressão do que como subversivo: o escultor Anish Kapoor dedicou seu gigantesco trabalho em PVC, *Leviathan, Monumenta 2011*, ao dissidente chinês Ai Weiwei. Na campanha presidencial americana de 2012, o libertário Ron Paul publicou um anúncio ridicularizando o *Leviatã*. A peça incluía uma fotografia do famoso frontispício do livro e indagava que tipo de "contrato social" justificava que um homem governasse todos os demais — presume-se que o presidente Paul seria exceção a esse conceito tão repreensível.

Construindo o Leviatã

Quando Hobbes publicou o *Leviatã*, a Inglaterra não estava sozinha no flagelo das guerras civis. "Vivemos dias de agitação", Jeremiah Whitaker, pregador inglês, advertiu em 1643, "e essa agitação é universal: Palatinado, Boêmia, Alemanha, Catalunha, Portugal, Irlanda..."[10] Na primeira metade do século XVII, apenas um ano (1610) não assistiu a guerras entre Estados europeus. Na segunda metade do século, apenas dois anos (1670 e 1682) passaram sem guerras. Durante a brutal Guerra dos Trinta Anos — o nome por si só já causa espanto — a população germanófona diminuiu em cerca de 25% a 40% (os números variam entre áreas urbanas e áreas rurais), algo entre 6 e 8 milhões de pessoas.

As civilizações mais avançadas se situavam todas no Oriente. Pequim era a maior cidade do mundo, com mais de 1 milhão de habitantes. Nanquim, a segunda maior, chegava perto disso. Outras seis cidades chinesas tinham mais de 500 mil habitantes; dezenas de outras, mais de 100 mil. A Índia tinha três cidades com mais de 400 mil habitantes e nove com mais de 100 mil. Istambul abrigava 800 mil habitantes. Apenas três cidades europeias — Londres, Nápoles e Paris — reuniam, cada uma, mais de 300 mil habitantes e somente dez tinham mais de 100 mil habitantes.[11] Os visitantes europeus ficavam estupefatos com o gigantesco Império Otomano e com sua admirável capital, situada no Bósforo. Suleiman, o Magnífico (que reinou de 1520 a 1566), permitiu-se uma pequena licença poética ao acrescentar "Senhor da Europa" à sua lista de títulos cada vez mais longa que incluía "Soberano dos Soberanos, distribuidor de coroas aos monarcas do globo, sombra de Deus na Terra".[12] O Império Otomano era parte de um arco de países islâmicos que se estendia da Turquia e do mundo árabe aos Bálcãs, África, Índia, Sudeste Asiático e noroeste da China, apequenando a Cristandade.[13] A China Imperial era ainda mais avançada. O Reino do Meio tinha mais ou menos o mesmo tamanho da Europa, mas era unificado por um vasto sistema de canais que conectava os grandes rios aos vários centros populacionais. Um país cuja geografia era pelo menos tão diversificada quanto a da Europa, com estepes e florestas tropicais, plantações de arroz em socalcos e picos himalaicos, era governado por um único soberano, o "filho do céu". Os mapas mundiais chineses mostravam o Reino do Meio cercado por Estados vassalos e em seguida por bárbaros, cujos países não mereciam sequer ser nomeados.

"Pensávamos que o conhecimento residisse em nossa parte do mundo", escreveu Joseph Hall, em 1608, depois de uma viagem à China. "Eles riram de nós quando dissemos isso, afirmando que, no mundo inteiro, eles eram o único povo que tinha os dois olhos. Para eles, os egípcios tinham um olho só e todo o resto do mundo estava imerso na cegueira total."[14] A China funcionava em uma escala mais ampla que a Europa. O Distrito Imperial de Pequim tinha 300 mil habitantes entre membros da família imperial, burocratas, eunucos, guardas, mercadores e outros agregados. A Armada Espanhola que tanto apavorara a sra. Hobbes não era nada se comparada às "Frotas do Tesouro" com as quais o almirante Zheng He chegou à Índia, ao Chifre da África e ao estreito de Hormuz, no começo do século xv.[15] E as tentativas de sistematizar o conhecimento ocidental feitas no século xvii e que tanto fascinaram Hobbes empalidecem diante do "compêndio do conhecimento", uma iniciativa do imperador Ming Yongle (1360-1424) que contou com o trabalho de ao menos 2 mil sábios e rendeu mais de 11 mil volumes. Durante séculos, o compêndio continuou sendo a maior enciclopédia do mundo, até ser superado pela Wikipedia, em 2007.

Durante a vida de Hobbes, contudo, o equilíbrio do poder mudou drasticamente. Em 1683, quatro anos após sua morte, os turcos foram forçados a levantar o segundo cerco de Viena e contraíram a infecção que os converteu no povo doente da Europa. As potências asiáticas pareciam ainda mais introvertidas. O Japão isolou-se do resto do mundo e imergiu em uma contemplação indulgente de seu próprio umbigo. O Império Mogol da Índia degenerara em prostração tão profunda que, no século seguinte à morte de Hobbes, poucos milhares de empregados da Companhia das Índias Orientais foram capazes de conquistá-lo. As explorações de Zheng He marcaram o apogeu da grandeza pré-moderna da China: a partir de 1433, quando o imperador proibiu novas excursões ao exterior e ordenou a destruição de todos os navios oceânicos e os registros das realizações do almirante, o país mais poderoso do mundo se afundou em introspecção.

Por outro lado, os novos Estados nacionais europeus lançavam sementes no além-mar. Aventureiros europeus faziam incursões mundo afora: ingleses, franceses e holandeses, na América do Norte; espanhóis e portugueses, na América do Sul. Cientistas europeus vasculhavam o firmamento. Navios europeus cruzavam os mares. Empresas europeias dominavam a Índia e o Extremo Oriente. Em 1500, só um louco apostaria que o futuro pertencia à Europa. Em 1700, só um louco apostaria que o futuro pertencia a qualquer outro povo.

O segredo da Europa era que seus Estados haviam encontrado um ponto de equilíbrio: eram poderosos o bastante para garantir a ordem, mas lépidos o suficiente para permitir a inovação. Os príncipes do continente aos poucos submeteram centros de autoridade rivais, como a nobreza e o clero, aos seus próprios reinos. O grau de subordinação variava de um país para outro. Os Estados protestantes transferiram o halo de santidade do papa para o rei. Mas a sucessão dos monarcas católicos, começando com Fernando e Isabel, da Espanha, e Francisco I, da França, também logrou em constituir igrejas quase nacionais. Os franceses fizeram mais que qualquer outro país para transformar seus aristocratas em animais de estimação do rei. Em todo o mundo, porém, reforçava-se a tendência de que os reis promovessem burocratas poderosos (Thomas Cromwell, na Inglaterra; Cardeal Richelieu, na França; o Conde-Duque de Olivares, na Espanha), que expandiam o poder do governo central desenvolvendo máquinas arrecadadoras mais eficientes e racionalizando o emaranhado de tributos, regulamentos e restrições locais que caracterizavam a Europa medieval.

Desse modo, a Europa conseguiu superar o problema que levou a civilização indiana à letargia: um Estado tão fraco — ou tão "brando", na expressão de Gunnar Myrdal — que a sociedade inexoravelmente se dissolvia em principados que acabavam sendo usurpados e saqueados por invasores mais poderosos, fossem eles muçulmanos ou britânicos. Ao mesmo tempo, mesmo os monarcas europeus mais poderosos não chegavam aos pés do imperador chinês, cuja vasta burocracia (composta das pessoas mais brilhantes do país, escolhidas em seleções rigorosas) não enfrentava oposição da aristocracia rural ou das classes médias urbanas.

Na prática, os príncipes europeus não tinham escolha senão compartilhar o poder com os poderosos de cada região. Desde que concordassem em não desafiar o poder do monarca, esses dignitários, representantes de instituições subalternas como cidades, corporações ou nobreza, desfrutavam de considerável autonomia. Embora o autocrático Luís XIV tenha proclamado *"l'état, c'est moi"* ("o Estado sou eu"), muitos outros monarcas passaram a se enxergar como servos do Estado, mais ou menos como Hobbes recomendara. Frederico, o Grande, que um dia descreveu a coroa como um simples "chapéu que deixa a chuva passar", via o governante como "a primeira pessoa" do Estado: "Ele é bem remunerado para manter a dignidade do cargo, mas em troca deve trabalhar com eficácia pelo bem-estar do Estado".[16] Os governos europeus abraçaram a ideia do exercício da lei em lugar do arbítrio do capricho: *"non sub homine sed sub Deo et lege"* ("Não à mercê do homem, mas de Deus e da lei"). Eles também toleravam a existência de instituições representativas, como estamentos e parlamentos, instituições que de tempos em tempos eram submetidas a rigorosas provações, como quando os monarcas tentavam acumular cada vez mais poder, mas que, entretanto, sobreviviam e ressurgiam para reafirmar seus direitos e interesses.

Os Estados nacionais europeus também conseguiram conter o problema que ameaçava dilacerá-los durante a primeira metade da vida de Hobbes: as guerras religiosas. A Paz de Vestfália, em 1648, não só determinou o fim da sangrenta Guerra dos Trinta Anos como estabeleceu novo e radical princípio que passaria a reger os assuntos europeus: *cuis regio eius religio* (Tal príncipe, sua religião). Os príncipes eram soberanos e podiam decidir que religião seria seguida em seu reino, mas não tinham o direito de interferir nos assuntos religiosos de outros reinos. Esse tratado de paz finalmente firmado estabeleceu a doutrina da razão de Estado como princípio norteador da diplomacia europeia. As guerras religiosas, evidentemente, continuaram a assolar a Europa. A Guerra Civil Inglesa não terminou até a volta de Carlos II, em 1660, e um legado dessa época, a disputa entre protestantes e católicos na Irlanda, fumega até hoje. Os conflitos sectários, porém, já não eram o elemento central da política internacional europeia. Em vez de buscar difundir a verdade religiosa além-fronteiras, os Estados nacionais europeus se empenharam em competir entre si pela supremacia secular.

Ao longo dos séculos, os governos europeus se consolidaram dramaticamente, passando de cerca de quatrocentas entidades soberanas no fim da Idade Média para cerca de 25 no começo da Primeira Guerra Mundial.[17] Nenhum Estado isolado, porém, era poderoso o bastante a ponto de tornar-se hegemônico em toda a região, como fizeram os turcos e os chineses. Em vez disso, os governantes europeus lutavam incessantemente pela supremacia, concentrando seu foco na política e no desenvolvimento econômico.

A busca de segurança impulsionou a inovação. Os chineses se autodenominavam o Reino do Meio; os monarcas europeus tinham a dolorosa consciência de que estavam cercados por inimigos reais e potenciais. Por isso, construíram máquinas militares, adaptando rapidamente a pólvora para fins bélicos enquanto os chineses a usavam para entretenimento. Converteram seus navios veleiros em "fortalezas flutuantes, cercadas de baterias de canhões de disparo rápido", ao passo que os chineses acabaram descartando seus navios de guerra. Se é verdade que "a guerra fez o Estado e o Estado fez a guerra",[18] como disse Charles Tilly, os europeus fizeram a guerra e, portanto, o Estado, melhor que ninguém. Os europeus também desenvolveram máquinas diplomáticas que mantinham em constante observação o que acontecia em outros países. A competição interna levou os países a procurar superar uns aos outros não só na pequena cabine de comando europeia, mas também no alto-mar. Os galeões europeus conquistaram a América do Norte e a América do Sul e constituíram vastos impérios comerciais que se estendiam da Índia ao Sudeste Asiático.

A Europa superou seus rivais no comércio, na tecnologia e nas instituições, assim como na guerra. Os governos precisavam de dinheiro para pagar todos os soldados e marinheiros, e a disponibilidade de numerário dependia, em última instância, da saúde da economia — ou, como disse Sir Josiah Child, comerciante e político inglês do século XVII, "lucro e poder devem ser considerados em conjunto".[19] Nessa área, os ingleses definiram o ritmo e o resto da Europa seguiu: os soldados e marinheiros britânicos não só venceram a maior parte dos conflitos territoriais como também ajudaram seus conterrâneos do comércio a expandir seus negócios para mercados cada vez mais distantes. Os ingleses constituíram a maioria das primeiras sociedades limitadas (graças às suas ligações com a família Cavendish, Hobbes era membro de duas delas, a Virginia Company e a Somer Islands Company).[20]

Essas ideias por vezes promoveram políticas mercantilistas: até a Inglaterra, país que, em geral, mais defendia o livre-comércio entre as grandes potências, garantiu condições monopolistas à Companhia das Índias Orientais, no leste da Índia, com todo o respaldo da Marinha Real, pois acreditava que o comércio seria capaz de expandir o poder nacional. O mercantilismo europeu, contudo, geralmente se escorava no direito de propriedade, inclusive em patentes, em vez de se deixar levar pelas preferências de um sultão ou pelas veleidades de um imperador. De modo geral, o comércio era muito mais livre na Europa que nos impérios islâmicos ou asiáticos.

Os imperadores chineses se alternavam entre extenuar e assassinar a galinha dos ovos de ouro: ora extraíam enormes impostos do comércio, ora o vetavam completamente, acusando-o de ser uma ameaça à ordem social. Em 1661, o imperador Kangxi ordenou que todos os habitantes da costa sul da China — que desde então já era a região mais comercialmente ativa do país — reassentassem 113 quilômetros terra adentro.[21] Os burocratas acadêmicos que governaram a China durante mil anos insistiam em controlar aqueles seres inferiores que ganhavam a vida comprando e vendendo mercadorias. Étienne Balázs, grande sinólogo húngaro-germano-francês, argumentava que o "Estado-moloch" e a regulação meticulosa liquidaram qualquer chance da China de competir no longo prazo com a Europa:

> Regulam-se o vestuário, as obras públicas e privadas (dimensões das casas); as cores das roupas, as músicas e os festivais — tudo é regulado. Também se impõem regras às aves e à morte; o Estado providencial observa minuciosamente todos os passos dos súditos, do berço ao túmulo. É um regime de papelada e assédio, de papelada sem fim e de assédio sem fim.[22]

O orgulho pela superioridade chinesa calcificou-se em falta de interesse pelo resto do mundo. Em setembro de 1792, Jorge III enviou uma delegação comercial à China, sob o comando do lorde George Macartney, que levou numerosos presentes, como telescópios, barômetros, uma carruagem com suspensão a molas e armas de ar comprimido. O imperador chinês Qianlong fez a delegação esperar durante meses e depois, quando finalmente concordou em recebê-la, despachou uma resposta que se tornou famosa pelo desdém:

Nunca valorizamos artigos engenhosos, nem temos a mínima necessidade das manufaturas de seu país. Portanto, majestade, quanto a seu pedido para enviarmos alguém que se estabeleça na capital, além de não harmonizar-se com os regulamentos do Império Celestial, também nos desperta o forte sentimento de que não trará qualquer vantagem para nosso país.[23]

A questão ali não era apenas uma indiferença a "artigos engenhosos", mas também um hermetismo a novas ideias e resistência ao que hoje chamamos de desenvolvimento de novos produtos. Os chineses se destacaram por uma impressionante sucessão de "pioneirismos" (os primeiros relógios e telescópios, para não falar na pólvora, foram feitos lá), mas, reiteradamente, não conseguiram explorar suas próprias invenções. Com efeito, os últimos imperadores se afundaram em um torpor intelectual tão profundo que os missionários jesuítas tiveram de construir telescópios e outros "instrumentos celestiais" para seus anfitriões chineses. Os países islâmicos priorizavam a religião cada vez mais em detrimento da ciência, estimulando o clero a incinerar livros e as escolas a doutrinar os alunos no Alcorão. "No Islã, Deus é César", certa vez observou Samuel Huntington. "Na China e no Japão, César é Deus; na Ortodoxia, Deus é sócio júnior de César. A separação e os choques recorrentes entre Igreja e Estado, que tipificam a civilização ocidental, não foram vistos em nenhuma outra civilização."[24]

A segunda metade do século XVII foi cenário de uma revolução intelectual na Europa. À medida que a nova filosofia lançava raízes, os reis tornavam-se patronos de ideias e a ciência convertia-se em profissão, capaz de, cada vez mais, questionar princípios consagrados.[25] Os governantes da Europa se cansaram das ortodoxias religiosas. Também concluíram que não sobreviveriam à competição brutal com os vizinhos se perdessem a corrida intelectual. Começaram, então, a competir pelo mecenato de ideias, tanto quanto haviam disputado a preservação da ortodoxia. A decisão de Carlos II de autorizar a constituição da Royal Society, em 1660, logo virou moda em toda a Europa.

O fermento das ideias científicas foi acompanhado pela levedura das ideias políticas. O *Leviatã* foi uma primeira salva de artilharia no debate político acirrado sobre a natureza do poder. John Locke (1632-

-1704), que se matriculou em Oxford um ano depois da publicação do *Leviatã*, concordou com a ideia de Hobbes de que a sociedade era produto de um contrato social, mas modificou suas opiniões mais aterrorizantes de várias maneiras. Locke achava que o estado da natureza era harmonioso, em vez de horripilante. Deus dotara os seres humanos de talentos e habilidades, e lhes proporcionara um mundo de recursos onde aplicá-los. Locke observou que o Estado era antes a causa que a solução de contendas: a história de todas as sociedades que até hoje existiram foi uma narrativa de guerras e de conflitos resultantes da ambição dos governantes. Na opinião de Locke, o povo delegava poder ao soberano por conveniência, não somente por medo, e devia atribuir muito menos poder ao governo. Por que conferir carta branca ao Estado para tributá-lo e intrometer-se em seus negócios se "a preservação da propriedade é a razão de ser do governo"?, argumentava Locke.[26]

A Revolução Gloriosa, feita pelos ingleses em 1688, foi a iniciativa europeia mais eficaz para limitar a ambição dos governantes. Jaime II, católico, tentou então recuperar parte dos poderes que o monarca perdera na Guerra Civil. Ele procurou ainda estreitar os laços com a maior potência católica da Europa, a França. A revolução resultou na substituição de Jaime por William de Orange, protestante, casado por conveniência com a filha de Jaime, Mary, que era protestante, mas em termos que limitavam os poderes da coroa. Em fevereiro de 1689, o Parlamento impôs a William uma Declaração de Direitos que listava os "tradicionais direitos e liberdades" da nação, e lembrou-lhe que ele precisava do consentimento do Parlamento para lançar impostos, suspender leis ou criar um exército de prontidão. Os direitos de propriedade e a elite de proprietários começavam a preponderar sobre o rei. John Locke, que voltou do exílio com Mary em 1688, apoiava com vigor o novo regime e foi um dos investidores em uma das mais importantes realizações do novo regime: a criação do Banco da Inglaterra, em 1694, que desbravou o caminho para o advento do país como a superpotência financeira mundial.[27]

A Revolução Gloriosa foi um ponto de virada no desenvolvimento do Estado liberal moderno: eliminou qualquer possibilidade de que a Inglaterra se tornasse um Estado absolutista nos moldes da França, ao passo que dava espaço aos radicais para queixar-se das extravagâncias do governo britânico.[28] Uma boa medida para avaliar o radicalismo britânico no século XVIII é pensar no quanto o Leviatã encolheu nesse período. Para alguns pensadores, essa tendência foi incidental: Adam Smith (1723-90) acreditava que o mercado era o verdadeiro motor do progresso, razão pela qual o Estado deveria manter-se à distância. Seu par escocês, David Hume (1711-76), focou na divisão do poder e no exercício da lei. Um ataque muito mais direto contra o Estado partiu de Thomas Paine (1737-1809), que achava que as pessoas naturalmente cuidariam dos próprios negócios com sensatez, bastando não serem ludibriadas pelos padres nem assediadas pelos governantes. Tanto em *Common Sense* (publicado nos Estados Unidos pouco antes da Revolução Americana) quanto em *The Rights of Man* (publicado na Inglaterra pouco depois da Revolução Francesa), Paine descartou o Estado como parasita. "A sociedade é produto de nossos anseios; e o governo é efeito de nossa maldade; aquela contribui positivamente para a nossa felicidade, interligando nossas afeições; este, contribui negativamente, restringindo nossos vícios", escreveu ele em um trecho famoso. "A sociedade é sempre uma bênção; mas o governo, mesmo em seus melhores exemplos, não passa de um mal necessário",[29] prosseguiu em outra passagem. Paine considerava que o Estado era basicamente um instrumento para sugar impostos do resto da sociedade e usar a arrecadação para custear as extravagâncias dos ricos e as veleidades da corte.

Em grande parte da Europa, o debate sobre o tamanho do Estado era um espetáculo à parte. Holandeses e escandinavos compartilhavam das preocupações dos britânicos. Alguns liberais europeus faziam ressalvas semelhantes ao exército. A artilharia, no entanto, se concentrou nas questões que considerava mais profundas. Em *Do Contrato Social* (1762), Jean-Jacques Rousseau arrevesou Hobbes argumentando que "o homem nasce livre e é acorrentado por todos os lados". Para ele, o objetivo da política não devia ser conter o Leviatã, mas garantir seu controle segundo a "vontade geral". Essas ideias faziam dele um pensador mais democrático que Locke, mas também obscureciam a linha entre liberalismo e totalitarismo, gerando consequências desastrosas. Thomas Carlyle expressou essa questão muito bem ao dizer o seguinte:

a segunda edição de *Do Contrato Social* foi encadernada com a pele dos que riram da primeira edição.[30]

Essas ideias eram mais que vãs especulações. Paine acreditava que "temos o poder de reconstruir o mundo",[31] e no começo do século XVIII, esse parecia ser o caso. Nos Estados Unidos, os Pais Fundadores recorreram à tradição liberal inglesa quando buscaram um paradigma para aquele novo país. Aceitaram a visão de Hobbes de que o homem não era nenhum anjo, mas chegaram à conclusão oposta: em vez de acumular poder nas mãos de um soberano, seria preciso dividir o poder tanto quanto possível, permitindo que os diferentes centros de poder atuassem como freios e contrapesos uns dos outros. Acataram ainda a opinião de Locke de que o maior propósito do governo era proteger o direito dos indivíduos de realizarem seus próprios objetivos — em especial aqueles referentes à vida, liberdade e felicidade, todos eles, evidentemente, ligados à proteção da propriedade. O componente mais inovador do novo Estado americano era a divisão da soberania entre diferentes ramos ou poderes de governo.

Isso era uma coisa realmente inovadora. Os revolucionários americanos produziram a mais perfeita materialização da ideia liberal. A América era "a terra do futuro, onde, nas eras vindouras, se desdobrará o fardo da História do Mundo", como diria G. W. F. Hegel mais tarde. No fim do século XVIII, porém, a América era um país de população esparsa na periferia do mundo civilizado. O centro da civilização ainda era a Europa — e lá a revolta americana foi ofuscada por acontecimento muito mais sangrento.

A Revolução Francesa abalou os alicerces da Europa. Foi um assalto frontal contra os princípios basilares do velho continente: o governo dos reis e dos nobres nos assuntos seculares e do papa e dos clérigos nos assuntos espirituais. Ela proclamou um conjunto de princípios totalmente diferentes, incluindo a ideia de que todos os homens eram iguais e de que todos os argumentos deveriam ser submetidos ao primado da razão. A Revolução Francesa adotou Jean-Jacques Rousseau como filósofo padroeiro da mesma maneira que a Revolução Russa esposou Marx. A *Declaração dos Direitos do Homem e dos Cidadãos*, redigida em 1789, incluía passagens extraídas integralmente da obra-

-prima de Rousseau e uma região inteira de Paris foi rebatizada como "Contrat Social".

A revolução se espalhou pela Europa, mas mesmo nessa fase de expansão seus princípios fundamentais já haviam sido carcomidos por dentro. A lei da razão degenerou-se em uma lei da guilhotina e o governo do povo descambou para a ditadura dos ideólogos. O Terror de 1792-3, período em que a revolução devorou seus próprios filhos, nas palavras de um dos revolucionários, resultou na busca por uma ordem mais sustentável. Napoleão ungiu-se imperador e concedeu títulos nobiliárquicos a seus irmãos e irmãs. A Restauração Bourbon, em 1815, completou o retorno ao status quo. Ao contrário dos congêneres americanos, os revolucionários franceses nunca pensaram em limitar os poderes do Estado, simplesmente decapitaram o ancien régime e substituíram reis e nobres por novos funcionários.

Para compreender, pois, a revolução liberal incipiente, contornaremos a América e a França e retornaremos à Grã-Bretanha, centro do império mais poderoso do mundo e vórtice da revolução industrial. Os filósofos britânicos radicais foram em vários aspectos tão extraordinários quanto os arquitetos da Revolução Americana. Eles tomaram um país antigo, incrustado de tradições históricas, e o reconstruíram de acordo com os princípios liberais de eficiência e livre competição. Os liberais vitorianos varreram para longe as restrições à energia individual. Erradicaram todas as anomalias que pudessem inibir a liberdade individual, mormente a liberdade econômica, e incutiram a meritocracia no âmago do governo. Aqui, mais que em qualquer outro lugar, o Estado hobbesiano abriu as portas para seu sucessor muito mais liberal, que, por seu turno, desobstruiu o caminho para o Estado de bem-estar social.

Um vitoriano personificou tudo isso.

2
John Stuart Mill
e o Estado liberal

JOHN STUART MILL É EXEMPLO VÍVIDO DO PROGRESSO EUROPEU: nascido em 1806, 127 anos depois da morte de Hobbes, viveu numa Inglaterra muito diferente, numa terra de progresso, reforma e otimismo, não mais de disfunção, patronagem e medo. Mill não precisava de patronos aristocratas como os Cavendish. Seu pai, James, era ele próprio um pensador notável e criou seu filho para ser um prodígio, um sujeito capaz de desbravar seu próprio caminho. Mill teve uma trajetória profissional relativamente moderna: foi funcionário da Companhia das Índias Orientais, membro do Parlamento (representando o distrito de Westminster) e um intelectual público que escrevia para a maioria dos principais jornais da época. Ele não experienciou a guerra civil nem o exílio e já no começo de sua autobiografia desculpa-se por contar a história de uma "vida tão vazia quanto a minha".[1] As únicas batalhas que narrou foram suas lutas internas para aprender grego aos três anos de idade e latim aos oito. E a única revolução que presenciou foi a pacífica transferência do poder da rarefeita aristocracia rural para uma elite educada, muito mais densa, que incluía a família Mill e os Cavendish.

Suas ideias refletiam esse contexto. A principal preocupação política de Mill não era criar a ordem a partir do caos, mas garantir que os beneficiários da ordem desenvolvessem ao máximo suas capacidades e, assim, alcançassem a felicidade. Seu intuito era remover barreiras à autorrealização, ampliando assim o que Isaiah Berlin mais tarde chamaria de "liberdade negativa". Mas onde ficava o Leviatã no meio de tudo isso? No começo, Mill achava que a resposta para esse questionamento era simples: um Estado mínimo, não intrusivo — o "Estado vigia noturno" (frase que nunca usou, mas que resume suas ideias). À medida que amadurecia, todavia, Mill começou a rever seus conceitos. Um Estado que negava aos pobres educação de qualidade não estaria restringindo o potencial de felicidade e de liberdade desses cidadãos? Mill simboliza um debate que se situa no cerne do liberalismo ocidental: educado como um autêntico liberal defensor do Estado mínimo, ele aos poucos aceitou o argumento em favor de um Estado maior.

Mill emergiu de um grupo de intelectuais vitorianos — os radicais filosóficos — que dedicaram a vida à formulação de uma alternativa ao ancien régime britânico, composto de aristocratas rurais e clérigos anglicanos. Entre eles, incluía-se aquele que, de longe, mais o influenciou — seu pai. James Mill (1773-1836) nascera na pobreza, na Escócia, mas conseguiu bom emprego na poderosa Companhia das Índias Orientais, graças ao talento e ao afinco. Lá, ele produziu um estudo clássico sobre o envolvimento da Inglaterra na Índia. Ao mesmo tempo, trabalhava como jornalista autônomo para sustentar sua jovem família e treinava o filho mais velho, John Stuart, para tornar-se um intelectual puro-sangue. As palavras de ordem de James eram "liberdade", "razão" e "esforço", conceitos que, em sua opinião, estavam sob ameaça constante por parte da nobreza tradicional.[2] Como a indústria progrediria se rentistas ociosos viviam do fruto do trabalho alheio? Como o raciocínio científico prosperaria se clérigos ignorantes impunham dogmas ao povo? John Stuart lembrava-se de que uma das lições mais importantes que aprendera na infância foi que a Reforma despontou como "a grande e decisiva reação contra a tirania dos padres, erguendo-se em prol da liberdade de pensamento".[3] Ele também se recordava de debates à mesa de jantar acerca do sufrágio universal, embora a conversa fosse restrita a homens com mais de trinta anos.

James tinha um motivo prático para submeter seu filho a um regime educacional tão extraordinário: ele queria que o filho fosse um "reformador do mundo",[4] um míssil com ogiva poderosa apontado diretamente para o cerne do velho regime. Ele introduziu seu pequeno reformador a um verdadeiro Tea Party do governo mínimo, justo e eficaz. O padrinho de John Stuart, Jeremy Bentham, criador do utilitarismo e, aos seus olhos, "o homem mais genuinamente benevolente que já vivera", ensinou-lhe que o verdadeiro teste das instituições não é a longevidade, mas sim a capacidade de proporcionar o máximo de felicidade ao maior número de pessoas. David Ricardo, maior economista da Inglaterra na época, ensinou-lhe que a riqueza era algo que podia ser multiplicado pelo esforço humano, em vez de imobilizar-se na forma de terras. Todos aqueles que cercavam o jovem e precoce Mill concordavam que o segredo do sucesso consistia na liberação da iniciativa privada da mão morta do Estado, abrindo espaço para a atuação irrestrita das mentes livres e dos mercados livres — para a liberdade de pensar e de falar, de pesquisar e de inventar, de comprar barato e de vender caro.

Os radicais filosóficos estavam na vanguarda de um movimento mais amplo contra o que William Cobbett (1763-1835) desqualificava como a "Velha Corrupção". John Wade (1788-1875) fez uma compilação intitulada *The Extraordinary Black Book* que apareceu em numerosas edições a partir de 1816, com centenas de exemplos de situações eivadas de pensões, sinecuras, nepotismos e pluralismos na corte, na igreja, nas repartições públicas, no establishment colonial, nas corporações municipais, nas guildas e fraternidades, no judiciário, entre os militares, e assim por diante. Em 1830, uma publicação radical denunciou que apenas duas famílias, os Grenville e os Dundase, haviam "tirado somente das sinecuras nos últimos quarenta anos mais dinheiro do que custara manter todo o governo civil dos Estados Unidos".[5] Um verso popular começava com o dístico:

De que se ocupa um nobre? De nada, é algo inútil,
Não passa de Brinquedo caro para agradar o rei.

E prosseguia, descrevendo a nobreza como "uma ninharia", "um desfile exibicionista", "um pesadelo", "um zumbido", "um pedinte diante da bolsa pública". Romancistas também aderiram ao protesto. Em *Bleak House* (1853), Charles Dickens caracterizou o sistema legislativo inglês como uma grotesca perda de tempo e em *Little Dorrit* (1857) imaginou o "gabinete da circunlocução", um órgão do governo destinado a obstruir o progresso.

A vida de Mill está ligada à mais importante mudança na natureza do Estado britânico desde os tempos de Hobbes: uma revolução silenciosa que substituiu o ancien régime de privilégios, patronagem e compadrio pelo Estado capitalista. Entre 1815 e 1870, sucessivos governos aboliram afrontas reiteradas ao princípio do livre-comércio de mercadorias incluindo os privilégios da Companhia das Índias Orientais, o monopólio da West Indian sobre o açúcar, os Atos de Navegação e as Leis do Milho. Foram revistas ainda diversas afrontas ao princípio meritocrático. No passado, ingleses poderosos tratavam os órgãos públicos como propriedades privadas das quais poderiam dispor à vontade, explorar como instrumentos de patronagem ou simplesmente usufruir, sem qualquer tipo de contribuição. Em 1874, algum intrometido se queixou de que dois procuradores do quadro funcional do tesouro não compareciam ao trabalho desde 1744.[6]

Os vitorianos reivindicavam que os titulares de cargos públicos fossem escolhidos com base no mérito, não em laços familiares. Em termos mais genéricos, exigiam que o Estado resolvesse problemas, em vez de simplesmente arrecadar impostos. As cidades em expansão receberam sistemas de esgoto e segurança pública, feita pelos "bobbies", como eram conhecidos os novos policiais, apelido inspirado no inventor do serviço, Sir Robert Peel. Construíram-se ferrovias e recapearam-se rodovias. O serviço público inglês foi reorganizado. Expandiu-se o sufrágio. Quando Mill nasceu, o direito de voto limitava-se aos homens que tinham propriedades e eram membros da Igreja da Inglaterra (cerca de um a cada sete homens) e o país estava infestado de burgos podres, distritos eleitorais controlados por patronos poderosos. Sucessivas reformas e leis de emancipação ampliaram o sufrágio de modo que, em 1884, o eleitorado já incluía dois em cada três homens.

As reformas vitorianas produziram algo extraordinário — o Estado britânico encolheu ao mesmo tempo em que enfrentava os problemas de uma sociedade em rápida industrialização. Os primeiros vitorianos desbravaram o caminho, desvencilhando-se de guerras e combatendo a "Velha Corrupção". A receita bruta oriunda de todas as formas de tributação caiu de pouco menos de £80 milhões em 1816 para bem menos de £60 milhões em 1846, apesar do aumento populacional de quase 50%.[7] Os vitorianos do período intermediário ampliaram esses ganhos, consolidando o poder do governo e adotando a política de "paz e contenção". William Gladstone foi uma figura central nessa segunda fase vitoriana, primeiro como ministro das Finanças de 1852 a 1855 e de 1859 a 1866, e, depois, como primeiro-ministro por quatro mandatos. Adepto fervoroso da ideia de que o dinheiro deveria "frutificar nos bolsos do povo", Gladstone acalentava o sonho de reduzir o imposto de renda a zero (embora não tenha conseguido realizar esse anseio, ele reduziu os tributos durante três anos seguidos, na década de 1860. O imposto passou de sete pennies para quatro pennies por libra). Ele também fez o possível para livrar os trabalhadores do ônus da tributação, reduzindo as tarifas de importação sobre produtos essenciais. Para ele, a melhor resposta para a demanda cartista que dizia "nada de tributação sem representação" não era aumentar a representação, mas sim reduzir a tributação.

Gladstone e outros "economizadores" vitorianos forçaram o governo central a viver à base de pão e água. Reduziram as funções do Estado ao mínimo indispensável e depois economizaram tanto quanto possível nessas atribuições mínimas. Gladstone orgulhava-se de, em suas palavras, "poupar tocos de vela e raspas de queijo pelo bem do país". Ele travou uma guerra constante contra a corrupção e a extravagância e chegou a recomendar que órgãos públicos usassem um papel mais barato. A transparência de sua contabilidade clara e brilhantemente exposta era uma arma poderosa contra o desperdício. Já que as finanças do século XIX eram basicamente incompreensíveis, Gladstone e seus contemporâneos lutaram para que se tornasse fácil ver de onde o dinheiro vinha e para onde ele ia.[8] A transparência era a guardiã da frugalidade do mesmo modo que a opacidade havia sido promotora da extravagância.

Os economizadores acreditavam que "o Estado não devia fazer nada que pudesse ser resolvido pelo esforço voluntário da população", como Gladstone escreveu em manifesto do partido. Hospitais beneficentes deviam cuidar da assistência médica, enquanto aos sindicatos trabalhistas caberia financiar o seguro-desemprego. Eles transferiam o máximo possível de atribuições aos governos locais com base no argumento de que seria mais fácil para as autoridades locais identificar desperdícios e elas tenderiam a tolerá-los ainda menos. Os economizadores também exploravam mecanismos de medição de produtividade e incentivos para que os gastos públicos rendessem o máximo possível. O governo criou um currículo nacional de ensino que enfatizava a importância dos três *Rs* — o Revised Code, de 1862 — e se empenhou em martelá-lo na cabeça das crianças através de uma combinação de avaliações nacionais dos professores e de pagamentos por resultados.

Os vitorianos do período intermediário também redobraram a ênfase na meritocracia. Em 1854, Sir Stafford Northcote e Sir Charles Trevelyan apresentaram em apenas 23 páginas redigidas com muita elegância um plano ambicioso para organizar o serviço público com base na competição aberta.[9] "O grande e crescente acúmulo de funções por parte do governo" significava que os ingleses precisavam de um novo Estado para os novos tempos. O velho sistema de patronagem permitia que a aristocracia usasse o serviço público como prebenda para seus membros menos talentosos, os "ociosos e inúteis, os tolos da família, os tísicos, os hipocondríacos, os propensos à insanidade".[10] Nas profissões bem dirigidas, argumentavam Northcote e Trevelyan, "os capazes e vigorosos ascendem ao topo, enquanto os néscios e ineptos continuam no fundo. Nos estabelecimentos públicos, ao contrário, a regra geral é que todos se ergam juntos".[11] A solução deles era selecionar candidatos com base no desempenho em concursos públicos e depois promovê-los com base em suas realizações. Os concursos públicos testariam a inteligência geral, em vez de somente as realizações acadêmicas dos candidatos. A proposta era de reforma moral e de eficiência administrativa. Eles queriam promover as virtudes do trabalho árduo e da autoconfiança e expurgar as "doenças morais" da dependência e da corrupção. John Stuart Mill era um notório entusiasta de tudo isso e ansiava por uma "grande e salutar revolução moral, em que o governo concederia "cargos de acordo com o mérito, não como favores".[12] Muitos partidários da antiga ordem eram menos empolgados com meritocracia e os conservadores conseguiram postergar a implantação total das reformas Northcote-Trevelyan no serviço público até 1870. Mesmo assim, o governo vitoriano foi muito mais lépido e eficiente que seus predecessores.

O esforço persistente para conter e reduzir a intromissão do Estado levou os vitorianos a parecerem ao mesmo tempo duros e tolerantes. De um lado, os pobres perdiam a liberdade se perdessem o emprego. Ouve-se a voz de James Mill (e, a esse respeito, também a de Lee Kuan Yew) nos sermões sobre a ociosidade. Ficar desempregado era falha moral, não falha do mercado. Os pobres eram privados do direito ao voto e confinados em colônias semipenais para evitar a ociosidade e incentivar o trabalho e a poupança. Por outro lado, os vitorianos eram mais compassivos ao concederem asilo a estrangeiros — principalmente depois do fracasso das revoluções europeias de 1848. O governo abandonou a velha prática de bisbilhotar correspondências particulares por pressão do clamor público, em 1844, contra a decisão do governo de abrir as cartas de Giuseppe Mazzini, nacionalista italiano exilado em Londres. Nas três décadas seguintes, o Estado abandonou completamente a vigilância dos próprios cidadãos e dos visitantes, não obstante a revolução que pairava sobre a Europa e as dramáticas mudanças sociais em curso, algumas das mais intensas da história, à medida que milhões de pessoas migravam do campo para a cidade e multidões se agitavam em busca da ampliação do sufrágio.[13] Peel insistia em que os bobbies usassem uniformes para distinguir-se dos espiões à paisana, tão comuns na Europa.

Os vitorianos achavam que o liberalismo do governo enxuto representava o fim da história. Harriet Martineau escreveu uma história da Inglaterra na qual argumentava que a prática do benthamismo era o motor do progresso. George Grote, outro historiador radical, sugeriu que os gregos antigos foram precursores dos radicais filosóficos, ostentando as virtudes de um mundo de Estados pequenos e de individualismo liberal. A Grande Exposição de 1851 foi interpretada universalmente como demonstração do maravilhoso poder do livre-comércio, assim como do Império Britânico.

Os movimentos liberais que floresceram em toda a Europa em meados do século XIX adotaram tanto o governo pequeno quanto o modelo de Westminster. A revolução de 1848 foi um grito de protesto contra o governo aristocrático e suas extravagâncias perdulárias. Para os modernizadores do continente, a mensagem era simples: se o país mais poderoso do mundo era dirigido por pessoas empenhadas em manter o governo pequeno, por que tolerariam eles qualquer coisa diferente? E a Inglaterra não era o único modelo. Os Estados Unidos agiam como placa de ressonância no outro lado do Atlântico: Alexis de Tocqueville, que visitou a América na década de 1830, dizia que a democracia constitucional americana funcionava tão bem que o país poderia arranjar-se sem qualquer governo além dos conselhos municipais locais. Andrew Jackson (1767-1845) considerava o governo um "inimigo" que concentrava as energias em garantir privilégios e subsídios para os poderosos.[14] Em 1838, a *Democratic Review* proclamou que "o melhor governo é o que menos governa" e incluiu a direção dos correios e dos hospícios e a fiscalização das padarias entre as missões que os governos jamais deveriam exercer, sob nenhum pretexto. "Um governo democrático forte e ativo, no sentido comum do termo, é um mal", prosseguiu a *Review*, "distinguindo-se do puro despotismo, apenas em intensidade e atuação, não em natureza... O governo deve intervir o mínimo possível nos negócios e interesses gerais do povo."[15]

Mill estava no coração desse movimento global e tornou-se um defensor tão proeminente do livre-comércio por conta de seu *Principles of Political Economy*, que um crítico americano o apelidou de "sua majestade satânica do livre-comércio".[16] Seu livro *On Liberty* (1859) ainda hoje é a bíblia do Estado mínimo. A única justificativa para interferir na vida das pessoas, argumentava Mill, era evitar que elas praticassem o mal. Do contrário, deveriam ser deixadas em paz. Essa visão radical da liberdade não só liberava os indivíduos para que perseguissem seus próprios interesses à sua própria maneira, mas também permitia que a sociedade como um todo se beneficiasse das energias de suas partes componentes. A maior paixão de Mill era a liberdade intelectual.

O choque irrestrito de opiniões, acreditava, promove três grandes virtudes ao mesmo tempo: a verdade, ao extirpar as más ideias; o bom governo, ao forçar os governantes a defender suas decisões; e o autodesenvolvimento, ao encorajar as pessoas a exercerem um papel mais ativo na direção dos assuntos coletivos.

Para um radical do século XXI que busca ideias de como reformar um Estado poderoso demais e eficiente de menos, a Inglaterra do século XIX pode ser um bom ponto de partida. Os liberais vitorianos produziram um governo menor, mais barato e muito melhor. Antes, porém, que algum deputado republicano americano proponha mudar o nome do aeroporto "JFK" para "JSM", eis uma advertência: o liberalismo não manteve sua crença no Estado mínimo. À medida que o século XIX avançava, seus objetivos se ampliaram. E o próprio Mill, apóstolo da liberdade, inseriu-se no âmago dessa mudança.

Governo grande e liberal?

Mill também tinha outra faceta: ativista, intervencionista e até autoritário. Seus princípios a respeito do Estado mínimo sempre se caracterizaram por um pragmatismo muito britânico, para não falar em certo grau de interesse próprio. A vida confortável que ele levava devia-se justamente à patronagem e ao monopólio. O pai empregara o filho na Companhia das Índias Orientais como seu subordinado imediato (e eventual sucessor).[17] E a companhia em si era um caso exemplar de tudo o que havia de errado com a velha ordem — um monopólio que transferia uma proporção espantosa de riquezas vindas de outras partes do mundo para os bolsos de um punhado de britânicos, cuja ganância e ostentação eram tamanhas que geraram todo um vocabulário próprio com a criação de termos como "nabobo" (apelido indiano para funcionários da Companhia das Índias que enriqueceram através de corrupção) e "loot" (apelido para mercadorias roubadas). Mill, o defensor do livre-comércio, sempre conseguia criar exceções para seu empregador. E Mill, o liberal, sempre tinha uma palavra amável sobre o imperialismo: enquanto Richard Cobden e John Bright rejeitavam o império como sistema de transferência de renda para as classes superiores, Mill o defendia como parte da missão civilizatória do homem branco.

Mill também embarcou em uma cruzada intelectual em que teria muitos seguidores. Ele tornou-se cada vez mais crítico das convicções de seu pai no laissez-faire e se deixou atrair por alas mais moderadas da sociologia. Como julgar os indivíduos pelos próprios méritos quando os parvos iam para Eton e os gênios se confinavam nas chaminés? Como o indivíduo poderia se realizar plenamente sem que a sociedade lhe garantisse um bom começo de vida? Ele questionava a crença de Bentham de que todas as sociedades podem ser julgadas pelos mesmos padrões abstratos do maior bem para o maior número de pessoas. O que era bom para os antigos egípcios por acaso seria bom para os ingleses modernos? Será que a poesia era mesmo melhor para a sociedade do que jogos populares como o push-pin? Havia um papel para o Estado na civilização das massas.

Essa guinada à esquerda rumo ao sufrágio mais amplo e ao Estado mais intervencionista não foi fácil para Mill. Receoso de que a democracia se convertesse em tirania da plebe ignara, ele achava que os detentores de diplomas universitários deveriam ter mais direito de voto (e, de fato, aqueles que se formavam por Oxford, Cambridge e outras poucas universidades britânicas tiveram direito ao voto duplo até 1950). Mill continuou encontrando tarefas que ele achava que deveriam ser desempenhadas pelo Estado. Henry Sidgwick, um de seus discípulos, observou que *Political Economy*, a bíblia do liberalismo de Manchester, foi transformada, na terceira e na quarta edições, em uma apologia do coletivismo. A. V. Dicey, um dos maiores defensores do liberalismo clássico, receava que o utilitarismo de Mill não apenas se diluísse, mas também se pervertesse em suas iterações tardias: a ideia de que as pessoas deveriam estar dispostas a perseguir os próprios interesses (e, portanto, sua própria felicidade) degenerou na ideia de que as pessoas deveriam estar dispostas a sacrificar a própria felicidade a fim de garantir a felicidade dos demais.[18]

Em todos esses pontos, Mill nadava com a corrente da opinião da época. O livre-comércio sozinho não poderia solucionar muitos dos problemas práticos que afligiam uma sociedade em industrialização acelerada, como controlar doenças contagiosas e oferecer escolas. Um número crescente de pessoas começou a culpar o individualismo liberal pelas mazelas de uma civilização em rápida expansão. Thomas Carlyle denunciou o laissez-faire como "mecânico" e desumano. Elizabeth Gaskell pintou um retrato simpático dos trabalhadores grevistas em *Mary Barton* (1848). Para um reformista social como Dickens, o utilitarismo era um alvo tão importante quanto a "Velha Corrupção" e foi transformado em epítome de um calculismo impiedoso em *Hard Times* (1854). Charles Kingsley equiparou a intervenção do governo à moralidade cristã, em *Alton Locke* (1850), um livro que era ainda simpático aos cartistas em greve.

A educação foi a área onde a velha e a nova versão do liberalismo começaram a se fundir. Os reformadores passaram a concentrar-se na competição aberta como arma contra a "velha corrupção". As Comissões Reais de Oxford e Cambridge, constituídas em 1850, argumentavam que restringir o magistério a candidatos de determinados distritos, escolas e famílias deixara essas instituições cheias de tolos e sibaritas que passavam os dias flanando em vez de lecionando. "Pessoas propensas por natureza a serem párocos de aldeia são induzidas a ficar em Oxford apenas por terem nascido em algum distrito de Rutland quando na verdade são inaptas não só para esse ofício como para qualquer outro", queixou-se Frederick Temple, um dos comissários.[19] A única solução era preencher as posições acadêmicas com base "no mérito e somente no mérito". Outra comissão de universidades constituída em 1861 foi igualmente incisiva a respeito da educação oferecida por essas instituições. Henry Sidgwick, jovem filósofo de Cambridge, dizia que a escola de Eton, uma famosa instituição britânica para rapazes, era abominável: "Uma relíquia inútil de eras priscas, um lugar que faz referência a uma vida monástica, idealmente erudita, reclusa e abnegada, mas que, realisticamente, costuma ser apenas um antro indolente de leviandade e nescidade".[20] À medida, porém, que as instituições britânicas tradicionais se abriam para o talento, os reformadores começaram a almejar a ampliação das oportunidades educacionais. Sidgwick promoveu a educação para as irmãs dos novos meritocratas, fundando o Newnham

College, em Cambridge. Matthew Arnold, William Foster e Robert Lowe impulsionaram a educação para as massas. Para tanto, queriam desenvolver um sistema de escolas elementares capaz de garantir que todos tivessem acesso à educação básica; também pretendiam construir mecanismos de identificação de talentos e de criação de oportunidades, de modo a transferir os alunos mais brilhantes de escolas humildes para as instituições e profissões mais promissoras. Lowe talvez tenha sido, sob a liderança de Gladstone, um ministro das Finanças cortador de impostos, mas ele também achava que o Estado tinha de gastar mais com a "educação de nossos senhores".

Na Inglaterra da era vitoriana tardia, o Estado enxuto e contido começou a expandir-se. Longe de considerar que sua única atribuição era simplesmente garantir o livre-comércio, começou a buscar maneiras de civilizar as fábricas sombrias e satânicas.

Guinada à esquerda

Quando Mill morreu, em 1873, o liberalismo vitoriano de *On Liberty* estava sob fogo cruzado de políticos que se preocupavam com a grandeza nacional, clérigos que se importavam com a compaixão, filósofos que zelavam pela justiça, pragmáticos que se interessavam pelo saneamento, e, evidentemente, de socialistas que receavam o capitalismo.

Ainda restavam alguns liberais de sangue puro. Herbert Spencer (1820-1903) era, em tese, o mais destacado intelectual público das décadas de 1870 e 1880, colaborador regular de importantes periódicos (incluindo a revista *The Economist*, que lhe proporcionara púlpito durante muitos anos), e autor de best-sellers como *O indivíduo contra o Estado* (1884). Spencer não apenas era um defensor intransigente do livre mercado como acreditava que qualquer intervenção no mercado, até a aprovação de leis para impedir que crianças de oito anos fossem incumbidas de limpar chaminés, inevitavelmente levaria ao socialismo. Foi ele quem arregimentou Charles Darwin para a causa do livre mercado, argumentando que a luta pela sobrevivência na natureza (que ele descreveu memoravelmente como "rubra nas unhas e dentes") era análoga à luta pela sobrevivência na economia: a reforma social inevitavelmente levaria à degeneração nacional, pois puniria as classes respeitáveis e recompensaria os pobres devassos e suas vastas proles.

Gladstone também aderiu à causa: "Vivemos uma época em que prevalece a tendência de achar que o governo deveria fazer isso e aquilo, que o governo precisa fazer tudo", advertiu, em 1889.[21] "Se o governo tomar em suas mãos o que o indivíduo deveria fazer por iniciativa própria, infligirá a ele males mais graves que todos os benefícios que lhe conceder." E essa declaração parte de um dos maiores reformadores sociais da Inglaterra.

Quando o século se aproximava do final, contudo, a maré já virara fortemente contra o liberalismo. Gladstone morreu em 1898, reverenciado, mas considerado um homem de outro tempo. Spencer, que faleceu quatro anos depois, era tido na época como um excêntrico insensível. O Estado intervencionista se tornara mais aceito, principalmente na Europa continental, onde a tradição do absolutismo era muito mais forte que a tradição do liberalismo clássico. Os franceses criaram uma elite de mandarins que dirigia o país em nome da solidariedade social. Na Alemanha, que fora unida por Bismark, em 1871, os prussianos criaram o mais poderoso Estado da Europa, com as melhores escolas e universidades, o mais avançado sistema de pensões, a mais ordeira administração e um exército capaz de derrotar a França com facilidade.

A ascensão da Alemanha transformou G. W. F. Hegel, de figura marginal — "um escriba nauseante, analfabeto, hipócrita e de cabeça chata", segundo o famoso opróbrio de Arthur Schopenhauer — em profeta de uma nova era. Hegel (1770-1831) foi contemporâneo de James Mill e abraçou tudo o que fora rejeitado pelo grande escocês: a metafísica em vez de senso comum e a adoração do Estado em vez da atuação do mercado. Para ele, o Estado era nada menos que a corporificação da razão e do progresso — a "marcha de Deus sobre a Terra", em suas palavras — e os burocratas (em especial, os da cepa prussiana) se destacavam como uma classe universal cuja função era promover o bem comum contra o egoísmo dos capitalistas e dos trabalhadores. No poente do liberalismo vitoriano, Hegel encontrou discípulos na Inglaterra, assim como no exterior. Em Oxford, T. H. Green misturou a metafísica hegeliana com a alta intelectualidade de Balliol College e serviu essa infusão intervencionista a uma sucessão de jovens brilhantes como Herbert Asquith, futuro primeiro-ministro liberal, e R. H. Tawney, um dos intelectuais mais influentes dos anos 1920 e 1930. De repente, o "Estado vigia noturno" era relíquia de uma era pregressa, e o Reich prussiano se convertera em medida de tudo que era moderno.

Os historiadores gostam de explicar essa mudança basicamente em termos de alvorecer da compaixão: de súbito, a elite britânica teria despertado para a "outra Inglaterra", de bairros miseráveis e de crianças famintas, e aprovado uma legislação para oferecer bem-estar aos pobres e manter as crianças longe das chaminés. A compaixão ajudou. Havia, porém, algo mais poderoso em cena: a grandeza nacional.

Em fins do século XIX, um número crescente de britânicos começou a fazer perguntas incômodas. Seria a Inglaterra capaz de manter-se no topo em um mundo onde novas e grandes potências — Alemanha, na Europa, e Estados Unidos, no outro lado do Atlântico — floresciam enquanto a Inglaterra perdia o trunfo da industrialização? Entre 1883 e 1913, a participação da Inglaterra no comércio mundial de produtos industrializados caiu de 37% para 25%.[22] A humilhação britânica na Guerra dos Bôeres, entre 1899 e 1902, exacerbou essa ansiedade. Se a Inglaterra não conseguia sequer vencer uma nação minúscula e isolada de africâneres, como faria caso um inimigo mais poderoso surgisse? Os políticos começaram a se preocupar com a debilidade da população britânica. Em Manchester, por exemplo, oito dos 11 mil voluntários foram considerados inadequados para o serviço militar por serem míopes, raquíticos, baixos demais, inaptos ou terem pés chatos e deformidades no tórax. A "doutrina obsoleta" do laissez-faire estava condenando a Inglaterra a ficar atrás da pujante Alemanha, à mercê de impostos altos, corporações poderosas e de um florescente Estado de bem-estar social. Lloyd George resumiu o sentimento nacional ao afirmar que a Inglaterra não poderia dirigir um império "A1" com uma população "C3".[23]

As primeiras incursões no campo do bem-estar social se destinavam todas ao enfrentamento desse problema. A School Medical Service, protótipo do National Health Service, foi constituída em 1907 com o objetivo de reverter a deterioração da nobre estirpe inglesa. O fornecimento gratuito de leite e de merenda nas escolas, a realização de exames médicos obrigatórios e a fundação de clínicas maternais e pediátricas foram medidas inspiradas na crença de que "a nação marcha com os pés das crianças".

A adesão dos liberais britânicos ao ativismo do Estado na segunda metade do século XIX reverberou no outro lado do Atlântico. Abraham Lincoln determinou o apoio do Estado à expansão da população para o Oeste (Homestead Act, de 1862) e à criação de novas instituições de ensino técnico e agrícola (Morrill Act, de 1862). "O objeto legítimo do governo", argumentou, "é fazer pela comunidade o que precisa ser feito, mas que indivíduos isolados não teriam capacidade ou fariam de maneira precária."[24] Seus sucessores intensificaram o ativismo do Estado em face do surgimento de enormes conglomerados industriais e do alastramento da agitação trabalhista.

Assim, a partir da década de 1870 o Leviatã fez uma forte guinada à esquerda. A grande questão era até que ponto ele iria. A voz mais poderosa da extrema esquerda era, evidentemente, a de Karl Marx, um barbudo beneficiário da nova legislação iluminista de proteção aos exilados que passou décadas vasculhando a Biblioteca Britânica. Seria presumível que Marx fosse adepto do governo grande, mas, na verdade, ele pouco se interessava pelo tamanho ou alcance do Estado. Para ele, o motor da história eram as forças de produção, em vez de epifenômenos como ideologias ou constituições. O conflito de interesses entre aqueles que detinham os meios de produção e os que vendiam sua força de trabalho resultava em uma perpétua luta de classes. O Estado nada mais era que um instrumento de domínio de classe que servia aos interesses de quem quer que estivesse no topo naquele momento — no caso, eram os burgueses na época de Marx — e um instrumento de opressão que impedia a ascensão dos trabalhadores. Sendo assim, uma vez que a questão de classe fosse superada, o Estado "feneceria". Em vez de governar (e oprimir), seu único papel seria o de mera "administração das coisas".

As ideias de Marx se revelariam extremamente influentes no desenvolvimento da instituição que ele tanto aviltou. Durante décadas, metade do mundo viveu sob regimes marxistas, de uma forma ou de outra. Mesmo hoje, o Partido Comunista que se encontra no poder na China diz ser tão fiel ao marxismo quanto ao mercado. A verdade, porém, é que a teoria de Marx sobre o Estado foi insubstancial — mas insubstancial de maneira muito perigosa.

Marx não apenas tinha pouco a dizer sobre como se faz um governo como estava equivocado ao argumentar que as formas políticas eram irrelevantes: havia uma enorme diferença entre a Londres liberal onde Marx podia passar seu tempo em bibliotecas e a Berlim autoritária, onde era um homem procurado. Marx também ignorou o fato de que o Estado podia ser ele mesmo um grupo de interesse, como viria a acontecer de maneira extremada nos países que exaltavam suas ideias. Sua grande falha, porém, foi a recusa em aceitar a grande contribuição de Hobbes de que o Estado era um instrumento necessário para o manejo pacífico de todas as questões humanas.

A concepção ingênua de Marx a respeito do Estado apresentava uma estranha semelhança com a do Tea Party: assim que a gloriosa revolução chegasse, ninguém precisaria do governo e o problema desapareceria. Essa ingenuidade custou muitas vidas. Ao reduzir o Estado a um mero instrumento de domínio de classe, Marx preparou o terreno para a ditadura. Em um Estado dedicado à administração das coisas, as pessoas seriam tratadas como meras coisas. Se o governo alemão não tivesse trancafiado Lênin em um trem e despachado para a Finlândia em meados de 1917 como uma pena de morte, as teorias de Marx sobre o Estado teriam sido vistas como mera utopia, pálidas se comparadas às suas observações por vezes brilhantes a respeito do capitalismo. E agora que a União Soviética entrou em colapso e a China abraçou o capitalismo de Estado, ela pode ser vista como o que realmente era: um beco sem saída.

Hoje, somente Pyongyang e Havana alegam seriamente adotar o marxismo como norte. Beatrice Webb, por outro lado, se situa no âmago do debate moderno sobre o escopo do Estado.

3
Beatrice Webb
e o Estado de bem-estar social

BEATRICE WEBB FOI A MADRINHA DO ESTADO DE BEM-ESTAR sob o qual boa parte dos países ocidentais desenvolvidos vive hoje. Ela concebeu uma nova forma de governo que fornece aos cidadãos o "mínimo necessário para uma vida civilizada", construindo, assim, a engrenagem para um governo cada vez maior e treinou uma classe de intelectuais e funcionários para difundir esse credo e alimentar uma máquina administrativa cada vez mais ampla. Seu gênio foi tornar o inimaginável imaginável e o revolucionário evolucionário — e fazê-lo em escala global.

Sua própria vida, assim como a de Mill, caracterizou-se pela deriva à esquerda. Beatrice Potter nasceu em 1858, filha de vitorianos privilegiados ou, em suas próprias palavras, "o mais sagaz dos membros de uma das mais sagazes famílias da classe mais sagaz do país mais sagaz do mundo".[1] Seu pai, Richard, fez uma fortuna fornecendo barracas às tropas francesas durante a Guerra da Crimeia e outra como magnata dos setores madeireiro e ferroviário. Acabou como presidente da Great Western Railway, com casa de campo em Gloucestershire e mansão em Londres. A mãe, Laurencina, foi uma intelectual brilhante, loquaz discípula da economia do laissez-faire. Herbert Spencer era frequentador assíduo das várias casas da família e deslumbrou-se pelo fulgor especial da jovem e encantadora Beatrice.

À medida que amadurecia, contudo, Beatrice passou a questionar muitas de suas certezas da juventude, tanto que acabou sendo demitida da posição de inventariante do espólio literário de Spencer que ocupava. Por que, indagava ela, a prole abobada dos mais ricos frequentava as melhores escolas enquanto os filhos brilhantes dos pobres ficavam sem oportunidade? Por que trabalhadores honestos eram privados de seus empregos apenas por conta de uma queda esporádica do mercado? Beatrice se apaixonou pelo conservador radical Joseph Chamberlain e trabalhou em áreas miseráveis de Londres com outro radical, seu primo Charles Booth. Sua vida, porém, se transformou quando, em 1990, conheceu Sidney Webb. Sidney era tão desinteressante quanto Beatrice era bonita — uma cabeça enorme equilibrada sobre um corpo minúsculo e piriforme, sempre encasulado em um terno lustroso e fora de moda. Beatrice, contudo, admirava sua mente incansável e sua paixão fervorosa pelo papel fertilizador do governo: "propriedade pública onde for possível; regulação pública em tudo o mais; ajuda pública de acordo com as necessidades para todos os miseráveis e incapazes; tributação pública em proporção à riqueza, sobretudo à riqueza excedente".[2] A moça surpreendeu a própria classe ao casar-se, em 1892, com essa gárgula diligente, e divertia colegas mais perspicazes como H. G. Wells pela verve com que sublimava apetites sexuais produzindo sucessivos livros sobre as minúcias da administração. "Vimos que só ao governo seria possível confiar o suprimento de futuras gerações", escreveu ela, contando como era a vida com Sidney.

Beatrice Webb não era uma teórica política nos moldes de Hobbes e Mill: ela passou a vida cuidando de detalhes administrativos, em vez de às voltas com conceitos abstratos. Sua obra mais volumosa foi um estudo de dez volumes sobre o governo local, publicado periodicamente entre 1906 e 1929. Seu trabalho, porém, estava impregnado de uma visão filosófica que via o Estado como corporificação da razão universal e do bom senso britânico. Ela forneceu aos estatizantes os principais componentes de sua ideologia — que o Estado significava planejamento (em oposição ao caos), meritocracia (em oposição a privilégios herdados) e ciência (em oposição a preconceitos cegos). E se deu conta de que os intelectuais poderiam exercer enorme influência sobre a história, desde que se organizassem e pregassem o mesmo sermão — tática que a direita acabaria copiando. A permeação gradual era seu método preferido para a promoção da mudança. Por que arriscar o sangue e as lágrimas de uma revolução quando é possível "impregnar todas as forças existentes na sociedade", publicando panfletos e participando de comissões reais? Os Webb fundaram a Sociedade Fabiana para atuar como guarda pretoriana de socialistas visionários; constituíram a London School of Economics para treinar uma nova cepa de engenheiros sociais em todo o mundo e criaram a *New Stateman*, líder de torcida da revolução socialista.

Beatrice também representou o lado sombrio do socialismo. Ela e Sidney saudaram Stalin como arquiteto de uma nova civilização, desprezando evidências de que milhões de pessoas haviam morrido de fome na Ucrânia (ignorando, inclusive, provas fornecidas por Malcolm Muggeridge, marido de sua sobrinha), tachando-as de propaganda contrarrevolucionária. Os Webb tinham "pouca confiança no 'homem sensual ordinário'" e preferiam confiar no "especialista profissional" para melhorar a estirpe das pessoas comuns.[3] Ela desmerecia os sindicalistas como "estúpidos e beberrões" e preconizava com entusiasmo o planejamento eugênico, tanto quanto o planejamento urbano. Considerando que as pessoas eram os elementos constituintes de um Estado poderoso, fazia sentido que o Leviatã gerenciasse os hábitos de procriação do povo. Por que pessoas não saudáveis deveriam procriar se isso gerava mais problemas para os demais cidadãos? E por que os mais inteligentes não deveriam ser incentivados a ter mais filhos se isso melhorava a qualidade geral do Estado? Essa era uma visão comum na esquerda: seu colega fabiano, George Bernard Shaw, acreditava que "o único socialismo fundamental e possível é a socialização da procriação seletiva".[4] Já Harold Laski, importante intelectual trabalhista e professor da LSE (que, a propósito, teve John F. Kennedy entre seus alunos), era adepto de Francis Galton, fundador da eugenia, e estudou o assunto sob a orientação de Karl Pearson, principal assistente de Galton.[5]

O gênio dos Webb consistiu em instilar essa mistura de ansiedade e idealismo em um movimento político coerente. Eles cortejaram todos os três partidos políticos da Inglaterra em vez de concentrarem todas as fichas no Partido Trabalhista, que ajudaram a criar. Adotaram todos os argumentos possíveis em favor do "coletivismo", da justiça social ao imperialismo, passando pela eficiência nacional, em vez de aderir apenas a uma teoria política. Acabaram convertendo grande parte da opinião pública mais educada para a visão, inconcebível na geração anterior, de que o Estado deveria garantir um "mínimo nacional" de bem-estar e educação. Até Churchill, que Beatrice considerava "egoísta, fanfarrão, superficial e reacionário", abraçou a ideia do mínimo nacional e dos "milhões de desprovidos".

Ajudar esses milhões de desprovidos foi a grande causa nacional dos governos liberais entre 1905 e 1915, uma causa que resultou na merenda escolar gratuita para as crianças carentes (1906), na pensão para os idosos (1908), no combate à pobreza (1909) e no seguro nacional para doentes e desempregados (1911), assim como nos componentes menos palatáveis da agenda dos Webb, como a esterilização dos inaptos (1913). De repente, duas coisas antes jamais vistas se tornaram normais: a tributação de toda a população para a prestação de benefícios aos desafortunados e a eliminação do estigma da "Lei dos Pobres" do bem-estar social. Agora, os pobres eram vítimas, não alvos.

Os Webb se situavam no âmago de uma ampla revolução filosófica. Os elementos constitutivos da tradição política britânica — em especial os conceitos de liberdade e igualdade — estavam sendo reinterpretados e reformulados. Na tradição liberal clássica, liberdade significava ausência de controles externos. Igualdade significava ausência de discriminação perante a lei: eliminar os privilégios legais da aristocracia rural fora a batalha pioneira dos séculos XVIII e XIX. Agora, porém, reinterpretava-se liberdade como eliminação das carências e igualdade como nivelamento das oportunidades (e, até certo ponto, como respeito a todos). Tudo isso acarretava uma visão muito mais ativista do governo. Garantir a liberdade no sentido de ausência de carências implicava serviços sociais. Garantir a igualdade no sentido de nivelamento das oportunidades sugeria escola para todos e ensino universitário para pobres talentosos: a educação deixava de ser efeito para tornar-se causa do status social. Se o texto político pioneiro da era do alto vitorianismo foi *On Liberty*, de Mill, o texto pioneiro do entreguerras foi *Equality* (1931), de R. H. Tawney, protegido dos Webb e professor da LSE.

Melhorar o bem-estar dos trabalhadores era a razão de ser do Partido Trabalhista de Tawney. O mais impressionante, porém, era como os governos conservadores e de orientação conservadora continuaram comprometidos com o conceito de mínimo nacional dos Webb mesmo durante a Grande Depressão. O número de assistentes sociais no serviço público dobrou entre 1914 e 1933 e quadruplicou entre 1933 e 1940. Na década de 1930, Harold Macmillan, futuro primeiro-ministro conservador, foi um típico convertido à ideia do governo forte: a preocupação patrícia com os trabalhadores (ele serviu como oficial das tropas nas trincheiras), o pragmatismo conservador (a crença de que a desregulamentação do mercado gerou o caos) e o desprezo altivo pelos financistas "bucaneiros", tudo isso o convenceu de que o Estado deveria intervir não só para cuidar dos pobres, mas também para orientar a economia. O planejamento nacional e a intervenção do Estado eram tidos como conceitos "modernos" — exatamente o tipo de coisa com a qual um político ambicioso queria se identificar.

A Grande Depressão também arregimentou outro intelectual britânico para o centro do debate global. John Maynard Keynes era antes um liberal do que um socialista: ele preferia beber champanhe com os Asquith a beber água com os Webb e se recusava a transferir sua lealdade dos liberais decadentes para os trabalhistas emergentes. Na opinião dele, o Partido Trabalhista parecia obcecado demais pelas classes sociais e Keynes era "mais propenso que o normal" à especulação capitalista, em suas próprias palavras. Ele construiu uma fortuna pessoal e outra para a King's, a escola que frequentou em Cambridge. Ele era ainda um elitista refratário, desejoso de preservar a alta cultura da intelligentsia vitoriana. No livro *Teoria geral do emprego, do juro e da moeda* (1936), entretanto, lançou a crítica mais veemente já publicada ao liberalismo do laissez-faire, em especial ao conceito central do laissez-faire de que o capitalismo é um mecanismo autocorretivo.

A crítica de Keynes foi muito mais devastadora que a de Marx por ter sido lavrada na linguagem da economia moderna e por ter sido redigida — muito bem redigida, por sinal — de um ponto de vista de simpatia exasperada pelo sistema, não de hostilidade enfurecida. Na essência, Keynes expôs uma maneira de salvar o capitalismo de si mesmo, mediante o uso cuidadoso de gastos públicos. A observação central da *Teoria geral* é que a tendência natural para o pleno emprego, conforme argumentavam os economistas clássicos, era uma falácia. Para ele, as economias capitalistas poderiam ser destruídas pelos altos níveis de desemprego, que reduziam a demanda e fermentavam a agitação social. Em épocas de baixa atividade econômica, o papel do governo central era estimular a demanda por meio de despesas com obras públicas e pagamento de seguro-desemprego. Observadas com atenção, essas recomendações se acautelavam com muitas advertências. Keynes argumentava que o Estado jamais deveria consumir mais que cerca de um quarto do PIB.[6] Acreditava mais em planos sociais orgânicos que em planejamentos centrais abstratos, e era pragmático até a raiz dos cabelos. "Ter princípios é fatal para um governo capitalista", escreveu. "É oportuno, no melhor sentido da palavra, viver com flexibilidade e bom senso."[7] Acreditava com convicção, porém, que a mão invisível do mercado precisava da ajuda da mão visível do governo. À medida que suas ideias se consolidavam em doutrina, todavia, os apóstolos se esqueciam cada vez mais das advertências e, assim, o keynesianismo se tornou motor intelectual do governo grande.

O triunfo do pensamento estatizante na Inglaterra ecoou em todo o mundo. Na Rússia e na Alemanha, o culto ao governo forte se manifestou na forma de comunismo e fascismo. O totalitarismo, porém, era mais forte que a adoração ao Estado. Os nazistas e os comunistas se fixaram antes no partido do que no Estado — com efeito, usaram o partido para capturar e transformar o Estado. Para os comunistas, o proletariado, não o Estado, era a locomotiva da história. Para Hitler, o Estado era "apenas o recipiente, a raça era o conteúdo". Mas Hitler e Stalin, assim como Mussolini, Franco e Perón, misturaram boa dose de Estado hegeliano a seus pesadelos distópicos e submeteram a economia ao controle estatal. Quanto mais perdurava o comunismo no Oriente, mais ele se tornava instrumento da burocracia, não do partido. George Orwell estava certo ao transfigurar o governo em Big Brother, no livro *1984* (publicado em 1949).

O entusiasmo pelo governo grande assumiu forma mais benevolente nos Estados Unidos, onde havia alguns adeptos fervorosos dos Webb. Herbert Croly, que dizia que os americanos deveriam começar a pensar "primeiro no Estado" e depois em si mesmos, tornou-se o publicista yankee dos Webb e fundou a *New Republic* em 1914 como um megafone das opiniões de seus luminares britânicos. A revista se manteve na defesa da União Soviética até o fim da Segunda Guerra, mas a versão americana do governo forte e poderoso, no entanto, seguiu em outra direção, especialmente sob o comando dos dois presidentes Roosevelt.

Teddy Roosevelt, que foi presidente de 1901 a 1909, aceitou a visão dos Webb de que a era do capitalismo de laissez-faire chegara ao fim. O Estado precisava atuar como domador do leão capitalista. Para isso, Roosevelt criou órgãos regulatórios como o Bureau of Corporations (precursor da Securities and Exchange Comission) para romper monopólios e fortalecer o consumidor. "Companhias são criação do povo e não devem se tornar senhoras do povo", proclamou. Ele não queria, porém, substituir os Rockfeller e Carnegie da vida por burocratas locais. Para ele, o capitalismo era uma máquina de criação de riqueza sem igual; ele só pretendia usar o poder do Estado para garantir o melhor funcionamento dessa máquina. Seu objetivo era quebrar os trustes gigantescos que ameaçavam esmagar a competição. Ele tinha consciência de que era a competição em si que promovia a prosperidade geral, não as empresas. Queria proteger os consumidores de corporações vilãs por meio de leis como o Meat Inspection Act [Lei de Vigilância da Carne] (1906) e o Pure Food and Drug Act [Lei da Pureza de Alimentos e Medicamentos] (1906). Combateu o "capitalismo de laços" (capitalismo de compadrio), ou a aliança apóstata entre "corrupção política" e "corrupção empresarial", como dizia a plataforma de seu Partido Progressista dissidente, em 1912. A ideia era usar o Estado para oferecer aos americanos pobres o que denominou de "acordo justo", engendrando não um Estado de bem-estar social sufocante, mas uma rede de segurança para tempos difíceis, e melhorando a qualidade do capital social do país. Se os Webb usaram causas sensíveis como proteger os consumidores contra produtos degradados para promover o poder do Estado, Roosevelt recorreu ao poder do Estado para promover causas sensíveis.

Esse amálgama inteligente de republicanismo e progressismo ajudou a proteger os Estados Unidos dos excessos do estatismo europeu. Mesmo no auge do New Deal, promovido por seu primo distante e democrata, Franklin Delano Roosevelt, os Estados Unidos se recusaram a estatizar as torres de comando da economia como os fabianos teriam aprovado. Franklin Roosevelt, em geral, preferia regulação rigorosa à estatização. Para tanto, criou uma profusão de novos órgãos públicos na forma de comissões e conselhos como a Federal Communications Commission e o National Labor Relations Board para ajudar a amansar o capitalismo. A mais importante dessas instituições foi a Securities and Exchange Commission, criada em 1934, que contou com a colaboração de um dos maiores especuladores americanos, Joseph Kennedy, na condição de seu primeiro chairman (quando os críticos se queixavam da nomeação de Kennedy, Roosevelt respondia que ele era o mais indicado por conhecer todos os truques do ofício). Ele também abriu empresas estatais para compensar as falhas do mercado: a Tennessee Valley Authority ajudou a eletrificar o Sul e a promover o crescimento da região no pós-guerra. Ao mesmo tempo, era claro o movimento para a esquerda nos Estados Unidos, como mundo afora, na década de 1930. Embora não compartilhasse as crenças fabianas quanto à estatização de empresas, FDR comungava do entusiasmo pela nomeação de especialistas brilhantes para cuidar de tudo. A Washington dos anos 1930 e 1940 estava apinhada de jovens eminências pardas, que se dedicavam a ampliar o poder do governo.

A nova Jerusalém

A Segunda Guerra Mundial foi o primeiro grande conflito da era do governo grande. A guerra demonstrou o poder do Estado para mobilizar recursos em escala jamais vista. Praticamente todas as indústrias eram subordinadas à vontade do Estado e todos os aspectos da sociedade se submeteram a um planejamento detalhado. Na Rússia comunista, o controle do Estado era tão explícito e o senso de solidariedade era tão enraizado na opinião pública que o regime disso se locupletaria por décadas a fio. Mesmo na Inglaterra e nos Estados Unidos o Estado triunfava: essa foi a era do racionamento, do esforço coletivo, de Rosie, a Rebitadeira trabalhando nas fábricas de munição da Califórnia, do sacrifício de todos pelo bem comum. Tudo isso estimulou a demanda por uma sociedade muito mais justa. O sacrifício comum exigia proteção comum.

A Segunda Guerra Mundial assegurou o triunfo da versão "Estado grande" de ideias políticas básicas, como "liberdade" e "igualdade", e trouxe ainda uma ênfase renovada em um conceito mais nebuloso: a "fraternidade". No século XIX, a "fraternidade" fora um mote de associações de trabalhadores pouco ouvido em salões filosóficos: era antes um sentimento do que um argumento. Foi então que a fraternidade encontrou seu filósofo na pessoa de T. H. Marshall, outra figura vinda da London School of Economics. Marshall argumentava que os cidadãos haviam adquirido novos direitos em três ondas sucessivas — direitos civis, no século XVIII; direitos políticos, no século XIX; e direitos sociais (como educação e assistência médica), no século XX. Os direitos sociais se baseavam na crença fraternal de que compartilhamos um destino comum e obrigações comuns, convicção amplamente reforçada pela guerra. Observe-se, porém, o uso da palavra "direitos": benefícios que envolviam obrigações recíprocas nos dias dos clubes de trabalhadores estavam sendo redefinidos como "direitos" universais que qualquer um poderia reivindicar de um Estado poderoso.

As ideias que surgiam na Inglaterra mesmo após a morte de Beatrice Webb, em 1943, eram no sentido de um Estado de bem-estar social ainda mais amplo. O Relatório Beveridge, de 1942, apresentava planos para a destruição dos "cinco males gigantescos" — Carência, Doença, Ignorância, Miséria e Ociosidade. A recepção a esse relatório foi nada menos que extasiada. As pessoas formavam filas noite adentro para comprar o documento. Multidões se amontoavam para ter um vislumbre do "William do Povo" (era "como atravessar a multidão delirante montado num elefante", resmungou William Beveridge).[8] O relatório foi traduzido para 22 línguas e pilotos ingleses o lançaram sobre a Europa ocupada. Dois exemplares em alemão foram encontrados no bunker de Hitler, em Berlim.[9]

O Education Act [Lei da Educação], de 1944, elevou a idade escolar até os quinze anos e prometeu educar todas as crianças de acordo com sua "idade, habilidade e aptidão". O National Insurance Act [Lei do Seguro Nacional], de 1946, garantiu uma rede de segurança para os desafortunados e o National Health Service Act [Lei do Serviço Nacional de Saúde], que entrou em vigência em 1948, significava que os ingleses já não precisariam pagar pela assistência médica (custeavam-na com os impostos, em vez de com pagamentos diretos). "Moradia, saúde, educação e previdência social", proclamou Aneurin Bevan em uma frase que resumia o espírito da época, "esses são seus direitos inatos."

Bevan era um agitador da classe trabalhadora — filho de um mineiro de carvão que ascendera à liderança do Partido Trabalhista; mas a prova real dos poderes de permeação dos Webb consistia mais uma vez na capacidade do Estado de bem-estar social de transpor as divisões políticas. Os três grandes pilares da Inglaterra do pós-guerra — a Lei da Educação, a Lei do Seguro Nacional e a Lei do Serviço de Saúde Nacional — traziam o nome de um conservador (Butler), de um liberal (Beveridge) e de um socialista (Bevan). Ao voltar ao poder, em 1951, o Partido Conservador nada fez para reverter o Estado de bem-estar social, embora fosse liderado pelo supostamente reacionário Winston Churchill. Norman Macrae, da *Economist*, cunhou o termo "Butskellism", cruzamento dos epônimos R. A. Butler e Hugh Gaitskell, para descrever as políticas consensuais dos trinta anos seguintes.

E assim foi em toda a Europa Ocidental, quando a ideia de construir uma Nova Jerusalém transpôs o Canal da Mancha. Entre 1950 e 1973, os gastos públicos subiram de 27,6% do PIB para 38,8% na França; de 30,4% para 42,0% na Alemanha Ocidental; de 26,8% para 45,0% na Inglaterra; e de 34,2% para 41,5% na Holanda — tudo isso numa era em que o produto interno em si crescia com mais rapidez que em qualquer outra época, passada ou futura.[10] O Estado lubrificava as engrenagens da vida europeia de todas as maneiras imagináveis. Dirigia empresas como a Életricité de France e a IRI, na Itália: empresas que criavam emprego para um grande número de trabalhadores, que forneciam produtos para um grande número de consumidores, que transferiam fundos nem sempre lícitos para um grande número de políticos, e, evidentemente, que recolhiam impostos para o Estado em um magnífico carrossel de criação de riqueza. O governo dirigia universidades, institutos de pesquisa, bibliotecas e empresas de radiodifusão. Ex-alunos das melhores universidades — Oxford, Cambridge e a LSE dos Webb, na Inglaterra; além das *grandes écoles*, na França — cada vez mais procuravam emprego no setor público, que se expandia a todo momento, em vez de nas velhas profissões ou no setor privado. O Estado financiava até mesmo os jovens iconoclastas que passavam a vida de nariz em pé para o establishment em programas de rádio e televisão.

Com tantos membros das elites trabalhando juntos para construir a Nova Jerusalém, não foi surpresa alguma que o consenso começasse a criar organizações internacionais. Os últimos anos da guerra assistiram ao nascimento de duas instituições gêmeas criadas nas conferências de Bretton Woods, o Fundo Monetário Internacional e o Banco Mundial (ambas parcialmente influenciadas por Keynes), e ao advento das Nações Unidas. Esta última jamais veio a ser o "parlamento do homem", tão esperado pelos internacionalistas. A Guerra Fria e sua disputa ideológica logo varreu esse sonho. Na Europa Ocidental, porém, o consenso social-democrata (e o medo de que a Alemanha pudesse desestabilizar o continente mesmo depois de ter sido dividida em duas partes) propiciou uma cooperação mais profunda entre os governos, primeiro através da Comunidade Europeia do Carvão e do Aço, constituída em 1951, e, depois, da Comunidade Econômica Europeia e da Comunidade Europeia de Energia Atômica, que, em 1967, se fundiram todas no predecessor do que é hoje a União Europeia. Desde o começo, dois aspectos se destacaram em relação ao sonho europeu. O primeiro foi a ambição: em 1952, o boletim inaugural da representação da Comunidade Europeia do Carvão e do Aço enviado a Washington foi intitulado "Rumo a um Governo Federal na Europa". O segundo foi a inclinação tecnocrática. Os fundadores da Europa suspeitavam profundamente do fervor da vontade popular, que, com base na experiência deles, levava apenas ao fascismo e ao bolchevismo. Muito melhor seria se essas novas instituições fossem dirigidas pela sabedoria fria de especialistas experientes e desapaixonados. Mais que qualquer forma de governo anterior, a da nova Europa nasceu com um coração burocrático.

Os Estados Unidos nunca adotaram a crença europeia de que o Estado deveria dirigir as torres de comando da economia e, em consequência, tiveram menos indústrias estatizadas. Mas a América do pós-guerra também se deixou fascinar pelo governo grande. Dwight Eisenhower dizia que a "expansão gradual do governo federal" era "o preço da rápida aceleração do crescimento nacional", embora ele ocasionalmente se descrevesse como liberal no sentido americano do termo. Lyndon Johnson denominou seu programa de bem-estar social "a Grande Sociedade", inspirado no título de um livro de Graham Wallas, amigo próximo dos Webb. Em dado momento, Richard Nixon proclamou que "agora sou keynesiano" e chegou a contratar o jovem Donald Rumsfeld para impor controles de preços e de rendas. Os Estados Unidos precisavam de um Estado grande para vencer o comunismo, para enviar uma nave tripulada à Lua, para policiar o mundo, para combater o flagelo da pobreza e, nas palavras de um grande aliado de Johnson, o senador Joseph Clark, da Pensilvânia, para "livrar nossa civilização dos males que afligem a humanidade desde os primórdios do tempo".[11]

Um sonho global

Mesmo no Ocidente, o estatismo tinha um lado sombrio muito intenso. Era forte o autoritarismo, bem no estilo Beatrice, em muitos esquerdistas que supervisionavam os órgãos estatais, não raro inspirado em menosprezo pela classe trabalhadora. Em *The Socialist Case*, Douglas Jay, um dos maiores luminares do Partido Trabalhista, argumentou que "quando o assunto é nutrição e saúde, assim como educação, o sujeito que ocupa o Palácio de Whitehall realmente sabe melhor que o próprio povo o que é bom para o povo". Beveridge confidenciara a Tawney, seu cunhado, que "os prósperos apresentam, em geral, níveis de caráter e de capacidade mais elevados que os das classes trabalhadoras, pois, com o tempo, as melhores estirpes tendem a subir ao topo. As boas cepas não ficam no fundo: forçam a própria ascensão ao longo de gerações de mudanças sociais, razão pela qual a classe superior costuma ser a melhor".

Mesmo depois da revelação dos horrores do holocausto, muitos progressistas continuaram a apoiar a "procriação seletiva". O Instituto de Biologia Racial da Universidade de Upsala, na Suécia, manteve-se ativo até 1974 e os governos social-democratas continuaram a sancionar a esterilização para "fins higiênicos", em plena era do ABBA: entre 1934 e 1976, cerca de 6 mil dinamarqueses, 40 mil noruegueses e 60 mil suecos, dos quais 90% mulheres, foram submetidos a esterilização compulsória.[12]

Até então, porém, o Estado grande parecia funcionar e o crescimento econômico acelerado mais do que compensava essa dose de engenharia social autoritária. Para os Estados Unidos, o pós-guerra caracterizou-se por supremacia sem igual: foi um tempo de novas rodovias e escolas, do GI Bill e de oportunidades crescentes. Para os britânicos, foi uma era em que as pessoas comuns nunca se deram tão bem. Os franceses tiveram *les trente glorieuses*. Os alemães se refestelavam no *Wirtschaftswunder*. O Estado mostrou que podia ser iluminado. Na França e na Alemanha, muitas das mentes mais brilhantes foram para o governo. Ele também mostrou que podia ser flexível. Na década de 1960, embora continuassem encastelados nas torres de comando da economia e arrecadassem metade da renda das pessoas em impostos, os políticos afrouxaram o controle sobre a moral individual: divórcio, aborto e homossexualidade tornaram-se legais.

A década de 1960 assistiu ao apogeu do Estado ocidental. O Estado se tornara provedor universal — um provedor que dava sem exigir quase nada em troca de muitos de seus cidadãos e que respondia a todas as queixas de seus clientes, oferecendo-lhes mais benefícios. Essa década também redefiniu os conceitos de igualdade e fraternidade de maneira ainda mais ativista.

No caso da igualdade, o foco se afastou das oportunidades e se concentrou nos resultados. R. H. Tawney descartara a "ilusão romântica de que os indivíduos não diferem em capacidade intrínseca".[13] Ele acreditava que a igualdade de oportunidades implicava a oportunidade de tornar-se desigual, que de fato a essência do progresso humano consistia em sociedades estratificadas com base nas capacidades inatas, não no dinheiro ou nos laços familiares. Esse conceito de igualdade continuava forte na década de 1960 e surge inclusive no mais famoso discurso da época. Ao argumentar que as pessoas deveriam ser julgadas não "pela cor da pele, mas, sim, pelo conteúdo do caráter", Martin Luther King Jr. estava pedindo para ser julgado. Outros progressistas, no entanto, adotaram abordagem mais utópica, demandando "igualdade de resultados".

Isso resultou em uma profusão ímpar de atividade estatal. Os ingleses substituíram as "grammar schools" por "comprehensive schools", para crianças com diferentes níveis de habilidade. Os americanos adotaram formas cada vez mais agressivas de ação afirmativa. O combate à discriminação já não significava apenas eliminar as restrições que impediam as pessoas de expressarem seus talentos, mas garantir a proporcionalidade: os negros e outras minorias étnicas deveriam receber garantias de acesso ao ensino superior e a empregos públicos com base no tamanho da fatia que representavam na sociedade. Enquanto isso, a fraternidade tornava-se cada vez mais um conceito aplicável ao doador, não ao receptor. Quem recebia benefícios de transferência de renda ou de pensões estatais não deveria ficar grato; a redistribuição não era favor, era direito — algo a que o sujeito fazia jus.

Evidentemente, não faltavam críticos de todo esse processo. Os marxistas se queixavam de que o Estado ocidental era apenas um instrumento da opressão de classes. Os novos esquerdistas argumentavam que ele não era apenas uma fachada, era uma triste fachada. Alguns direitistas reclamavam até de que o partido se mostraria caro demais: em 1964, a plataforma de Barry Goldwater nos Estados Unidos era cortar os gastos públicos e retornar à ideia do Estado vigia noturno de John Stuart Mill: "Tenho pouco interesse em modernizar o governo ou em torná-lo mais eficiente, o que quero é reduzir seu tamanho", proclamou o candidato. "Não prometo promover o bem-estar, proponho ampliar a liberdade."[14]

O Estado, todavia, venceu todas as disputas com um pé nas costas: Lyndon Johnson ganhou as eleições de lavada, preconizando exatamente o oposto de Barry Goldwater — que o Estado estava do lado do progresso. Um incidente na campanha de 1964 demonstra essa confiança no Estado (e nos desculpamos por citar o mesmo caso já apresentado em um livro anterior; ainda não encontramos, porém, situação mais representativa). Ocorreu durante um comício em Rhode Island. Cansado e indisposto, Johnson subiu no teto de um carro diante de um grupo de eleitores empolgados e resumiu sua mensagem em poucas palavras: "Só quero dizer a vocês o seguinte: somos a favor de muitas coisas e contra muito poucas".[15]

4
O paraíso perdido de Milton Friedman

EM 1981, UM DOS AUTORES DESTE LIVRO VISITOU os Estados Unidos em seu "ano sabático" (entre o ensino médio e a universidade),[1] viajando pelo país num ônibus Greyhound com um amigo, tentando convencer as garotas americanas de que tinha charme e os barmen americanos de que tinha 21 anos, como constava em sua carteira estudantil da British Rail, amadoristicamente adulterada. Durante toda a viagem, aproveitou-se da generosidade de americanos indulgentes, conhecidos de seus pais. De todas as coisas estranhas que lhe aconteceram nessa aventura, nenhuma foi tão insólita quanto a que ocorreu certa tarde em San Francisco. Seu anfitrião naquele dia era Antony Fisher, inglês patrício que fizera fortuna trabalhando com frangos. Milton, um amigo de Antony que morava no andar de baixo, foi encontrá-los na sauna e, juntos, os dois interrogaram os jovens ingleses sobre a nova primeira-ministra, Margaret Thatcher.[2] Depois de algumas respostas inseguras, Antony e Milton entabularam uma conversa sobre vários temas.

O colóquio começou relativamente moderado — até um pouco enfadonho para garotos de dezoito anos —, tratando de taxas de juros e ofertas de moedas. Mas à medida que os dois homens falavam, especialmente o mirrado Milton, eles começavam a enveredar por um espiral de fantasias: British Leyland, British Rail e British Telecom seriam vendidas, os impostos seriam reduzidos, os pais receberiam vouchers a serem "gastos" nas escolas, o National Health Service seria desmembrado. A Inglaterra — a velha, distante e disfuncional Inglaterra onde professores davam aulas à luz de vela porque os todo-poderosos sindicatos dos mineiros haviam desligado a eletricidade — seria o novo porto seguro da iniciativa livre. Tudo parecia deliciosamente insano. Para o autor, aquilo era como uma versão política do show da banda Grateful Dead que ele assistira na mesma viagem, com Milton no lugar de Jerry Garcia.

Sir Antony Fisher, como ele mais tarde veio a ser chamado, foi um dos padrinhos da direita libertária: ajudou a fundar o Institute of Economic Affairs, em Londres, o Manhattan Institute, em Nova York, e muitas outras instituições. O outro homem na sauna, porém, foi quem desempenhou um papel ainda mais importante na revolução contra o Estado ocidental em constante crescimento — revolução que "pensaria o impensável", ainda que, na melhor das hipóteses, tenha sido apenas parcialmente vitoriosa.

Mesmo em trajes sumários, Milton Friedman era uma figura extraordinária — com apenas 1,52 metro, mas transbordando energia intelectual. Acabou sendo o mais influente economista da segunda metade do século XX, ganhador do Prêmio Nobel e assessor de presidentes e de primeiros-ministros. Suas origens, porém, eram humildes. Filho de emigrantes da Europa Oriental, cresceu no Brooklyn e começou a vida como um defensor fervoroso da grande máquina estatal. O jovem Friedman chegou à Universidade de Chicago em 1932 como parte da equipe de Norman Thomas, candidato socialista à presidência. Conseguiu seu primeiro emprego como parte do aparato do New Deal, em Washington D.C., e continuou na folha de pagamento do governo até 1943, contribuindo inclusive para a invenção de uma das mais diabólicas ferramentas do governo grande, a retenção do imposto de renda na fonte. De volta a Chicago, porém, Friedman começou a desbravar outras trilhas. Três anos depois, anunciou seu retorno com um ataque furioso ao controle de rendas no artigo "Roofs or Ceilings" (1946), que o marcou imediatamente como membro da resistência do livre mercado ao keynesianismo.

Durante boa parte das duas décadas anteriores, a resistência ao governo grande se concentrara na Europa, não nos Estados Unidos. O fundador da "escola austríaca" foi Ludwig von Mises, que dizia às autoridades públicas: "Vocês não são os sacerdotes de uma divindade chamada 'Estado'".[3] Durante a Segunda Guerra Mundial, Karl Popper lançou *A sociedade aberta e seus inimigos*, na distante Nova Zelândia, enquanto na Londres sitiada o amigo Friedrich Hayek, discípulo de Von Mises, lançava *O caminho da servidão*, em 1944, receoso de que o livro naufragaria sem deixar vestígios em consequência da escassez de papel. Na verdade, o livro logo entrou na lista dos mais vendidos — e acabou convertendo milhões de leitores à ideia de que o Estado todo-poderoso era um opressor. Hayek era mais que um escriba: assim como os Webb, tinha talento para a organização. Também acreditava que uma elite de pensadores visionários poderia mudar todo o clima da opinião pública através da "permeação". O truque era reeducar a ampla intelligentsia — pessoas que ele memoravelmente apelidou de "revendedores" de ideias — e construir *think tanks*, centros de estudos especializados capazes de aplicar os princípios do livre mercado a problemas práticos à medida que eles surgissem, não só quando se sentissem dispostos, mas no dia a dia, década após década. Em 1947, Hayek ajudou a fundar a Mont Pelerin Society, para reunir a vanguarda global.

Embora a Mont Pelerin se situasse nos alpes suíços, o futuro da contrarrevolução brotava no outro lado do Atlântico. Os Estados Unidos cultivavam uma tradição de individualismo muito mais forte que a Europa — e tinham muito mais dinheiro para financiar fundações e jornais. *O caminho da servidão* foi muito mais vendido nos Estados Unidos que em qualquer outro lugar — a ponto de a revista *Reader's Digest* condensá-lo e serializá-lo. Em 1950, Hayek trocou a London School of Economics pela Universidade de Chicago. Estranhamente, lá foi admitido em um apêndice esotérico denominado Committee on Social Thought, mas o verdadeiro reduto da contrarrevolução contra o keynesianismo era o departamento de economia. Uma tropa de luminares passou a golpear o status quo: Frank Knight demonstrou que a reforma social era frequentemente contraproducente; Ronald Coase (outra importação oriunda da LSE) e George Stigler argumentaram que os reguladores não raro eram cooptados pelos regulados; Gary Becker inventou a economia do capital humano; James Buchanan e Gordon Tullock demonstraram que os burocratas eram motivados pelos mesmos instintos de maximização do lucro que os empresários.[4] Ninguém, porém, manejou o machado com mais vigor que Friedman.

Poucos acadêmicos tinham os mesmos dons de Friedman para a evangelização. Olhando para trás, o que aqueles jovens britânicos ouviram de carona na sauna em San Francisco era uma versão da palestra "Estrada para o Inferno", que Friedman proferia em qualquer universidade que se dispusesse a recebê-lo: palestra esta em que ele escalavrava tudo o que a esquerda americana — e até o centro americano — acalentava com tanto zelo, revelando um futuro totalmente diferente. Assistência médica oferecida pelo governo? Desperdício de dinheiro. Bolsas para estudantes? Transferências compulsórias dos pobres para os privilegiados. Ajuda externa? Maneira de emplumar o ninho de ditadores do Terceiro Mundo. O Estado ocidental, cada vez maior, era o alvo favorito de suas piadas curtas e boas: "Se você incumbir o governo federal de cuidar do deserto do Saara, em cinco anos faltará areia". "Nada é tão permanente quanto um programa paliativo feito pelo governo."

Tudo isso era entregue com uma paixão verdadeira. Friedman detestava a presunção liberal (no sentido americano do termo) de que o governo era a corporificação da razão e da benevolência; no inchaço do Estado ele só percebia turbidez e egoísmo. Em sua opinião, havia uma correlação direta entre intervenção governamental e declínio nacional: basta ver a história dos impérios grego, romano e britânico. Ele abominava ainda a ideia de que políticos e burocratas eram de alguma maneira mais esclarecidos e altruístas que os empresários: eles simplesmente optaram por perseguir seus interesses pessoais de maneira diferente. Friedman até questionava se fazia sentido melhorar o governo considerando que sua principal função era roubar o povo: "A eficiência é um vício quando se concentra em fazer a coisa errada. Se o governo gastasse com eficiência os 40% de nossa renda que hoje arrecada, há muito teríamos perdido nossas liberdades".[5]

Nada irritava mais Friedman do que a ideia de que os liberais favoráveis ao governo forte eram progressistas, enquanto os defensores do

Estado mínimo e do livre mercado eram reacionários. "Meu Deus, não diga isso", respondeu ele um dia, quando lhe perguntaram se era conservador. "Conservadores são os adeptos do New Deal, como [John Kenneth] Galbraith, que quer manter as coisas como estão." Ele se considerava um "radical filosófico" nos mesmos moldes de John Stuart Mill e Jeremy Bentham. Também o era Hayek, que frequentemente escrevia ensaios intitulados "Por que não sou conservador". Quando Russell Kirk, um conservador burkeano, visitou a Mont Pelerin Society, em fins da década de 1940, queixou-se de que ela poderia muito bem se chamar "Clube John Stuart Mill" ou "Associação Memorial Jeremy Bentham".[6] Hayek e Friedman conseguiram reinventar a velha doutrina, adaptando-a para uma era diferente.

Embora a causa fosse a mesma, Friedman e os Garotos de Chicago eram muito diferentes de Hayek e dos austríacos. Eram intelectualmente mais estreitos — economistas profissionais, em vez de intelectuais universais, produtos da universidade americana do pós-guerra, com foco obsessivo nas fronteiras disciplinares, em vez de rebentos da estufa dos intelectuais vienenses. Também eram muito mais autoconfiantes. Hayek, atarantado pela Grande Depressão e deslumbrado pelo gênio de Keynes, não raro ficava na defensiva. Ele chegou a propor uma teoria do Estado relativamente sutil, argumentando que o Estado tinha um papel importante no funcionamento adequado do mercado — evitando a formação de monopólios, supervisionando a política monetária, garantindo o cumprimento das leis e fornecendo vários bens públicos, como serviços sociais e até assistência médica. ("Listando todas as formas de orientação propositada que são consagradas ao longo do livro", observou a revista *The Economist* em sua resenha sobre *O caminho da servidão*, "nota-se que o professor Hayek não quer retroceder, mas, sim, dar um grande passo à frente.")[7] Friedman, por outro lado, era agressivo a ponto de parecer simplista. Defendeu a legalização da maconha e a extinção do alistamento militar, assim como a redução dos impostos. Em seu *cri de coeur*, de 1962, *Capitalism and Freedom*, propôs um programa de desbaste do governo espantosamente audacioso para os anos de governo grande de John F. Kennedy: desde a abolição dos subsídios agrícolas, passando pela extinção do salário mínimo até a eliminação dos controles alfandegários. O Estado vigia noturno fora reinventado para a era da Grateful Dead.

Como um homem com opiniões tão radicais pode ter alcançado tamanho sucesso? Isso se explica em parte porque, do ponto de vista econômico, seu raciocínio era impecável (ele ganhou o Prêmio Nobel de 1976, apenas sete anos depois de seu lançamento, por seu trabalho sobre o consumo e a história da política monetária). Outro ponto a seu favor é que ele era um grande debatedor. Em 1963, o *Washington Post* reconheceu que "nenhum outro economista americano de primeira categoria se equipara a Friedman em habilidade litigiosa e capacidade de persuasão".[8] Friedman sabia transmitir suas mensagens: ele mantinha uma coluna regular na revista *Newsweek* e frequentemente contribuía com os jornais. Além disso, ele não tinha medo de política. Foi um dos principais assessores de Barry Goldwater, em 1964, e posteriormente foi um aliado fiel de Ronald Reagan. Em 1973, apoiou Reagan numa série de discursos em favor da Proposição 1 da Califórnia (que limitava o tamanho do orçamento).[9] O vínculo era pessoal: Reagan "não conseguia resistir ao entusiasmo contagiante de Friedman".[10]

Afrontado por esse ataque, mesmo o sparing de Friedman, Galbraith, admitiu que "a era de Keynes" havia dado lugar à "era de Friedman".[11] A causa mais importante do sucesso de Friedman, contudo, foi que a história ficou cada vez mais ao seu lado. Certa vez, ele disse que o "papel dos pensadores" era antes de mais nada "manter as escolhas em aberto, oferecer alternativas de modo que, quando a força bruta dos acontecimentos tornar a mudança inevitável, existam alternativas para promover a mudança".[12] Nas décadas de 1970 e 1980, "a força bruta dos acontecimentos" transformou Friedman de um brilhante inconveniente em uma força inequívoca.

A crise do Estado de bem-estar social

Em termos simples, o governo grande ultrapassou seus próprios limites. A ideia de Lyndon Johnson de ser "a favor de muitas coisas" e "contra muito poucas" levou à sobrecarga. O "mínimo básico" agora incluía equidade, igualdade e felicidade. No fim dos anos 1960, o Leviatã deveria oferecer educação universitária para todos, eliminar o racismo e popularizar a ópera. E por que não? Se o Estado em si era bom, mais e mais Estado decerto seria ainda melhor, correto? Não era bem assim. Em fins dos anos 1970, o governo americano parecia fracassar em todas as frentes — guerras (Vietnã), economia (estagflação), criminalidade (epidemia de drogas), coesão social (guerras culturais). Até o caso de amor da Europa com o Estado de bem-estar social começava a azedar. Foi um tempo de greves, de crises de energia e de rebeliões. Também foi uma época em que os modismos da década de 1960 como as "comprehensive schools" na Inglaterra e a "guerra à pobreza" nos Estados Unidos "atolaram na realidade", na clássica frase de Irving Kristol.

Pior ainda, o Estado de bem-estar social fracassava em suas funções centrais — nas ideias que os Webb e seus discípulos tanto alardearam. R. H. Tawney prometera que, sob o Estado de bem-estar social, a Inglaterra "deixaria de governar para dar aos ricos não apenas riqueza, como também uma fatia maior de saúde e vida e aos pobres não apenas pobreza, mas também ignorância, doenças e morte prematura".[13] A verdade, no entanto, é que a diferença nas taxas de mortalidade de ricos e pobres era duas vezes maior na Inglaterra da década de 1970 do que na década de 1930.[14] As classes altas continuaram a ter melhor forma física e mais estatura do que as classes mais baixas — os ricos eram 3,2 centímetros mais altos, para ser exato.[15] Nos Estados Unidos, mesmo os arquitetos da "guerra à pobreza" admitiram que aquela "generosidade sem precedentes [...] não fez nem cócegas na pobreza, na dependência, na delinquência ou na desesperança contra as quais se opôs em 1964".[16]

Muitas das reformas dos anos 1960, que almejavam produzir igualdade de resultados em vez de apenas igualdade de oportunidade, estavam de fato produzindo resultados muito desiguais, sobretudo na educação. A decisão da Inglaterra de abolir as "grammar schools", voltadas para crianças superdotadas, reduziu a mobilidade social. O entusiasmo dos Estados Unidos pela ação afirmativa aumentou a evasão nas universidades já que alunos pertencentes a grupos minoritários que poderiam sair-se perfeitamente bem em escolas menos exigentes enfrentaram dificuldades em instituições de elite.[17] A. H. Halsey, um dos líderes da esquerda educacional, se viu obrigado a declarar, em 1972, que "o fato essencial da história da educação no século XX é o fracasso das políticas igualitárias".[18]

Quando Ronald Reagan e Margaret Thatcher chegaram ao poder, as farpas de Friedman contra o governo grande já não pareciam fantasiosas e inverossímeis. Não restavam dúvidas para os pagadores de impostos da classe média de que o Leviatã estava gastando uma fortuna e que boa parte desse dinheiro, o dinheiro *deles*, conseguido a duras penas, estava sendo desperdiçado. Havia certa dose de hipocrisia nesse protesto uma vez que muitas dessas despesas se destinavam às classes médias. Nos subúrbios, ninguém se queixava de que as universidades agora estavam apinhadas de crianças da classe média. O que os aborrecia — e o que rapidamente se convertia em simpatia pela direita em todo o Ocidente — era a percepção de que o Estado paparicava os pobres e os delinquentes. O racismo e o esnobismo contribuíam para essa reação, mas havia ainda os fatos. Muito do dinheiro público destinado aos pobres era empregado de maneira contraproducente. O excesso de benefícios sociais havia criado incentivos perversos, solapando a noção de responsabilidade pessoal e enleando os beneficiários na pobreza. Em todo o Ocidente, mesmo nas sociedades mais avançadas, uma parcela de cidadãos abandonava a escola, tinha filhos ilegítimos e vivia como pensionista do Estado. Friedman contou com aliados inesperados. Poucos políticos contribuíram tanto para incluir a ruptura da família negra no centro do debate político quanto o futuro senador democrata de Nova York Daniel Patrick Moynihan e um grupo de cientistas sociais de esquerda, que logo se desviaram para a direita e se tornaram conhecidos como os neoconservadores.

Longe de compreender melhor as necessidades dos pobres, os burocratas e especialistas não raro cometem erros espetaculares. Graças à "Nova Brutalidade" dos urbanistas,[19] era possível constatar isso observando praticamente qualquer cidade norte-americana ou europeia. Nos Estados Unidos, empilharam negros pobres nos "projetos", um eufemismo para "guetos verticais". Em toda a Europa, os urbanistas demoliram bairros proletários (ao mesmo tempo que construíam maravilhosos centros urbanos e magníficas estações ferroviárias), expulsando os pobres, como gado, para blocos de torres que logo se transformavam em redutos de crime e de degradação.

O problema não era só a ineficiência, mas também o inchaço. Na Inglaterra pré-Thatcher, quase um terço dos 25 milhões de pessoas que compunham a força de trabalho eram servidores públicos. Quase metade dos empregados do setor manufatureiro trabalhava para empresas estatais que produziam cada vez menos, ao custo de subsídios cada vez maiores (em 1999, o setor carvoeiro produziu um terço a menos de carvão do que em 1938 e a extensão da malha ferroviária, desde então, se reduzira à metade[20]). Essa hipertrofia acarretava complexidade e irresponsabilidade. Havia centenas de tipos de benefícios, administrados por centenas de departamentos: o Departamento Britânico de Saúde e Previdência Social chegou ao cúmulo de publicar um boletim que listava todos os outros boletins.

Esse mondrongo inevitavelmente impunha enorme ônus à economia. Em seu plano mestre para a Nova Jerusalém, Beveridge estimara que não haveria aumento real no custo dos serviços de saúde entre 1945 e 1965: ao desenvolver uma população mais saudável, o Estado de bem-estar social basicamente pagaria seus próprios custos. Na verdade, contudo, o aumento dos gastos foi astronômico. Em meados dos anos 1970, quase metade da renda nacional da Inglaterra se destinava a cobrir gastos públicos, boa parte deles com benefícios sociais. Na Suécia, a proporção era ainda mais alta. Com a tributação disparando para níveis insensatos — na Inglaterra, a alíquota sobre renda de investimentos "não oriunda do trabalho" era superior a 90%, levando Antony Fisher e Mick Jagger a emigrarem —, começou-se a reavaliar a relação entre gasto público e crescimento econômico.

Um governo cada vez maior significava disfunção social crescente. Interesses constituídos competiam com cada vez mais perversão por sua fatia do bolo. O peso do governo na economia era cada vez maior e a economia produtiva estagnava ou encolhia. Em meados da década de 1970, o *Wall Street Journal* publicou um artigo intitulado "Adeus, Grã-Bretanha, foi um prazer conhecê-la".[21] A Inglaterra se viu forçada a aceitar esmola do FMI em 1976: um dos principais arquitetos do sistema de Bretton Woods tornou-se o primeiro país desenvolvido a precisar de socorro. A Suécia, outro campeão do Estado de bem-estar social, estava em vias de descambar do quarto país mais rico do mundo, nos anos 1970, para o 14º lugar, em 1990.

O maior de todos os desastres, porém, fermentava no Oriente. Tornara-se evidente para todos a essa altura que a nova civilização engendrada e adorada pelos Webb era, de fato, uma nova barbárie. Nos anos 1950, a União Soviética pelo menos crescia com rapidez. Nos anos 1970, o bloco comunista aliava o baixo crescimento ao autoritarismo e à brutalidade. Obviamente, a diferença entre um grande Estado de bem-estar social e o totalitarismo soviético é enorme. Durante meio século, porém, os triunfos comunistas abonaram os argumentos dos preconizadores do governo grande no Ocidente — a derrota de Hitler, o lançamento de cosmonautas ao espaço, os recordes de produção de ferro fundido. Na década de 1970, todavia, já não havia dúvida de que o progresso econômico dos anos 1930 havia sido alcançado ao custo de assassinatos em massa e de repressão impiedosa. Não havia mérito algum em tudo aquilo, somente impostura e impiedade, como atletas dopados em jogos olímpicos.

A reação

Poucas semanas depois de ganhar o Prêmio Nobel, Milton Friedman deixou a Universidade de Chicago e ingressou na Hoover Institution, da Universidade de Stanford, onde continuaria pelo resto de sua longa vida. Dois anos depois da chegada de Friedman à Califórnia, soaram as primeiras cornetas da contrarrevolução.

Em 1978, fartos dos impostos prediais e territoriais cada vez mais altos sem melhoria aparente na qualidade dos serviços prestados pelo governo local e furiosos com as travessuras boêmias do governador Jerry Brown (filho de Pat Brown), os subúrbios dispersos do sul da Califórnia se levantaram em fúria. Sob a liderança de Howard Jarvis, ativo manifestante contra os impostos, os californianos aprovaram a Proposição 13 com o apoio entusiástico de Friedman. A emenda constitucional aprovada por iniciativa popular foi um divisor de águas: não só reduziu à metade a tributação e impôs limites aos aumentos dos impostos sobre a propriedade imobiliária como também obrigou o governo estadual da Califórnia a socorrer os governos municipais e tornou muito difícil qualquer elevação da carga tributária. A essa iniciativa se seguiram numerosas outras proposições por iniciativa popular, que tentaram limitar os gastos públicos em todo o país. A classe média americana já não aguentava mais.

O movimento, contudo, não passou de uma revolta. A verdadeira revolução eclodiu sob a liderança de Margaret Thatcher, que chegou a Downing Street, na Inglaterra, em 1979, e de Ronald Reagan, que conquistou a Casa Branca em 1980. Thatcher era mais estridente: ela dizia que "o mundo estava vivendo uma revolta contra o inchaço da máquina estatal, contra a tributação excessiva e contra a burocracia"[22] e chegou a citar a frase favorita de Herbert Spencer ao dizer que não havia alternativa. Reagan foi mais habilidoso. Ele dizia que as palavras mais terríveis na língua inglesa eram: "Sou do governo e estou aqui para ajudar". Ambos, porém, converteram a raiva incipiente em políticas coerentes. Para tanto, foi necessário pragmatismo. Thatcher escolheu o momento certo para combater os mineiros, assim como Reagan soube quando enfrentar os controladores de tráfego aéreo. Mas também foi preciso convicção. Eles eram muito mais ideologicamente "antigoverno" do que os conservadores estavam acostumados. Reagan era do mesmo sul da Califórnia que aprovou a Proposição 13 e extraiu muitas das ideias de seu primeiro mandato do enorme compêndio produzido pela Heritage Foundation. Thatcher mantinha uma relação semelhante com o Institute of Economic Affairs, fundado por Antony Fisher, e com o Centre for Policy Studies, cofundado por seu mentor, Sir Keith Joseph. Ainda se veem exemplares de livros de Hayek anotados pessoalmente por Reagan na Reagan Library, enquanto se dizia que Thatcher sempre mantinha um exemplar de *The Constitution of Liberty*, também de Hayek, na bolsa, junto com uma citação que costuma ser erroneamente atribuída a Abraham Lincoln: "Não se pode promover a prosperidade desencorajando a frugalidade. Não se pode fortalecer os fracos enfraquecendo os fortes. Não se pode ajudar os assalariados rebaixando os pagadores de salários".[23]

Reagan entrou para a história como o homem que derrotou o comunismo e reinventou o conservadorismo americano; quando se trata, porém, da reforma do governo, o legado de Thatcher foi mais importante, e não apenas porque ela tinha muito mais governo para reformar. Até a década de 1970, a empertigada e ambiciosa Thatcher aderiu ao consenso do pós-guerra. O governo de Edward Heath, entre 1970 e 1974, em que ela serviu como secretária de educação, tentou brevemente injetar uma abordagem um pouco mais favorável ao livre mercado na gestão econômica, mas recuou quando o desemprego ultrapassou a marca de 1 milhão, descambando para tamanha farra de gastos no intuito de reduzir o desemprego que a inflação bateu os 25%.

Foi assim que Thatcher tornou-se thatcherista. Não foi tanto uma conversão intelectual quanto um anseio de expressar suas mais profundas convicções (Alfred Sherman, um dos poucos intelectuais favoráveis ao livre mercado na Inglaterra, na década de 1970, acertadamente a descreveu como pessoa de "crenças, não de ideias"[24]). Como filha de lojista, ela detestava dívidas, admirava a independência e exaltava o que Gladstone denominava de "esforço, esforço honesto varonil".[25] Sofria com o declínio inexorável da Inglaterra — ao longo de sua vida a Inglaterra não só deixou de ser um império como foi ultrapassada pela França e pela Alemanha — e se enfurecia com conversas sofisticadas sobre a "gestão do declínio". Descobrir as ideias sobre o livre mercado deu-lhe alguma esperança. Ouvia com atenção as palavras do Sir Keith Joseph, que exerceu o papel de "pensador e desbravador credenciado" da direita e que a apresentou a uma plêiade de pensadores radicais, inclusive a Hayek e Friedman.[26]

Muito desse radicalismo não foi revelado ao eleitorado britânico que votou nela em 1979, em grande parte movido pela frustração com a inépcia do governo trabalhista, sobretudo com sua incapacidade de controlar os sindicatos durante o "inverno da desesperança", entre 1978 e 1979, quando os grevistas quase fecharam o país, paralisando o sistema de transportes, fazendo piquetes em hospitais e deixando os mortos insepultos. Depois de conquistar o poder, porém, Thatcher revelou sua verdadeira face. Cortou os gastos públicos, controlou a oferta de moeda e aboliu os controles cambiais, rupturas decisivas com a ortodoxia do pós-guerra. Também vendeu as "council houses" [moradias sociais], lançando as bases do thatcherismo da classe trabalhadora. Eliminou os subsídios às indústrias, levando muitas empresas à falência. Contra o pano de fundo da recessão mundial, o resultado foi um forte aumento no desemprego. Em 1981, quando o desemprego ultrapassou a marca dos 3 milhões, a polícia combatia abertamente os manifestantes que lançavam coquetéis molotov em ruas de diversas cidades britânicas, o que a indispôs com alguns conservadores pusilânimes. Em vez de recuar, à feição de Heath, ela dobrou a aposta: "Vocês mudam o direcionamento se quiserem, a senhora aqui é que não vai mudar", declarou em um famoso discurso durante a conferência do Partido Conservador, em 1981. Olhando em retrospectiva, nota-se que ela teve muita sorte — de a esquerda britânica estar dividida e insistir na escolha de líderes inelegíveis, de o general Galtieri, da Argentina, resolver invadir as Ilhas Falklands exatamente naquela época, permitindo-lhe reagir e vencer as eleições de 1983. E os economistas ainda discutem se o remédio não foi forte demais: em boa parte do norte da Inglaterra, a indústria enfrentou sérias dificuldades. Seja como for, aquele remédio amargo mudou a Inglaterra. A taxa de inflação caiu de um pico de 27% em 1975 para 2,5% em 1986. O número de dias perdidos em consequência de greves declinou de 19,5 milhões em 1979 para 1,9 milhão em 1986. A alíquota máxima do imposto de renda caiu de 98% em 1979 para 40% em 1988.[27]

A grande rodada de privatizações começou em 1984, quando gigantes como a British Telecom, British Airways e British Gas foram vendidas para o setor privado. Ao todo, Thatcher privatizou três quartos das empresas estatais britânicas, levantando mais de £30 bilhões para o tesouro britânico e transferindo para o setor privado 46 grandes empresas com mais de 900 mil empregados.[28] Ela também estimulou que pessoas comuns comprassem ações, criando ao menos uma fachada de "capitalismo popular", e estendeu sua cruzada contra o Leviatã à incipiente expansão da Comunidade Europeia, em Bruxelas. "Não tivemos todo esse trabalho para reduzir o tamanho do Estado no Reino Unido para vê-lo se restabelecer em um nível continental", disse ela em Bruges, em 1988.[29]

Graças a Thatcher, o centro de gravidade da política britânica se deslocou dramaticamente para a direita. Os Novos Trabalhistas dos anos 1990 concluíram que só poderiam salvar o partido da ruína caso adotassem os princípios centrais do thatcherismo. "Presume-se que seja melhor deixar a atividade econômica por conta do setor privado", afirmou Tony Blair. Ele aboliu a "Cláusula Quatro" (proposta dos Webb para que o partido se comprometesse em nacionalizar as torres de comando da indústria), afastou-se da ortodoxia keynesiana e reposicionou o partido de modo a agradar os novos afluentes. Peter Mandelson, um de seus assessores mais próximos, declarou-se "bastante à vontade" com o fato de o povo ganhar muito dinheiro. O que aconteceu com os trabalhistas foi imagem reflexa do que sucedera com os conservadores nos anos 1950, quando ejetaram as ortodoxias do livre mercado em favor do Estado de bem-estar social.

Do outro lado do Atlântico, Reagan produziu o mesmo efeito: ele não aderiu à privatização com o mesmo entusiasmo de Thatcher (o Tio Sam era dono de uma parcela muito menor da economia, tendo, portanto, menos a vender), mas usou uma mistura de argúcia e idealismo para fazer com que todo político pensasse duas vezes antes de propor qualquer tipo de acúmulo de função por parte do Estado como resposta a determinado problema. Desde então, ser contra o "governo grande" tornou-se praxe da direita americana, ainda que, na prática, ela não siga essa doutrina. Na esquerda, o efeito foi ainda mais dramático. "Liberalismo" — que lá implica uma combinação de fé no governo forte e atitudes sociais progressistas — tornou-se algo rechaçado pelos principais democratas. Em 1988, quando Michael Dukakis, governador de Massachusetts, foi acusado de ser liberal na campanha de George H. W. Bush, ele reclamou de difamação: a carapuça lhe caiu bem. Quatro anos depois, Bill Clinton descambou ainda mais para a direita, enveredando pela "terceira via" e cedendo às pressões de alguns dos grupos mais retrógrados do partido. Proclamou que a "era do governo grande" chegara ao fim e promoveu algumas das transformações mais radicais do Estado — aprovou reformas sociais (sob a instigação do Congresso republicano) e incumbiu Al Gore de liderar uma comissão de reinvenção do governo. Em 2004, quando o candidato democrata John Kerry questionou se ele era liberal, Clinton respondeu: "Acho que essa foi a pergunta mais idiota que já ouvi".[30]

A revolução Thatcher-Reagan não se limitou ao mundo anglo-saxão. A ideia de que o governo deveria focar no fornecimento de bens públicos como lei e ordem em vez de interferir no mundo dos negócios difundiu-se amplamente. Os governos estrangeiros olhavam o exemplo anglo-saxão enquanto se engalfinhavam com setores públicos inchados, produtividade declinante e inflação descontrolada. Por toda parte, o Estado começou a se retirar das torres de comando da economia. Entre 1985 e 2000, os governos da Europa Ocidental venderam cerca de US$ 100 bilhões em ativos estatais que incluíam conhecidos campeões nacionais como Lufthansa, Volkswagen, Renault, ELF e ENI. A "política industrial" limitou-se a manter algumas "ações de ouro" de empresas privatizadas. Os países pós-comunistas adotaram o Consenso de Washington de braços abertos, inclusive a Rússia, que privatizou milhares de indústrias. Depois da queda do comunismo, Leszek Balcerowicz, ministro das Finanças da Polônia, declarou que Thatcher era a sua "heroína". No Brasil, Fernando Henrique Cardoso implantou um programa de privatização inspirado em Thatcher, que, considerando o valor dos ativos vendidos, equivaleu ao dobro do britânico. Até na Índia, bastião do fabianismo, Manmohan Singh tentou revogar o License Raj, complexo sistema de licenciamento e regulação que entravava a abertura e a gestão de empresas, para tirar o "governo das costas do povo indiano, em especial dos empreendedores".[31] Palaniappan Chidambaram, ministro das Finanças da Índia nos anos 1990, resumiu a situação do seguinte modo: "O que aconteceu sob o governo da sra. Thatcher foi uma revelação, serviu para nos abrir os olhos. Afinal de contas, foi da Inglaterra que copiamos nosso socialismo fabiano".[32]

Também virou moda, especialmente nos anos 1990 de Blair e Clinton, ver a grande máquina estatal como algo incompatível com a globalização: o Leviatã seria domado pelas forças muito mais poderosas do capitalismo internacional. Essa foi a época em que James Carville, gerente da campanha de Clinton, gracejou sobre querer reencarnar como mercados de bônus, por eles serem tão poderosos; em que Bill Gates aparecia em mais capas de revistas que Bill Clinton e em que os esquerdistas alegavam (equivocadamente) que as maiores economias do mundo eram empresas multinacionais. Um relatório especial sobre o Estado publicado em 1997 pela *The Economist* analisou a ideia então na moda de que o Leviatã estava minguando.[33]

A revolução parcialmente vitoriosa

Assim, Reagan e Thatcher — e, por extensão, Milton Friedman — venceram o debate. Desde os anos 1980, a discussão sobre o Estado já não é a mesma. A realidade, porém, não mudou tanto assim. Do contrário, este livro talvez nem existisse.

A questão mais óbvia é que o Leviatã não definhou. Em seus onze importantes anos no poder, Thatcher conseguiu reduzir os gastos sociais de 22,9% do PIB em 1979 para 22,2% em 1990. Reagan não conseguiu convencer a Câmara dos Deputados, controlada pelos democratas, a aprovar os cortes nos gastos públicos que deveriam acompanhar suas reduções nos impostos, deflagrando uma explosão no déficit público. O Estado sob Thatcher e Reagan — que seriam seus coveiros — era muito maior que qualquer coisa que Keynes ou Beveridge tivessem imaginado. Tudo isso acontecia, em parte, por culpa deles. Thatcher, por exemplo, fora extremamente ineficaz na reforma de algumas partes do setor público, em especial da polícia. Seu desprezo pelos conselhos esquerdistas que dominavam muitas cidades britânicas era tão grande — e as falhas deles eram tão notórias, é preciso ressaltar — que ela, mais que qualquer outro primeiro-ministro do pós-guerra, confinou a atuação dos governos locais numa rede de restrições e prescrições.

Com o advento do novo milênio, o Leviatã começou a erguer-se novamente. Nos Estados Unidos, o centrismo relativamente frugal deu lugar ao "conservadorismo compassivo" de George W. Bush, licença para o inchaço do governo. A "governança grande" — conjunto em expansão constante de normas e regulamentos que comandam a vida de todos — ampliou-se com velocidade ainda maior que a do governo, impulsionada, em parte, pela esquerda (diversidade, saúde e segurança), mas também pela direita (câmeras de vigilância, guerra às drogas e, depois de 11 de setembro, guerra ao terror). Cada ano do Bush filho no comando representava cerca de mil páginas a mais de regulação federal. E, quando ele deixou o cargo, em 2008, o grande governo conservador foi substituído por um governo liberal ainda mais expansionista.

Barack Obama revelou-se mais propenso ao ativismo governamental e mais frio com o setor privado que os Novos Democratas da década de 1990. É muito difícil imaginar Clinton dizendo aos empreendedores americanos que o sucesso deles era obra do Estado ("Vocês não construíram isso"). Quando Obama contou sua história de vida ao partido, na convenção de Denver, em 2008, o que se ouviu foi uma narrativa de redenção — um jovem pecador do malvado setor privado (que por acaso trabalhava em uma empresa que pertence hoje aos empregadores dos autores deste livro) se liberta do vício e parte para uma vida piedosa como líder comunitário, descobrindo o amor verdadeiro e um propósito. Isso não significa que o verdadeiro Obama tenha algo a ver com o socialista europeu que alguns conservadores imaginam. De modo geral, suas principais políticas econômicas foram totalmente pragmáticas: a estatização da General Motors e da Chrysler foram soluções temporárias para um problema premente, coisa que um presidente republicano faria sem escrúpulos. A tendência geral, porém, tem sido de aumentar um pouco o tamanho do Estado. Sua principal vitória interna — a reforma da assistência médica — enquadra-se nesse padrão (embora deixe o sistema americano, irremediavelmente confuso, muito diferente do da Suécia).

A Europa seguiu basicamente o mesmo padrão nos últimos dez anos. Na Inglaterra, o Novo Trabalhismo tornou-se ainda menos prudente à medida que permanecia no poder. Gordon Brown ampliou em muito os gastos públicos, com base no equívoco de que havia eliminado o ciclo bonança-recessão. A participação do Estado no PIB aumentou de menos que 37% em 2000 para 44% em 2007; com a economia britânica em dificuldade, essa participação saltou para 51% em 2010.[34] Entretanto, a região do Ocidente desenvolvido em que o governo grande se manifestou com menos timidez foi na Europa Continental. No começo da década de 1990, a UE não raro foi instrumento de reforma econômica: ela constituiu o mercado único, em 1992, e a Comissão

Europeia assediou os Estados que ofereciam apoio excessivo às suas indústrias. Quando a UE surgiu, em 1999, muitos países europeus tiveram de apertar os cintos pelo menos um pouco para entrar na zona do euro. Uma vez sob a moeda única, porém, os europeus do sul descobriram que poderiam tomar empréstimos às mesmas taxas dos alemães — e passaram a gastar a rodo. Friedman sempre advertira contra a moeda única: a unidade monetária, alertou, em 1997, resultaria em desunião política.[35] Em 2004, ele disse recear que o euro se rompesse (em meio a lamentações contra o governo grande em todo o continente: "Não há dúvida sobre o que a UE deve fazer. Revogar normas e regulamentos. Abolir [o alto nível de] gastos").[36] Ninguém deu ouvidos.

A Grécia foi o mais notório transgressor: no período de 2004 a 2009, quando o capital externo inundou o país, o governo grego, com base nos próprios números, conseguiu aumentar sua arrecadação tributária em 31% em termos nominais, mas suas despesas primárias aumentaram em 87%. As dívidas inflaram e o desastre sobreveio. A verdade, contudo, é que os gastos públicos dispararam em todos os lugares, como fatia da renda nacional — de 51,6% para 55,9% na França; de 45,9% para 49% na Itália; de 41,6% para 46,9% em Portugal; e de 31,2% para 44,1% na Irlanda. Em média, mais da metade desses aumentos ocorreu antes da crise financeira, com o euro estimulando os países a pisar no acelerador, quando deveriam ter pisado no freio.[37] Enquanto isso, o Parlamento europeu, com poderes para tomar decisões por força de seu mandato teoricamente democrático, converteu-se em máquina reguladora.

Por mais de uma década, tanto a Europa quanto os Estados Unidos conseguiram escapar das consequências de suas várias contradições. Os mercados se dispuseram a conceder crédito às economias desenvolvidas durante um período extremamente longo. A crise econômica de 2007-8, porém, mudou o tom da política ocidental. Hoje, há muito menos a oferecer (com efeito, não raro, absolutamente nada). Na zona do euro, a hesitação e a proteção por tempo excessivo converteu uma crise remediável em uma bomba capaz de estilhaçar a maior união econômica do mundo. Nos Estados Unidos, quase todos os economistas têm insistido na busca de solução de médio prazo para as finanças do país. Assim agiram pelo menos duas comissões presidenciais. O Congresso e o presidente Obama, contudo, não se mostraram à altura da missão. Os democratas se recusam a aprovar cortes nos direitos sociais, os republicanos não aceitam aumentar os impostos e os Estados Unidos se emaranham em uma armadilha fiscal, tributando como se fossem um país com um Estado mínimo, gastando como se fossem um país de Estado robusto e endividando-se maciçamente junto a poupadores privados para compensar a diferença.

Como fica o Estado diante de tudo isso? Em 2004, dois anos antes de morrer, Friedman expôs uma visão depressiva de suas realizações: "Depois da Segunda Guerra Mundial, a teoria era socialista, enquanto a prática era de livre mercado; hoje, a teoria é de livre mercado, enquanto a prática é fortemente socialista. Vencemos por ampla margem a batalha das ideias (embora essas vitórias nunca sejam permanentes). Também conseguimos deter o avanço do socialismo, mas não logramos reverter seu curso".[38] Esse veredito em tese seria ainda mais deprimente hoje, mormente quando se olha não só o tamanho do governo, mas também seu poder. O cerne da mensagem de Friedman, como o da de Mill, era a liberdade. Há 32 câmeras de segurança perto do apartamento onde George Orwell escreveu *1984*. O vigia noturno que antes montava guarda no portão transformou-se em babá dentro das casas e dos escritórios, inclinando-se sobre seus ombros na cozinha, na sala de estar, na sala de reuniões e até nos quartos de dormir. Essa babá, porém, não é das mais competentes. O Estado acumulou cada vez mais atribuições e impôs custos ocultos e crescentes a todos. A capacidade de exercer essas tarefas, no entanto, está diminuindo. A única esperança decorre do fato de que essa frustração começa a engendrar necessidades de mudança.

Nenhum lugar ilustra melhor essa realidade do que o Estado que Friedman escolheu para ser seu lar.

II
Do Ocidente para o Oriente

5
Os sete pecados mortais — e uma grande virtude — do governo da Califórnia

NÃO HÁ EXEMPLO MAIS VÍVIDO DOS PROBLEMAS DO GOVERNO ocidental que o contraste entre Sacramento e Palo Alto. As duas cidades situam-se a apenas 150 quilômetros uma da outra, mas é como se estivessem em séculos diferentes. Sacramento é somente a capital do estado da Califórnia. Palo Alto é a capital do Vale do Silício, cidade cujo negócio é reinventar o futuro, não só no campo do ciberespaço como também em fabricação, robótica e biologia. Os empreendedores a veem como um farol desde quando dois estudantes de Stanford, Bill Hewlett e David Packard, estabeleceram lá uma empresa de computação numa garagem, em 1938. A partir dessa semente, empresas como Apple, Oracle e Google se disseminaram, inspirando quase todos os governos do mundo a tentar criar sua própria versão dessa estufa milagrosa.

Há cinquenta anos, Sacramento também se erguia numa colina. Estudantes de administração pública corriam para lá em manadas no intuito de estudar o sonho californiano. De que maneira, admiravam-se os visitantes, aquele estado de ouro oferecia à sua população em rápida expansão abastecimento de água, saneamento básico, rodovias e o melhor sistema de universidades públicas do mundo? Os grandes governadores da Califórnia da época, Earl Warren e Pat Brown, regozijavam-se com a resposta: embora aquele fosse republicano e este, democrata, ambos tinham em comum um projeto e uma missão. Nos últimos vinte anos, porém, é mais provável que estudantes de instituições como a escola de liderança da China, em Pudong, visitem Sacramento para estudar a crise do governo ocidental em sua forma mais pura. Famoso pelas disputas orçamentárias, pelo partidarismo extremado, pelo *gerrymandering* (loteamentos políticos), pela influência do dinheiro na política, pelos níveis patéticos de participação dos eleitores, pelas iniciativas ruinosas e pela estrutura absurdamente complexa, para não falar na infraestrutura decadente, o governo da Califórnia está inchado, quebrado e ineficiente.

O abismo entre Palo Alto e Sacramento se repete em todo o Ocidente; Wall Street opera em um fuso horário diferente do de Washington D.C.; os *Mittelstanders* da Baviária, os gurus da moda de Milão e os empreendedores multimídia do Soho seguem regras (assim como têm jornadas e remunerações) diferentes das dos políticos de Berlim, Roma e Whitehall. Não há, porém, enfermidade política que não se manifeste com mais intensidade na Califórnia. É difícil encontrar outro lugar onde a retórica do governo pequeno e a realidade do governo grande tenham colidido com tanta intensidade — e onde os fracassos da revolução parcial de Milton Friedman tenham despontado com tanta clareza. As obrigações do Estado continuam a crescer, mesmo diante da insatisfação dos pagadores de impostos, que o privam de legitimidade e recursos. Nas últimas décadas, os californianos, que em geral figuram entre as pessoas mais otimistas do mundo, recorreram com ira a todos os meios disponíveis, das urnas a cyborgs obsoletos, para resolver o problema de Sacramento. Existe hoje um lampejo de esperança de que as convulsões incessantes do Estado finalmente suscitem alguma solução — sob ninguém menos que o reencarnado Jerry Brown. Desde a época em que um de nós entrou naquela sauna surreal em San Francisco, a Califórnia tem sido exemplo de tudo o que deu errado com o Estado, na Europa e nos Estados Unidos.

Quais exatamente seriam os sintomas? Sete manifestações se destacam e iremos denominá-las como os sete pecados mortais do governo moderno.[1] Acrescentaremos ainda uma grande virtude. Em tudo isso, a Califórnia é, como de costume, uma amostra condensada das sociedades ocidentais industrializadas. É um bom modelo para sintetizar o que está errado.

1. De outro século

Olhando o mapa da Califórnia você pode pensar que ele foi desenhado por uma criança depois de provar umas pílulas do armário do banheiro de Jerry Garcia. O resultado é uma mixórdia de milhares de condados, cidades e distritos imbricantes. Beverly Hills e a Hollywood Ocidental se situam no meio de Los Angeles, mas são cidades separadas. O distrito escolar de Los Angeles tem 687 mil alunos, enquanto outros 23 distritos escolares contam com apenas vinte alunos ou menos. A situação não é menos confusa em Sacramento. A Califórnia tem mais de trezentos órgãos colegiados não eleitos, desde a California Costal Commission [Comissão Litorânea da Califórnia] até a Speech-Language Pathology and Audiology and Hearing Aid Dispensers Board [Conselho de Patologias da Fala e da Audição e de Dispositivos Auxiliares]. O estado conta ainda com a terceira Constituição mais longa do mundo.[2] Três quartos do orçamento não são controlados pelo governador, graças à vasta legislação resultante de iniciativas populares. O fluxo do dinheiro é límpido como lama: desde quando a Proposição 13 obrigou o Estado a amparar os governos locais, Sacramento é forçada a subsidiar as cidades e a pedir subsídios a Washington D.C. Recursos para saúde, educação, benefícios sociais e muito mais ziguezagueiam entre Sacramento, Washington e várias cidades da Califórnia, fazendo com que seja impossível responsabilizar os políticos da região por receitas e despesas.

O primeiro pecado do governo da Califórnia é ser obsoleto. A última vez que ele passou por reforma completa foi em 1879, quando a população era de apenas 865 mil pessoas e a maioria dos habitantes locais eram agricultores. Hoje a população influiu para 37 milhões e um único assento no Senado estadual representa mais eleitores que toda a legislatura naquela época. Como observa o historiador Kevin Starr, "não admira que uma organização constituída para cuidar de nada mais que

1 milhão de pessoas sofra um colapso nervoso ao ver-se obrigada a governar uma população quarenta vezes superior".[3]

Nisso, a Califórnia é apenas uma versão exacerbada do governo ocidental como um todo. Áreas de responsabilidade superpostas são comuns em todo o Ocidente. Na Austrália, o governo federal dirige a assistência médica ambulatorial, mas os governos estaduais administram os hospitais. Na maioria dos países europeus, os impostos são lançados e arrecadados pelo governo central, mas, em geral, gastos pelas administrações locais ou regionais. A União Europeia age na Europa de modo cada vez mais semelhante a Washington, nos Estados Unidos, acrescentando mais uma camada de normas e mandatos. A Constituição americana foi concebida para um país com treze Estados e 4 milhões de habitantes, quando questões como formar milícias e assumir poderes indevidos eram muito importantes. Os Pais Fundadores não tinham planos de incluir a Dakota do Norte nem a Califórnia em sua aliança, tampouco podiam imaginar as implicações de esses dois Estados terem o mesmo número de votos no Senado, embora um deles tenha 57 vezes mais cidadãos que o outro. Na Europa, os Estados foram redesenhados há menos tempo graças às rupturas decorrentes das duas guerras mundiais, mas bizarrices antiquadas como a Câmara dos Lordes, na Inglaterra, sobrevivem até hoje.

Muitas áreas do governo funcionam como se ainda fôssemos agricultores autônomos, tementes a Deus. No verão, professores de ensino médio dos Estados Unidos gozam três meses de férias para ajudarem na fazenda, tal como ocorria no século XIX. O Departamento de Agricultura dos Estados Unidos é uma das maiores burocracias de Washington, apesar do fato de a agricultura agora empregar apenas 2% da população do país. Numa época em que para poucas empresas o sábado ainda é sagrado, o British National Health Service [Serviço Nacional de Saúde Britânico] ainda cultiva a ideia de descanso aos fins de semana: 129 de seus 149 hospitais apresentam maiores taxas de mortalidade nos fins de semana — 27% maior no caso de um hospital em Hillingdon, onde ainda menos médicos trabalham aos sábados e domingos.[4] Os governos da Europa e dos Estados Unidos tentam governar um mundo de Googles e Facebooks com pena e ábaco.

Não existe uma relação simples entre modernidade e eficiência. Muitas excentricidades antigas funcionam bem na prática: os americanos reverenciam sua Constituição, pois ela traz mais acertos que erros. Enquanto isso, a tentativa mais notória do Ocidente de criar uma nova forma de governo, a União Europeia, é um emaranhado de atribuições sobrepostas. É difícil responder até mesmo a perguntas básicas sobre a União Europeia como "Para que serve o Parlamento Europeu?". A loucura de constituir uma moeda única sem um sistema comum de regulação financeira é hoje óbvia. Pior que isso é a incapacidade que a UE vem demonstrando de consertar esses erros de projeto, mesmo com a ajuda de uma crise.

Portanto, "novo" nem sempre é "melhor". Europa e Califórnia, todavia, não são tão diferentes. Ambas precisam debater exatamente o tipo de governo que lhes seria mais apropriado. O problema nos dois lugares é compatibilizar estrutura e propósito, o que tem sido extremamente complexo justamente por causa dos dois próximos pecados.

2. A doença de Baumol

A Califórnia tem tentado em vão tornar seu setor público mais eficiente. O segundo e o terceiro pecado que listamos, ambos tomando de empréstimo o nome de economistas famosos, ajudam a explicar por que os governos se tornam cada vez mais dispendiosos. A Lei de Mancur Olson é sobre política — e sobre o poder dos grupos de pressão. Antes disso, vejamos o segundo pecado: a doença de Baumol.

Em sucessivos trabalhos clássicos feitos a partir de 1966, William Baumol argumentou que a produtividade aumenta muito mais devagar em indústrias intensivas em trabalho do que em indústrias nas quais o capital, representado por instalações e equipamentos, pode ser substituído por trabalho.[5] Baumol usou o exemplo clássico da música para demonstrar que certas atividades humanas são intrinsecamente intensivas em trabalho. O mundo mudou muito desde que Beethoven compôs obras para quartetos de cordas, mas ainda é impossível executá-las com menos de quatro músicos. A doença de Baumol sugere que os governos inevitavelmente ficam maiores porque ocupam áreas da economia que exigem um trabalho intenso. A manufatura torna-se cada vez mais eficiente, o que não ocorre com os serviços que requerem muita mão de obra, como educação e saúde (serviços esses que tendem a ser prestados, no todo ou em parte, pelo governo). Em geral, argumentou Baumol, professores universitários não podem dar aulas com mais rapidez do que faziam uma década atrás, nem são capazes os cirurgiões de executar cirurgias em menos tempo.

Mas para tudo existe um outro lado. Graças a esses aumentos de produtividade, as pessoas ficam mais ricas e se dispõem a gastar mais com educação e saúde, ainda mais considerando que os custos das mercadorias comuns tendem a diminuir. Enquanto isso, os custos de muitos serviços de educação e saúde aumentam à medida que a ciência avança e os padrões melhoram. Larry Summers, principal assessor econômico de Barack Obama até fins de 2010, observa que, em média, o salário dos americanos decuplicou desde fins da década de 1970, em comparação com o preço de um televisor, mas diminuiu em relação ao preço da assistência médica. O mesmo se aplica, em média, ao salário dos europeus.

Nessa perspectiva, grande parte da história recente do Estado é uma luta contra a doença de Baumol, variando apenas a abordagem. A Califórnia eliminou alguns serviços e repassou os custos de outros para os consumidores. Alunos da rede pública pagam hoje cerca de metade do custo de sua educação enquanto em 1990 pagavam apenas 12%.[6] O principal resultado, entretanto, tem sido um declínio da qualidade, em vez de um aumento da produtividade. Quarenta anos atrás, a Califórnia tinha o melhor sistema de educação pública do mundo. Hoje, disputa com o Mississippi em índices de analfabetismo dos alunos e em gastos per capita. Em termos mais amplos, as tentativas dos Estados Unidos de manejar os custos crescentes da educação superior disseminaram uma epidemia de endividamento decorrente de empréstimos estudantis cujo total hoje se aproxima de US$ 1 trilhão. As universidades europeias praticamente se transformaram em pardieiros em consequência das iniciativas dos administradores para reduzir os custos das instalações.

Nos dois continentes, as pessoas estão furiosas porque os governos não conseguiram aumentar a produtividade do mesmo modo que a indústria e áreas como o TI. Se Baumol estiver correto, muito pouco se pode fazer para impedir que o Estado se torne cada vez maior. Esse é um problema fundamental a que retornaremos no Capítulo 7. Outra lei, porém, sugere que há muito mais a culpar na política que na economia.

3. A lei de Olson

Além de William Baumol, outro nome que assombra reformistas do governo é o de Mancur Olson. Em *The Logic of Colective Action* (1965), Olson observou que grupos de pressão desfrutam de enormes vantagens nas democracias. Organizar-se é difícil, exige muito dinheiro, tempo e energia, razão pela qual grupos menores que lutam por interesses que lhes são caros tendem a ser muito mais eficazes e coesos que grupos mais amplos, que em geral têm objetivos difusos e quase sempre são assediados por aproveitadores que tentam tirar vantagem dos benefícios da ação política sem compartilhar os custos. Olson sintetizou o problema da seguinte forma: "Quanto maior for o grupo, menos intensa será a defesa dos interesses comuns".[7]

A Califórnia sempre teve interesses especiais, ansiosa por explorar recursos escassos, como água: basta assistir a *Chinatown*. No Vale Central da Califórnia, é possível ver os impostos evaporarem diante dos olhos enquanto os agricultores consomem boa parte do precioso recurso hídrico do estado cultivando plantações que simplesmente não foram feitas para o deserto. Mas algo mudou. Há cinquenta anos, a elite empresarial californiana tinha muito mais respeito pela coisa pública. Ela podia ser composta por homens brancos, anglo-saxões e protestantes ansiosos por manter baixos os impostos e intacto seu poder, mas demonstrava grande interesse pelo bem-estar do Estado. Hoje, as pessoas que moram em Hollywood, no Vale do Silício e em outros enclaves privilegiados não ocultam o profundo desprezo que nutrem pelo governo. No extremo, os ricos se encastelam em comunidades cercadas, com seus guardas particulares, serviços de saúde e escolas. A principal relação que mantêm com o Estado, pelo menos do ponto de vista deles, é emitir cheques para o pagamento de impostos — e tudo que esperam do governo é que esse cheque seja o menor possível. Enquanto isso, as empresas que mantêm ou dirigem perseguem interesses cada vez mais tacanhos por meio de lobbies, em vez de almejarem objetivos mais amplos. Essa mentalidade dificulta a mobilização de empresários em apoio a projetos para o bem comum, como o transporte público na Baía de San Francisco, além de aumentar a regulação na medida em que empresas e setores fazem lobby para erguer barreiras à entrada de outras empresas. Esse é o âmago do moderno capitalismo de laços (ou capitalismo de compadrio), que explica por que tantos subsídios se destinam a tantas pessoas.

A Lei de Olson também se aplica ao próprio setor público. Com efeito, poucos californianos a exploraram melhor que um conservador enchapelado cujo primeiro cargo público foi o de agente penitenciário no presídio de Folsom State, nos anos 1970. Trinta anos atrás, quando Don Novey se tornou presidente da California Correctional Peace Officers Association (CCPOA) [Associação de Guardas Penitenciários da Califórnia], apenas 2600 membros exerciam o que ele descrevia como "a missão mais difícil do Estado", cuidando de apenas 36 mil internos. Hoje, a Califórnia tem mais de 130 mil prisioneiros, a CCPOA conta com mais de 31 mil membros e o Estado gasta mais ou menos o mesmo com o sistema carcerário e com o sistema de educação superior — apesar de alguns cortes recentes no "complexo industrial-prisional"[8] construído por Novey.

Novey astutamente criou um "triângulo de ferro" com os legisladores republicanos e com os construtores de presídios, outorgando-lhes uma causa: sentenças mais duras para os criminosos. A CCPOA patrocinou a lei dos "três golpes", que prevê prisão perpétua para três crimes hediondos, e ajudou a constituir grupos de defesa dos direitos das vítimas. O sistema eleitoral de loteamento político da Califórnia, que fez com que as primárias fossem o único desafio real a ser enfrentado pela maior parte dos republicanos, ampliou o poder de Novey. Qualquer candidato que não andasse na linha veria um belo montante de dinheiro fluindo para a campanha de seu adversário, o que induzia até os conservadores a aderirem à orgia de gastos. Quando Novey deixou a presidência da CCPOA, em 2002, o Estado havia construído mais de 21 novos presídios, alguns guardas chegavam a faturar mais de US$ 100 mil por ano com direito a pensão equivalente a 90% do salário, e podiam se aposentar a partir dos cinquenta anos.[9] Recentemente, quando essas prebendas vieram à tona, o "complexo industrial prisional" tornou-se alvo de fogo cerrado e a lei dos três golpes foi abrandada. Mas a todo momento os reformadores tiveram de enfrentar a Lei de Olson: lobbies coesos e focados podem rachar interesses públicos difusos.

O orçamento da Califórnia é patrulhado pelos sindicatos, com os professores vigiando as escolas (apoiados pelos democratas) enquanto a CCPOA cuida das prisões (respaldada pelos republicanos). A Associação dos Professores da Califórnia gastou mais de US$ 210 milhões em campanhas políticas entre 2000 e 2010 — mais que qualquer outro doador do estado e mais que as indústrias farmacêutica, petrolífera e do tabaco juntas.[10] Hoje, nos Estados Unidos, os sindicatos de servidores públicos têm mais membros que os sindicatos do setor privado, que empregam muito mais gente, uma tendência que se manifesta em grande parte da Europa. Essas associações concentram enorme poder por envolverem serviços essenciais como o metrô, sem estarem sujeitos a muitas consequências. Ainda por cima, mantêm laços estreitos com partidos de centro-esquerda. Ed Miliband, líder do Partido Trabalhista inglês, deve essa posição a votos dos sindicatos do setor público. Nos Estados Unidos, a entidade que mais contribuiu para as campanhas nas eleições entre 1989 e 2004 foi a American Federation of State, County and Municipal Employees [Federação Americana de Funcionários Públicos Municipais, Estaduais e Federais].[11] Além disso, os sindicatos do setor público em geral são liderados por tipos muito mais tarimbados que seus companheiros do setor privado. Dirigentes da British Medical Association (que representa os médicos) e da America's National Education Association (o maior sindicato de professores) são frequentadores assíduos dos noticiários e atuam antes como especialistas em saúde e educação do que como representantes de grupos de pressão.

Esse poder produz resultados de duas maneiras importantes. A primeira é a dificuldade de demitir trabalhadores do setor público. Apenas

0,3% dos professores da Califórnia são demitidos depois de três ou mais anos no cargo. A comissão estadual de competência profissional recalcitrou em demitir um professor em cuja mesa foram encontrados materiais pornográficos e maconha, além de frascos com resíduos de cocaína.[12] A segunda maneira é a generosidade dos benefícios e, às vezes, do próprio salário. Em 2010, os residentes de Bell, pequena cidade pobre de 38 mil habitantes, a maioria deles latinos, ficaram perplexos ao descobrir que o gestor da cidade recebia US$ 788 mil por ano e o chefe de polícia, nada menos que US$ 78 457 mil. Um ano depois, uma investigação da *Bloomberg* revelou salários espantosos: um psiquiatra do Estado ganhava US$ 822 mil; um oficial da patrulha rodoviária, US$ 484 mil em salários e benefícios e dezessete agentes penitenciários, além de novecentos outros empregados de presídios, recebiam mais de US$ 200 mil.[13] O principal problema, contudo, não é o salário em si, mas os benefícios.

Em todo o Ocidente, políticos reiteradamente "deferiram" os ganhos na remuneração do setor público, garantindo aumentos salariais relativamente modestos, mas ampliando as férias e, sobretudo, as já generosas pensões. Na Grécia, todos ficaram surpresos quando souberam que tantos servidores públicos se aposentavam aos cinquenta anos e que pouquíssimos deles eram demitidos pelo motivo que fosse. Nos Estados Unidos, muitas organizações do setor público cultivam a arte de "inflar benefícios", ligando as pensões à remuneração dos empregados no último ano, em vez de usar a média de um período mais longo, e estimulando policiais e operadores de metrô prestes a se aposentar a acumular horas extras. Em 2012, a Califórnia aprovou uma lei para coibir essas práticas, mas um servidor público que explorava impiedosamente todos os benefícios e adicionais imagináveis recebeu US$ 609 mil de aposentadoria, enquanto dezessete outros embolsaram mais de US$ 200 mil em férias acumuladas.[14]

Em países como a Itália políticos eleitos também se juntam à farra. Desde 1948, os parlamentares italianos sextuplicaram seus salários em termos reais e os representantes do país no Parlamento europeu recebem 150 mil euros por ano — cerca de duas vezes mais que seus colegas ingleses e alemães. A remuneração indireta também é melhor: o presidente da Itália tem um séquito de novecentas pessoas a seu dispor, oito vezes mais que o presidente alemão, e o Estado possui 574 251 limusines para uma classe governante de 180 mil representantes eleitos.[15] Os principais beneficiários, porém, são servidores públicos não eleitos. William Voegeli, acadêmico da Claremont McKenna College, na Califórnia, resume bem a questão: "Essa facção domina o cenário porque atua em um jogo muito mais longo que o dos políticos, que entram e saem, para não mencionar os cidadãos, que raramente leem o enorme manual do proprietário da máquina de Rube Goldberg alimentada com seus impostos. Suas esparsas manifestações de indignação raramente duram o suficiente para fazer alguma diferença".[16] E o grande custo disso tudo não é apenas o gasto com pessoal, mas todas as normas e leis que surgem desse emaranhado.

4. O estado hiperativo

Como vimos anteriormente, poucos homens foram tão convictos no poder do governo e na sabedoria dos especialistas quanto Sidney Webb. Como filho de um barbeiro, porém, talvez até ele ficasse um pouco surpreso se soubesse que para tornar-se cabeleireiro na Califórnia é preciso passar quase um ano estudando a arte do corte e da secagem das madeixas. Por esse zelo, devemos agradecer ao California Board of Barbering and Cosmetology [Conselho de Barbearia e Cosmetologia da Califórnia], cujo site ostenta uma imagem do calvo governador Brown, além de advertências sombrias sobre "pedicuros perigosos" e elogios encorajadores à "temporada da sandália segura". Mas a Califórnia não está sozinha nessa: caso queira trabalhar com perucas no Texas o sujeito precisa fazer um curso de trezentas horas e ser aprovado nos exames. Para ser manicure no Alabama é necessário passar por 750 horas de treinamento. A Flórida não te deixará trabalhar como decorador de interiores sem que você faça um curso universitário de quatro anos, complete dois anos de estágio e passe em um exame que dura dois dias. Sidney e Beatrice podem ter escrito um tratado de dez volumes sobre o governo local, mas jamais imaginaram que um dia o Leviatã se dedicaria a proteger o povo contra esquemas de cores destoantes.

O quarto pecado, portanto, é o "Estado hiperativo" — a proliferação de leis e regulamentos e a complexidade daí resultante. Inevitavelmente, a hiperatividade mais dolorosa é a da tributação. Somando os âmbitos municipais e estaduais, os governos da Califórnia abocanham 18,3% do produto estadual bruto (PEB) contra 12,1% no Texas. Como qualquer outro lugar do Ocidente, a Califórnia está sempre inventando novas maneiras, primeiro de aumentar a tributação (com medidas como os "impostos sobre pecado", que incidem sobre determinados bens e serviços socialmente condenados como o tabaco e jogos de azar), depois, de desonerar grupos favorecidos dessa tributação. O boom pontocom tornou a confusão ainda mais obscura, induzindo os políticos a tributarem ganhos de capital, e, depois do estouro da bolha, a sugerem boa parte desse capital. O sistema federal é ainda pior. O Código Tributário dos Estados Unidos quase triplicou de volume na última década — hoje consta de 4 milhões de palavras e muda, em média, uma vez por dia. Há 42 definições diferentes para o que vem a ser uma pequena empresa. O Internal Revenue Service [Secretaria da Receita Federal] fornece um manual de noventa páginas para explicar os quinze diferentes incentivos fiscais à educação superior. Não admira que nove em cada dez pessoas que declaram imposto de renda precisem de ajuda profissional para preparar sua documentação.

A tributação é apenas parte do ônus regulatório.[17] Não foram os altos impostos da Califórnia que levaram a Google a comandar seu sistema de internet superveloz, movido a fibra óptica, de bases em Kansas City e em Austin, Texas, mas sim a perspectiva de lidar com as complexidades da California Environmental Quality Act [Lei de Qualidade Ambiental da Califórnia]. Em pesquisa de 2013 envolvendo 1142 empresas de grande e pequeno porte, seis em cada dez participantes afirmaram que ainda é mais difícil fazer negócios na Califórnia do que em outros Estados.[18] Os americanos adoram malhar a Europa por seu vício em papeladas burocráticas, mas em algumas áreas o problema é ainda pior nos Estados Unidos. Por lei, os departamentos do governo são obrigados a publicar novas regulamentações no Federal Register [Registro Federal]. Nos anos 1950, o Registro expandiu-se a uma média de 11 mil páginas por ano. Na primeira década do século XXI, a expansão avançou a uma média de 73 mil páginas por ano. De 2009 a 2011, o governo Obama produziu 106 grandes regulamentos, definindo-se "grande" como capaz de gerar impacto econômico de pelo menos us$ 100 milhões por ano, além de milhares de regulamentos menores. A lei de assistência médica, apelidada de Obamacare, tem mais de 2 mil páginas; a lei Dodd-Frank, sobre finanças, se espalha por oitocentas páginas e mais de quatrocentas normas subsidiárias. O governo federal exige que os hospitais classifiquem as doenças em mais de 140 mil códigos, um deles dedicado apenas a lesões provocadas por tartarugas.[19]

Muito disso é apenas a lei de Olson em ação — lobbies setoriais a favor de exceções ou regulações que, depois de criadas, justificam empregos. Exemplo disso é toda a legislação sobre "credenciamento profissional", como a lei que impediria Sidney Webb de se tornar barbeiro. Nos anos 1950, menos de 5% dos trabalhadores americanos precisavam de licenças para exercerem suas profissões. Hoje essa proporção chega a quase 30%. Some-se a isso pessoas que se preparam para obter licenças ou cujas atividades envolvem alguma forma de certificação e a fatia chega a 38%. O custo de toda essa chicana é enorme — a não ser para os membros de um desses cartéis que pressionam pela regulação e para os empregados dos órgãos reguladores incumbidos da fiscalização do exercício profissional. Morris Kleiner, da Universidade de Minnesota, estima que o licenciamento aumenta a renda dos licenciados em cerca de 15% — mais ou menos o mesmo decorrente da sindicalização. (Os profissionais licenciados que também são membros de sindicatos em geral desfrutam de um aumento de 24% no salário.) Não admira que a oferta de empregos cresça mais em ocupações não regulamentadas e que a regulamentação impeça as pessoas de cruzarem as fronteiras estaduais em busca de trabalho.

Muitas das novas leis aprovadas na Califórnia (assim como na Europa e nos Estados Unidos em geral) almejam objetivos meritórios: assistência médica de melhor qualidade, atmosfera mais limpa, menos discriminação contra minorias. No entanto, conforme observa Philip Howard, da Common Good, essa legislação é ao mesmo tempo espantosamente restritiva e, uma vez em vigência, extremamente resistente a qualquer tentativa de revogação. Uma solução é seguir o exemplo do

Texas e permitir que as legislaturas se reúnam apenas ocasionalmente. Outra seria adotar prazos de vigência, de modo que os regulamentos expirassem automaticamente depois de um tempo.

5. Matemática confusa

Diante disso tudo, Jerry Brown fez um trabalho heroico ao conseguir controlar o orçamento da Califórnia, convertendo um déficit de 1,2 bilhão em um superávit de 4,4 bilhões. Mas muita coisa depende dos números que você decide usar. Muitos criticam o mundo empresarial por sua má contabilidade — por não incluir todos os dados nas demonstrações financeiras, por exemplo. A Enron, por exemplo, era notória pela prática da escrituração extracontábil. Os números da Califórnia, porém, são muito mais enganosos.

Não se trata apenas de considerar que o equilíbrio do orçamento estadual exige todo tipo de truque, como aumentar impostos com efeito retroativo ou descarregar custos nas cidades e nos condados; há ainda um acúmulo de enormes passivos a descoberto — promessas de assistência médica, pensões e aposentadorias a servidores públicos estaduais que serão difíceis de cumprir. Na Califórnia, a parcela não financiada desses passivos é, oficialmente, de US$ 128 bilhões; se fossem contabilizados de maneira adequada, porém, os números chegariam a US$ 328 bilhões, de acordo com o California Public Policy Center [Centro de Políticas Públicas da Califórnia] — cerca de US$ 8600 para cada habitante do Estado. É justo dizer que Brown fez alguns cortes, mas isso explica por que a classificação de risco de crédito da Califórnia é a segunda mais baixa entre os Estados americanos, atrás apenas de Illinois, cujas práticas são ainda mais delituosas. A Moody's, agência de classificação de risco de crédito, mantém trinta cidades da Califórnia sob observação, em grande parte por causa disso.

Mais uma vez, a situação da Califórnia é típica do país. Os Estados americanos admitem que, desde 2013, somente 73% de seus programas de aposentadorias e pensões contam com cobertura adequada. Essa estimativa, contudo, se baseia em uma taxa de desconto otimista desses passivos, razão pela qual parecem menores do que são na realidade. Caso se aplicassem as taxas de desconto adotadas por empresas, a proporção de passivos com cobertura adequada seria de 48%. Nesse caso, a diferença, em termos absolutos, entre receita e obrigações seria de US$ 2,7 trilhões, ou 17% do PIB. Em muitos Estados, os níveis de passivos são terríveis: o déficit previdenciário de Illinois equivale a 241% da arrecadação tributária anual. E isso antes de incluir o custo de todos os benefícios de assistência médica sem cobertura e os compromissos de melhoria das pensões e aposentadorias com os quais os governos municipais agraciaram perdulariamente seus servidores públicos. Quando Detroit faliu, em 2013, a conta acumulada era de US$ 5,7 bilhões em benefícios médicos e US$ 3,5 bilhões em pensões. É difícil imaginar alguém em Wall Street escapando ileso de uma situação semelhante, para não falar em todas as outras imposturas, como promover funcionários pouco antes da aposentadoria ou conceder reajustes por custo de vida muito além do justificável. Mais de 20 mil servidores públicos aposentados na Califórnia recebem pensões superiores a US$ 100 mil.

Os números do governo federal são um pouco melhores. A 14ª Constitucional declara que "a validade da dívida pública dos Estados Unidos... não será questionada". Mas o que significa "dívida"? A dívida nacional declarada da qual o público é credor situa-se em torno dos US$ 13 trilhões. Aí não se incluem, porém, muitas garantias e compromissos. James Hamilton, economista da Universidade da Califórnia em San Diego, considerou também o apoio do governo federal à habitação, as garantias de depósitos, as dívidas constituídas pelo Federal Reserve e os fundos fiduciários do governo e estimou que os compromissos extracontábeis do governo federal em 2012 chegavam a US$ 70 trilhões, ou o sêxtuplo da dívida incluída na contabilidade nacional. Os dois grandes buracos eram o Medicare e a Previdência Social, que ele estimou em US$ 27,6 trilhões e US$ 26,5 trilhões, respectivamente.[20] Há quem estime números ainda maiores, incluindo coisas como compromissos de defesa. Laurence J. Kotlikoff, que serviu no Conselho de Assessores Econômicos de Ronald Reagan, calculou que a lacuna fiscal total entre compromissos de gastos do governo americano e expectativa de arrecadação tributária seria de US$ 211 trilhões.[21]

A imprecisão dos números é uma maldição do setor público. Nos piores casos, chega a beirar o crime. Desafiado a encontrar um número confiável nas contas públicas da Argentina, um grupo composto pelos mais respeitados economistas de Buenos Aires pôs a mão na massa e voltou com a seguinte resposta: "Talvez uma das cifras do comércio esteja correta, mas não temos certeza qual delas".[22] Quando os países enfrentam problemas, os números fogem ainda mais ao controle. A Grécia reagiu aos tempos difíceis usando um sistema de swaps confidencial (embora legal) concebido pelo Goldman Sachs para manipular o índice da dívida pública/PIB.

Mesmo sob boa gestão, nem sempre é fácil conseguir números confiáveis e consistentes para as coisas mais elementares como o PIB ou o tamanho do governo. No verão de 2013, o PIB dos Estados Unidos aumentou em US$ 560 bilhões, ou 3,6%, em uma única semana, consequência, principalmente, da adoção de critérios seguidos pelo Canadá e pela Austrália (mas por nenhum dos outros países do G20).[23] Bruce Bartlett, um dos mais destacados tributaristas dos Estados Unidos, observa que uma das razões pelas quais o Tio Sam parece esbelto em relação a seus colegas europeus é a contabilidade pública. Na Europa, grande parte das despesas com saúde aparece diretamente como gasto público. Nos Estados Unidos, essas mesmas despesas são ocultas como deduções tributárias. Em 2012, a dedução de despesas dos empregadores com assistência médica foi de aproximadamente US$ 434 bilhões, ou cerca de 3% do PIB. Quando incluímos essas "despesas tributárias" no orçamento, os gastos com a rede de proteção social nos Estados Unidos sobem para 27,2% do PIB — valores acima da Itália, da Dinamarca e da média dos países da OCDE [Organização para a Cooperação e Desenvolvimento Econômico]. As renúncias fiscais referentes à educação geram um ruído semelhante, ocultando os compromissos do Estado. Suzanne Mettler, outro crítico desse sistema, argumenta que quando se considera a totalidade do "Estado submerso", o Tio Sam equivale a seus pares europeus.

A obscuridade é ainda maior no lado da receita. A primeira coisa que a maioria dos analistas observa ao avaliar uma empresa é a origem das receitas. Com poucas e honrosas exceções como a alíquota única da

Estônia, a receita dos governos costuma ser de uma complexidade cômica — e, consequentemente, quase sempre envolve injustiças. Os códigos tributários em quase todos os lugares estão repletos de subsídios, isenções e convoluções que favorecem os ricos, raramente explicados de maneira adequada. Um dos aspectos mais distorcidos do código tributário americano — a dedutibilidade dos juros pagos nos financiamentos imobiliários — é legado acidental da lei do imposto de renda de 1913, que desconsiderava juros de qualquer espécie.

Essa confusão costuma prejudicar o pagador de impostos. Números escorregadios, porém, são cada vez mais onerosos inclusive para o governo. Como dirigir uma organização complexa quando não se confia nos números? Como planejar quando não se consegue distinguir diferentes tipos de despesas? As empresas diferenciam dívidas de longo prazo (para o financiamento de investimentos) e dívidas de curto prazo (para o financiamento do capital de giro). Os governos, talvez ainda mais que as empresas, têm motivos para investir em projetos de longo prazo, sobretudo de infraestrutura. A dívida pública para a construção de escolas e de pontes deveria ser tratada de maneira diferente da dívida pública para o pagamento de salários, de seguro-desemprego ou de subsídios agrícolas. Mas não é. Ao assumir o poder, o governo de coalizão da Inglaterra reduziu investimentos em infraestrutura (que, em geral, são considerados necessários para o crescimento econômico) junto com despesas de custeio.

6. A quem mais tem, mais será dado

O sexto pecado é o fato de que os governos já não são "progressistas". Longe de se concentrarem nos que mais precisam, como os pobres e os jovens, os governos gastam com os idosos e com os que já têm uma vida relativamente estabilizada.

Na Califórnia, os plutocratas e os pobres se dão muito mal com o governo. Aqueles pagam grande parte das despesas, principalmente com os impostos sobre ganhos de capital. Estes talvez não paguem muito imposto de renda, mas tampouco são alvos de grandes gastos públicos. As despesas do governo se destinam principalmente aos californianos de classe média, cujas escolas são melhores que as dos californianos pobres e cujas ruas em geral têm mais policiais (há mais voluntários em Beverly Hills que em Compton). É muito maior a probabilidade de que californianos de classe média se matriculem em universidades públicas, peçam ajuda para pagar o crédito imobiliário da casa própria, tenham propriedade agrícola que recebe subsídio ou que assistam a apresentações artísticas apoiadas por fundos públicos. A bondade do governo federal só é universal quando se trata de idosos que recorrem ao Medicare e à previdência social.

Mais uma vez, essa situação é típica. Apesar dos cem anos de crescimento contínuo, o governo grande não é de modo algum progressista. Nas eleições de 2012, os republicanos alardearam o fato de que 47% dos americanos (os "indolentes") não pagam imposto de renda e de que o 1% mais rico (os "diligentes") paga 40% do total do imposto de renda. Como sempre, porém, o diabo está nos detalhes.[24] Os pobres pagam contribuições sociais, além de impostos estaduais e municipais, enquanto os americanos mais ricos aproveitam todas as deduções para itens como seguro-saúde, juros sobre financiamentos imobiliários e educação. Essas "desonerações tributárias" ou "renúncias fiscais" totalizam hoje cerca de US$ 1,3 trilhão, ou 8% do PIB, e mais de 60% delas vão para os 20% mais ricos. Considerando todos os impostos, a fatia paga pelo 1% mais rico cai para 21,6%, algo próximo de sua parcela de renda bruta.

Quando se olha o lado das despesas, a situação dos pobres fica ainda pior. Os Estados Unidos não são generosos quando se trata de seguro-desemprego e outras transferências de renda e fazem muito menos do que outros países ricos para ajudar na educação pré-escolar, geralmente considerada a melhor maneira de proporcionar igualdade de oportunidades. O mais surpreendente é que a verba para habitação popular corresponde a apenas um quarto da quantia que os 20% mais ricos recebem através de dedução dos juros pagos no financiamento imobiliário. Ao cotejar despesas e impostos incluindo todas as deduções, notamos que o governo esbanja muito mais recursos com o um quinto mais rico da população do que com o quinto mais pobre.

Os europeus gostam de pensar que são mais "generosos" com os pobres do que os americanos. Mas é de se pensar se é generoso dar tanto aos pobres como fazem os europeus: doações, afinal, costumam gerar dependência. Na Inglaterra, por exemplo, há 250 mil famílias em que nenhum membro jamais teve um emprego formal. Os países europeus, entretanto, são menos generosos sob outros aspectos. Eles dependem mais do que os americanos de impostos sobre o consumo, que oneram os pobres desproporcionalmente. Também são mais propensos a subsidiar a classe média por meio de benefícios "universais", sobretudo para os mais velhos: não faz sentido dar passe livre em transporte público para gente como Sir Mick Jagger e Sir Elton John.

A única coisa que ambos os continentes têm em comum é o fato de os gastos públicos favorecerem os idosos em detrimento dos jovens. O Center on Budget and Policy Priorities [Centro de Orçamento e Prioridades Políticas] dos Estados Unidos estima que mais da metade dos gastos com direitos sociais se destina aos idosos.[25] David Willetts, um dos membros mais brilhantes do Parlamento pelo Partido Conservador, calcula que os *baby boomers* britânicos (nascidos entre 1945 e 1965) receberão do sistema quase 20% a mais do que nele injetaram.[26] Os grandes perdedores da luta entre gerações são os jovens. O fardo da crise econômica de 2007-8 foi suportado desproporcionalmente pelos jovens, grupo que, não importando quais tenham sido seus outros fracassos, foi o que menos contribuiu para deflagrá-la.[27] Na Europa, principalmente, parece que os jovens estão sendo abandonados.[28]

Mais uma vez, tudo isso é uma das formas pelas quais a Lei de Olson se expressa. A maioria dos políticos americanos prefere aparecer nu em público a enfrentar a AARP, como é conhecida a American Association of Retired Persons [Associação Americana de Pessoas Aposentadas]. A população ocidental está envelhecendo rapidamente — e os cidadãos idosos são muito mais propensos a votar que os jovens. Isso não apenas ajuda que os governos beneficiem antes os velhos que os jovens como faz com que olhem para o passado em vez de olhar para o futuro. Nicolas Berggruen e Nathan Gardels receiam, com razão, que a "democracia opte por votar no passado ao preservar os interesses constituídos do presente".[29]

7. Paralisia política e impasse partidário

Há sessenta anos a política da Califórnia era mais acolhedora. No começo da década de 1950, Pat Brown, pai de Jerry Brown, então procurador geral democrata, costumava dividir o carro com Earl Warren, governador republicano, no trajeto de Sacramento para San Francisco toda sexta-feira. Nos últimos trinta anos, todavia, a política californiana tem sido uma história de partidarismo irremissível, com republicanos virando à direita, democratas virando à esquerda e um imenso descampado entre eles. Ao apresentar sua primeira proposta orçamentária quando tomou posse novamente como governador, em 2011, Jerry Brown descreveu a política como batalha primordial entre "modocianos" e "alamedanos" (gentílicos, respectivamente, de Modoc, condado rural e conservador, predominantemente republicano, e Alameda, enclave liberal no leste de San Francisco).

A moda é atribuir essa animosidade a canais de mídia sectários, como a Fox News, ou à blogosfera. O problema, porém, é mais profundo. Os californianos estão preferindo viver em lugares homogêneos, pouco diversificados. San Francisco deve ser o enclave mais esquerdista do país, enquanto o Central Valley é um dos mais direitistas. Um terço da Frota do Pacífico da Marinha dos Estados Unidos está baseada em San Diego. Enquanto isso, os residentes de San Francisco votaram para que recrutadores militares não atuassem nas escolas de ensino médio. Essa versão política do "acasalamento preferencial" foi reforçada pelo loteamento político, que produz uma versão moderna dos burgos podres do século XVIII. O resultado é que os políticos conseguem fazer os votos do partido apenas apelarem para os extremos. O hedonista Arnold Schwarzenegger tornou-se governador somente porque uma "recall petition" (iniciativa popular para a convocação de eleições com o objetivo de substituir o governador eleito antes do término do mandato) permitiu que ele saísse candidato sem passar pelas primárias republicanas. Até Jerry Brown reaparecer com uma maioria democrática mais nítida, o impasse esteve na ordem do dia de Sacramento.

Washington parece ainda mais paralisada — incapaz de aprovar um orçamento, para não falar em debater direitos sociais. Em *It's Even*

Worse Than It Looks, Thomas Mann e Norman Ornstein, da Brookings Institution e do American Enterprise Institute, respectivamente, argumentam que os partidos políticos americanos estão agindo cada vez mais como partidos parlamentares, movidos por ideologia e rejeição, mas estão atolados numa câmara em que o partido majoritário carece dos privilégios e propinas que costuma usar para impor sua vontade nos sistemas parlamentares. Numa época em que os americanos estão mais pessimistas do que nunca a respeito das perspectivas do país (o índice de pessimismo em relação ao futuro é o maior desde que o Gallup começou essas pesquisas, em 1959), Washington vive em um mundo de sequestros orçamentários e paralisações de órgãos públicos. Em seu discurso "O Estado da União", de 2013, Barack Obama observou que "o maior país do mundo não pode continuar conduzindo suas atividades à deriva, em meio a uma sucessão de crises artificiais. Não podemos agir desse modo". Em outubro daquele ano, o governo teve um shutdown. Na política norte-americana, "shutdown" ou paralisação do governo é quando o Congresso cria uma "lacuna de financiamento", optando por não aprovar as contas do governo.

A zona do euro enfrenta dificuldades ainda mais graves, afligida por problemas econômicos mais sérios e por um sistema político ainda mais disfuncional. A Europa talvez não enfrente as ferozes batalhas ideológicas que dividem republicanos e democratas. Os políticos de lá são na maioria centristas pragmáticos, pouco interessados em guerras culturais no estilo americano sobre aborto e casamento homossexual. A Europa, contudo, está paralisada por um cabo de guerra entre forças poderosas: entre políticos da União Europeia, que querem centralizar as decisões, e políticos nacionais (em especial no norte), que querem descentralizar as decisões, mantendo-as em âmbito local; entre países anglo-saxões e nórdicos, que querem manter o Estado fora do setor privado, e países continentais, que preferem a intervenção estatal. Essas dicotomias sempre retardam as decisões, mesmo quando são do interesse de todos. Demorou doze anos para adotar-se um sistema de patentes comum, por exemplo. Mesmo depois de tanto tempo, o mercado único só se aplica a cerca de um quarto dos bens e serviços da Europa. A crise do euro, porém, transformou o impasse em ameaça existencial.

Em vez de levar os políticos a fazer concessões, o abismo entre credores e devedores, entre europeus do norte, fartos de socorrer malandros, e europeus do sul, cheios de serem tratados com arrogância, amplia-se cada vez mais. A consequência é que todas as tentativas de resgate são atabalhoadas e malvistas.

Talvez o efeito mais perigoso de todo esse impasse, bufonaria e amargura seja algo pouco perceptível para quem vê de fora: afastar talentos do setor público, já desfigurado pela baixa remuneração e pela rigidez hierárquica. Essa situação é ainda mais séria nas áreas do setor privado que o governo mais precisa compreender se quiser evoluir. Na Califórnia, o verdadeiro abismo entre Sacramento e o Vale do Silício está na qualidade dos recrutas. As eleições americanas de 2012 levaram apenas seis engenheiros para a Câmara dos Deputados, além de um físico, um químico e um microbiologista.[30] Na Europa, a política parece ainda mais alienada. As eleições majoritárias da Inglaterra, em 2010, conduziram apenas três membros do Parlamento que listaram suas profissões como sendo no campo da "ciência ou pesquisa" para a Câmara dos Comuns (enquanto isso, havia 38 advogados).[31]

Conheça o maior de todos os problemas: você

O fator mais preocupante de todos os sete pecados mortais é que eles fazem parte da condição humana. É sempre grande a tentação de pensar que os problemas do Estado se devem ao fato de que determinado grupo ganhou poder demais ou que a máquina estatal foi dominada por uma praga de burocratas. No final das contas, porém, tudo isso é consequência do fato de que esse sistema empodera o povo. A democracia está sendo desfigurada por expectativas irrealistas e por demandas contraditórias.

A Califórnia é o melhor exemplo dos riscos da democracia uma vez que seu sistema de iniciativa popular no processo legislativo outorga aos cidadãos o direito de manifestação direta na tributação e nas despesas. Os californianos têm usado esse poder de maneira absolutamente previsível — aprovando em benefício próprio mais direitos e menos tributos. Assim, impuseram limites à incidência de impostos sobre a propriedade, por exemplo, e, ao mesmo tempo, votaram a favor de programas de gastos, demonstrando zelo (verbas para escolas) e rigor (a lei dos "três golpes"). Todos os outros Estados americanos dispõem de diferentes versões de iniciativa popular. Se os Estados Unidos afundarem em paralisia política, seu epitáfio bem que poderia ser "governo do povo, pelo povo, para o povo". Se a zona do euro fracassar, as palavras de Jean-Claude Juncker, primeiro-ministro de Luxemburgo, em 2007 deveriam ser seu epitáfio: "Todos sabemos o que fazer, mas não sabemos como seremos reeleitos se o fizermos".[32]

Walter Bagehot gostava de argumentar que a melhor garantia contra a tributação excessiva (e, por conseguinte, contra o governo excessivo) é a sensibilidade do Parlamento à opinião pública. Ele, porém, não levou em conta a tendência do público de reivindicar, ao mesmo tempo, impostos baixos e governo grande — nem a capacidade dos políticos de atender a essas reivindicações, dissimulando a conta ou endividando as gerações futuras. Os eleitores ocidentais aderiram de bom grado à revolução do governo pequeno proposta por Milton Friedman quando ela implicava pagar menos impostos e eliminar a burocracia, mas não quando acarretava menos serviços ou insegurança alimentar, por exemplo (é notável que Friedman tenha passado seus anos dourados na progressista San Francisco em vez de na conservadora Laredo, Texas). A convicção política desapareceu não por falta de determinação, mas sim porque isso já não é o que os eleitores almejam. "Berlusconi somos nós", como disse Luigi Zingales, da Universidade de Chicago.[33]

... e uma grande virtude

Deixar-se deprimir pela situação da Califórnia não é uma tarefa difícil. Cem anos atrás, a Argentina parecia o futuro; hoje, é caso perdido. A falência é hoje parte da cena californiana. Quando San Bernardino quebrou, o procurador geral da cidade aconselhou o povo a "trancar as portas e carregar as armas" porque a cidade já não tinha condições de pagar a polícia. Pouco depois da posse, o governador Jerry Brown queixou-se dizendo que reduzir direitos ou benefícios do povo poderia levar a uma guerra hobbesiana de "todos contra todos".

Algo, porém, mudou durante o mandato de Brown. A Grécia americana está começando a emendar-se. Para tanto, deu o passo mais importante que um viciado em drogas precisa dar: reconheceu o problema. Brown conseguiu equilibrar o orçamento (Darrell Steinberg, líder do Senado californiano, descreveu a experiência como "quase surreal"). As autoridades agora projetam superávits orçamentários para o futuro (desde que se ignorem os passivos a descoberto e a natureza volátil da base tributária). E Brown reformou a situação fiscal do Estado, negociando com os democratas cortes profundos nas despesas e convencendo os eleitores a aceitar aumentos nos impostos. Mais importante, algumas das falhas de projeto na estrutura do Estado começaram a ser consertadas graças a iniciativas aprovadas durante o mandato de Schwarzenegger. A aprovação dos orçamentos já não exige maioria de dois terços da legislatura. O Estado avançou nas reformas, com primárias abertas e reformulação dos distritos, obtendo alguns resultados interessantes.

Constata-se até certa tendência de renascimento do pragmatismo centrista. Um dos desbravadores foi Michael Milken, ex-rei dos títulos podres, cujo instituto, com sede em Santa Monica, emite relatórios anuais sobre a situação do Estado e gera um fluxo constante de ideias, muitas delas com apoio financeiro, para a correção de deficiências. Outro é o Think Long Committee, de Nicolas Berggruent, grupo tecnocrata de próceres republicanos e democratas, além de líderes empresariais que está tentando reduzir a distância entre o Vale do Silício e Sacramento. Com esse intuito, patrocinou iniciativas e colaborou de perto com Brown. O próprio governador reitera isso ao denunciar tanto a insistência dos republicanos em reduzir impostos quanto a visão estatizante de seu próprio partido. "O bem-estar social cria dependência e aumenta o poder do Estado", disse à *Bloomberg Businessweek*. "Quando tudo gira em torno do Estado, fica difícil pensar que podemos fazer mais por conta própria."[34]

Ainda assim, resta muito trabalho a ser feito, inclusive em termos de aposentadorias e pensões. O equilíbrio fiscal depende muito dos ricos: o 1% do topo da pirâmide paga metade do imposto de renda estadual. As finanças de muitas cidades californianas ainda parecem precárias. No entanto, se até a disfuncional Califórnia é capaz de se mexer, decerto ainda há esperança, nem que sejam meros farrapos. A capacidade da região de se recuperar dos infortúnios e corrigir os próprios erros continua sendo seu atributo mais admirável. A crise do euro está forçando alguns países mal gerenciados a mudar: a Itália aprovou uma reforma impressionante da previdência social e a Espanha começou a eliminar as distorções de seu mercado de trabalho. Nos Estados Unidos, tem-se feito mais no âmbito estadual que no nível federal. O Kansas criou um cargo denominado "The Repealer" [Repelente], incumbido de repelir a papelada. Além disso, paga um "bônus" às escolas de ensino médio pelo credenciamento profissional que os alunos recebem em determinados campos. Quarenta e cinco Estados estão desenvolvendo novos currículos, 38 incluíram fatores de desempenho na avaliação e remuneração dos professores, e 42 aderiram ao sistema de "charter schools" (escolas autônomas que recebem fundos públicos, mas operam de forma independente). E a lista poderia prosseguir.

A mudança está chegando até o país que esteve no centro de nossas três revoluções e meia. Um velho pragmático etoniano preso em uma coalizão intratável talvez pareça um revolucionário inusitado, mas David Cameron está em vias de reverter, até 2015, a farra de gastos de Gordon Brown, reduzindo os gastos públicos a menos de 40% do PIB, mais ou menos onde Margareth Thatcher o deixou em 1990. Cameron suscitou muito menos oposição que Thatcher, sobretudo porque grande parte dos cortes de despesas propostos não envolvia considerações ideológicas — consistindo em congelamento de salários, constituição de conselhos para compartilhar instalações, compra de menos carros para a polícia e assim por diante. Cameron poderia ter tornado o Estado muito mais esbelto caso não tivesse "isolado" os gastos com saúde (por mais espantoso que pareça, as despesas com o NHS entre 2012 e 2013, em torno de £120 bilhões, foram o dobro, em termos reais, dos gastos em 1997-8, quando o Partido Trabalhista assumiu o poder). Mas Cameron promoveu reformas mais corajosas na educação, com metade das escolas públicas terceirizando serviços de uma ou de outra maneira, de modo a redefinir os salários e os benefícios dos professores, inclusive simplificando e limitando o pagamento. O localismo e a descentralização também ganharam novo fôlego, permitindo a demissão dos chefes de polícia pelos comissários locais eleitos. E pelo menos algumas das primeiras tentativas de Cameron de criar uma "Grande Sociedade", com a filantropia e o voluntariado assumindo muitas das funções do Estado, sobreviveram e estão frutificando.

Em todo o Ocidente, mais e mais pessoas questionam o tamanho e o escopo do Estado motivadas tanto pela crise atual quanto pela incapacidade desse Estado em fornecer soluções adequadas. Essas pessoas não estão apenas querendo abater algumas velhas vacas sagradas do Estado ocidental, elas vêm pavimentando a estrada para uma reforma radical. *Think tanks* conservadores como o sueco Timbro reconhecem que já não é suficiente pregar apenas a desregulamentação e estão cada vez mais focados em redesenhar o Estado. Já os think tanks de esquerda como o Britain's Policy Network reconhecem que se a esquerda quiser ter futuro precisará controlar seu vicio em Estados poderosos.

Sempre houve pensadores, como o americano Michael Porter (da Harvard Business School) e Andrew Adonis (que atualmente está no Instituto de Governo, em Londres), interessados em redesenhar o governo. Mas é notável quantos entraram nessa briga na última década, incluindo não apenas políticos e sabichões do meio como também pessoas do mundo dos negócios. Pete Peterson, cofundador do Grupo Blackstone, compartilha do desespero de Berggruen a respeito do governo americano: ele está gastando centenas de milhões para chamar a atenção das pessoas para o tamanho do déficit. Velhas vozes falam com uma urgência renovada. Elaine Kamarck, que ajudou a criar a iniciativa "reinventar o governo", de Al Gore, fundou um centro para a gestão governamental eficaz na Brookings Institution. Geoff Mulgan, ex-chefe da Unidade de Política de Tony Blair, está animado com a forma como instituições voluntárias podem resolver problemas coletivos. Steve Hilton, que fez um trabalho semelhante para David Cameron e que foi o guru por trás da ideia de "Grande Sociedade", quer redesenhar o governo para a era Google. Peter Schuck, da Universidade de Yale, se pergunta "por que o governo erra com tanta frequência", en-

A Academia Chinesa de Liderança Executiva, em Pudong, com sua fachada vermelha.

Thomas Hobbes, pai intelectual do moderno Estado ocidental.

Mandarim chinês – representante do primeiro serviço público profissional.

"Sua Majestade Satânica do Livre--Comércio": John Stuart Mill.

Capa da edição original do livro *Leviatã*, com o corpo do rei composto pela multidão de súditos.

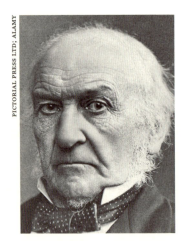

William Gladstone, liberal do governo pequeno: "Poupar tocos de vela e raspas de queijo pela causa do país".

Toleraria Teddy Roosevelt o capitalismo de laços na Washington de hoje?

Beatrice e Sidney Webb, patronos do Estado do bem-estar social.

Frederich Hayek, sinal de parada no Caminho da Servidão.

Gastos públicos*
(em % do PIB)

	1870	1913	1920	1937	1960	1980	1990	2000	2011
Áustria	10.5	17.0	14.7	20.6	35.7	48.1	38.6	52.1	50.7
Bélgica	na	13.8	22.1	21.8	30.3	58.6	54.8	49.1	53.3
Grã-Bretanha	9.4	12.7	26.2	30.0	32.2	43.0	39.9	36.6	48.2
Canadá	na	na	16.7	25.0	28.6	38.8	46.0	40.6	41.9
França	12.6	17.0	27.6	29.0	34.6	46.1	49.8	51.6	55.9
Alemanha	10.0	14.8	25.0	34.1	32.4	47.9	45.1	45.1	45.2
Itália	13.7	17.1	30.1	31.1	30.1	42.1	53.4	46.2	49.8
Japão	8.8	8.3	14.8	25.4	17.5	32.0	31.3	37.3	42.0
Países Baixos	9.1	9.0	13.5	19.0	33.7	55.8	54.1	44.2	49.9
Espanha	na	11.0	8.3	13.2	18.8	32.2	42.0	39.1	45.7
Suécia	5.7	10.4	10.9	16.5	31.0	60.1	59.1	52.7	51.5
Suíça	16.5	14.0	17.0	24.1	17.2	32.8	33.5	33.7	33.9
Estados Unidos	7.3	7.5	12.1	19.7	27.0	31.4	33.3	32.8	41.4

Sources: Vito Tanzi and Ludger Schuknect; IMF; OECD   *1870 – 1937: governo central / 1960 – 2011: governo geral

Gastos públicos como % do PIB. Sempre para cima?

Milton Friedman e Ronald Reagan.

Margaret Thatcher "vendendo" *council houses* (moradias populares).

Jerry Brown, com Linda Ronstadt e alguns dos Eagles, no primeiro mandato como governador da Califórnia.

Um governador Brown mais velho e mais sábio assiste a um jogo de basquete com Xi Jinping.

Capitalismo de Estado em ação em Pequim.

Lee Kwan Yew, a alternativa asiática.

Mães na Coreia do Sul, orando pelo sucesso dos filhos nos exames.

A General Motors de Sloan.

O Googleplex.

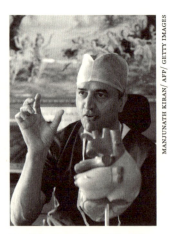

Devi Shetty, o Henry Ford da assistência médica.

O Hospital São Göran, na Suécia, introduziu a gestão da qualidade total na assistência médica.

Na França, há quem reivindique aposentadoria a partir dos 55 anos.

O Tea Party contra o governo grande.

O Congresso tem seus críticos.

Manifestantes contra a corrupção do governo no Brasil.

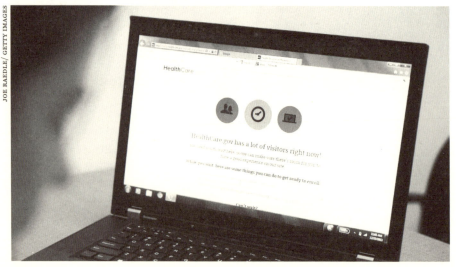

Obamacare: por isso é que o Leviatã e a tecnologia nem sempre se misturam.

quanto Philip Howard argumenta que parte da resposta está no fato de que "ninguém está no comando". Consultorias de gestão e outras empresas reconhecem que consertar o Estado será um dos principais desafios (e oportunidades de negócios) dos próximos anos. McKinsey criou um centro para estudos sobre o governo sob coordenação de Diana Farrell. A IBM tem um centro de negócios focado no governo. Nomes como Deloitte e Accenture fazem uso de práticas do setor público.

Mas ainda assim o progresso é lento, a resistência é intensa e as recaídas são muito comuns. Os políticos tendem a retomar antigas práticas. Os eleitores prometem parar de beber, mas não deixam de passar pelo bar da esquina. Essa morosidade já seria muito perigosa se o Ocidente ainda fosse o único circo na cidade. Já não é, porém. O Oriente não se limita a promover o crescimento econômico, empenha-se também em reformar e aprimorar o Estado, tentando comprimir em poucas décadas o que o Ocidente demorou centenas de anos para fazer. No contexto econômico, a "periferia" (como era denominada) está ressurgindo como centro. A grande questão é se isso acontecerá também no mundo da política.

6
A alternativa asiática

UMA PEREGRINAÇÃO É OBRIGATÓRIA PARA QUALQUER PESSOA que pretenda antever o futuro do governo: visitar um dos menores países do mundo para conhecer um asiático idoso que supostamente deixou a política muitos anos atrás. O retiro do "ministro mentor" é uma pequena suíte localizada — por coincidência, evidentemente — em cima da sala onde se reúne o gabinete de Cingapura. O ministro mentor é uma figura frágil, de olhos severos, que se apressa em dizer aos visitantes para onde caminha o mundo e por que o modelo de governo ocidental está obsoleto. Suas palavras são ouvidas. Quando um de nós o visitou em 2011, a reunião foi adiada porque Xi Jinping, que acabara de ser ungido próximo líder da China, quis furar a fila para "conhecer o ancião que merece nosso respeito".[1] Líderes ocidentais também esperaram na fila. Margaret Thatcher declarou que "ele nunca errava". Henry Kissinger afirmou que nenhum dos líderes mundiais que conhecera ao longo dos anos jamais lhe ensinara tanto quanto Lee Kuan Yew.[2]

Lee é o fundador do que poderia ser denominado a "alternativa asiática": é como se fundíssemos George Washington, Thomas Jefferson e James Madison em um único homem. Desde os dias de Thomas Hobbes, o Ocidente ocupa lugar singular quando se trata de inventar ideias políticas. Agora, porém, surge um rival — uma maneira diferente de fazer as coisas, que a maioria dos ocidentais associa à poderosa China, mas que encontra sua forma mais avançada na minúscula Cingapura. Países de toda a Ásia se inspiram nela ao desenvolverem seus próprios modelos de Estado. Esse modelo tem deficiências e inconsistências, a maioria delas pode ser observada na China. Objetivamente, não cremos que seja o caminho ideal. O resto do mundo, porém, pode aprender muito com a alternativa asiática. Vivemos numa época em que o Ocidente não detém mais o monopólio das melhores políticas públicas.

Quando Harry conheceu Hayek

A vida de Lee tipifica essa mudança. Cinquenta anos atrás, poucos asiáticos eram mais ocidentais que "Harry" Lee: "O melhor inglês ao leste de Suez", nas palavras de George Brown, ministro das relações exteriores da Inglaterra. Aluno brilhante na Cingapura colonial, ele bebeu do fabianismo na London School of Economics e na Universidade de Cambridge, onde se formou em Direito, assim como sua mulher. Fez campanha para o Partido Trabalhista inglês. Quando buscou chegar ao poder em Cingapura, como chefe do Partido de Ação Popular, depois da independência, em 1959, foi discípulo de Harold Laski e devoto de Beatrice Webb. Ainda hoje, tem algo de anglófilo: quando a mulher agonizava em seu leito de morte, ele a confortava lendo Lewis Carroll, Jane Austen e sonetos de Shakespeare para ela. Fora da literatura, porém, superou as paixões da juventude. Nos anos 1960, Lee derivou aos poucos para a direita, construindo Cingapura como baluarte contra o comunismo e reforçando o próprio controle sobre o poder. Na década de 1970, como explica em suas memórias, já abandonara qualquer ilusão de que o socialismo fazia sentido. O socialismo, afinal, era a causa do "inevitável declínio da economia britânica".[3] Nos anos 1990, lia *The Fatal Conceit: Errors of Socialism*, de Hayek, e adotava uma "política de portas abertas" para as empresas internacionais, com trabalhadores escolarizados, Estado de direito e impostos baixos. E, assim, prosseguiu na criação de um dos menores governos do mundo.

É fácil ridicularizar a criação dele. Cingapura é a Disneylândia com pena de morte, um paraíso projetado pela McKinsey, um enorme shopping center onde a goma de mascar é proibida e os "sujões" são punidos. Apesar de todo seu discurso sobre "valores asiáticos", Lee era um oportunista pragmático e resoluto. Seus adversários foram presos e os cidadãos foram tratados feito crianças. E a grande meritocracia de seu sistema falhava diante de laços familiares: Lee serviu como primeiro-ministro de 1959 a 1990, e seu filho mais velho, Lee Hsien Loong, assumiu o cargo em 2004.

Ainda assim, fato é que a ascensão de Cingapura é um dos milagres dos últimos setenta anos: um país que já foi um pântano miserável é hoje um eixo vibrante da economia global. Os cingapurenses desfrutam de um padrão de vida mais alto e de melhores escolas e hospitais que seus antigos senhores coloniais do Reino Unido — tudo isso com um Estado que abocanha uma proporção minúscula do PIB: 17%, em 2012. Cingapura é modelo não só para a China como para todas as potências asiáticas emergentes que hoje estão construindo Estados de bem-estar social.

Lee seguiu a prescrição ocidental para um Estado moderno — mas aprimorou-a com seus próprios ingredientes: duas xícaras de Hobbes, uma xícara de Mill e pitadas de valores asiáticos. É o toque asiático, contudo, o componente que chama mais atenção porque Lee e seus acólitos alimentaram a ideia de que a Ásia é, de alguma maneira, culturalmente diferente: mais voltada para a família, mais empenhada na educação e na poupança, mais disposta a confiar na elite mandarim. Realmente importante, contudo, foram os condimentos que realçaram o sabor e o aroma. A carne é mais hobbesiana. O ponto de partida de Lee é a crença de que "os seres humanos, por mais lamentável que seja, são perversos por natureza e precisam ser contidos em suas manifestações de perversidade".[4] Cingapura é mais autoritária, mais intervencionista, mais mandona, sobretudo quando se trata de capitalismo de Estado, que os países ocidentais; é ainda declaradamente elitista, até um tanto monarquista. Os Lee parecem a personificação do Leviatã. Também há, no entanto, um pouco de Mill. Cingapura é um "Estado vigia noturno" diminuto que oferece às pessoas as oportunidades indispensáveis para a ascensão e depois as deixa viver a vida e formar seu próprio pacote de bem-estar: desde que não desafiem a ordem social, os cingapurenses exercem enorme controle sobre como se sustentarão na doença e na velhice.

O modelo cingapurense de modernização autoritária, portanto, questiona diretamente dois princípios básicos do Estado ocidental: o governo democrático e o governo generoso. O paradigma de Lee é elitista e austero. Algumas alternativas asiáticas são menos bem construídas que a de Cingapura e tomam rumos diferentes, dentre as quais a mais brutal é a da China. O que compartilham com o de Lee é, primeiro, a suspeita de que o Ocidente não tem todas as respostas e, segundo, a percepção de que o governo é um fator essencial na corrida global para o sucesso. No Ocidente, o governo é caótico, informal e espontâneo. Em Cingapura, é organizado, formal e planejado — e esses atributos estão presentes em grande parte da Ásia emergente (com a Índia democrática como exceção conspícua).

Isso é importante. Os asiáticos simplesmente se dedicam mais ao governo que os ocidentais. Em alguns casos, como o da China, o fazem porque se consideram em competição com o Ocidente. Com muito mais frequência, porém, é porque concorrem uns com os outros. Henry Kissinger, amigo de Lee, afirma que enquanto a Europa está em vias de rejeitar o Estado nacional, ou ao menos de decidir quanto dele alijar, a Ásia ainda atua sob a égide de Vestfália, com Estados cada vez mais nacionalistas, às turras entre si. Estão desesperados por novas ideias.

Isso não significa que escolherão as propostas acertadas. Não faltam, como veremos, grandes problemas estruturais no modelo asiático, mormente quando se começa a aplicá-lo em países tão heterogêneos quanto a China. A alternativa asiática poderia ser destruída facilmente pelo próprio nacionalismo que a impulsiona, assim como o modelo europeu quase foi aniquilado por duas guerras mundiais. Também poderia ser solapada pelo fato de que os asiáticos são muito menos distintos do que Lee e os chineses reivindicam: eles também querem um bufê ilimitado. O inquestionável, contudo, é que alguns países asiáticos têm refletido sobre o Estado com muito mais seriedade que a maioria dos países ocidentais — e que todas essas reflexões estão rendendo dividendos. Analisaremos primeiro Cingapura, onde a alternativa asiática funciona melhor, e depois a China, onde suas inconsistências e falhas são muito mais notórias.

Uma babá elitista, porém esbelta

O Estado cingapurense tem algo de Mary Poppins — é uma babá maravilhosa, mas também muito autoritária e, talvez, um tanto sinistra. "Decidimos o que é certo", Lee observou, certa vez, "não importa o que as pessoas pensam."

Lee sempre deixou claro que Cingapura está aberta para os negócios: poucos são os lugares onde uma multinacional pode se estabelecer tão facilmente, onde as barreiras tarifárias sejam mais baixas e onde os impostos sejam mais flexíveis. Ao mesmo tempo, porém, o Estado conduz a economia. Mobiliza as empresas locais na "cadeia de valor", apostando primeiro na indústria, depois em serviços e agora na economia do conhecimento. O governo é ainda acionista das maiores empresas da ilha, como a Singapore Airlines e a Singapore Telecommunications.

O mandonismo de Lee é ainda mais perceptível na política. Para começar, sua tendência autoritária não é nada sutil: os suspeitos de comunismo foram presos e as eleições, manipuladas. Em todas as eleições entre 1968 e 1984, o Partido da Ação Popular conquistou a totalidade dos assentos. Agora, o controle é mais sutil: a imprensa está sujeita a restrições, mas tudo dentro do arcabouço legal da democracia parlamentarista. Em 2011, o PAP apresentou seu pior desempenho em eleições gerais: apenas 60% dos votos e 93% dos assentos! O establishment cingapurense sustenta que promoveu o equilíbrio perfeito entre responsabilidade e eficiência. Os políticos submetem-se com regularidade ao teste das eleições e mantêm-se acessíveis aos eleitores; o governo, porém, como sabe que vencerá, pode assumir perspectivas de longo prazo. "Nossa força é a capacidade de pensar estrategicamente e de olhar para a frente", disse-nos o filho de Lee, atual primeiro-ministro. "Se o governo mudasse a cada cinco anos, seria mais difícil."[5]

Evidentemente, toda essa força favorece os Lee. A convicção do velho de que a democracia irrestrita não funciona nos países em desenvolvimento sem dúvida o impregna com mais profundidade que o interesse próprio. "Não acredito que a democracia leve necessariamente ao desenvolvimento", pontuou Lee, com certa impertinência, diante de seus anfitriões na recém-democratizada Filipinas, em 1992. "A exuberância da democracia acarreta condições de indisciplina e desordem."[6] Em outra ocasião, afirmou que "para se desenvolver um país precisa antes de disciplina do que de democracia".[7] Depois de ver outros países vizinhos serem dilacerados por conflitos étnicos, ele não tem escrúpulos em forçar as pessoas a morarem em bairros diversificados a fim de evitar a polarização étnica (mais de 80% dos cingapurenses vivem em habitações públicas).

O bom governo, por seu turno, depende de uma elite educada e composta por "pessoas boas" para dirigirem o país.[8] Para os ocidentais, Cingapura mais parece a *República* de Platão, com uma casta de sábios "guardiões" que presidem os homens de "prata" e de "bronze". A influência mais direta, porém, é a do mandarinato chinês, que selecionava as pessoas mais brilhantes para o governo. Nenhum país se dedica com mais afinco ao aperfeiçoamento dos servidores públicos do que Cingapura; nem adota modelo tão desbragadamente elitista: lá, jovens talentosos são identificados o mais cedo possível e recrutados com bolsas de estudos. O governo gasta uma fortuna para treiná-los e quem chega ao topo é generosamente recompensado com pacotes de remuneração na ordem dos US$ 2 milhões por ano, enquanto os que falham no percurso são alijados do processo. É verdade que os serviços públicos ocidentais em geral contam com pessoas muito capazes no topo — os ingleses até chamam seus luminares de "mandarins" —; em Cingapura, porém, a meritocracia permeia todo o sistema. Os professores precisam se formar no terço superior da turma (assim como na Finlândia e na Coreia do Sul, que também brilham entre os melhores países em educação). Os diretores de escola em geral são nomeados aos trinta e poucos anos e recebem aumentos salariais por mérito se apresentarem bom desempenho, mas são afastados rapidamente se a escola não produzir resultados. A avaliação é constante.

Cingapura está criando um novo tipo de elite — muito diferente da elite capitalista do Ocidente e da elite burocrática das velhas economias dominadas pelo Estado. Os membros dessa elite estão familiarizados com as mais recentes ideias sobre gestão e se sentem à vontade em importar métodos do setor privado para o setor público. Também se consideram afortunados por dedicarem seus talentos ao Estado. Com efeito, passam a vida entre o setor público e o setor privado. Sentar-se à mesa com um grupo de jovens mandarins é como reunir-se com sócios juniores da Goldman Sachs ou da McKinsey. A pessoa à esquerda está trabalhando temporariamente numa grande empresa petrolífera; à direita, senta-se uma jovem que, entre dois projetos no Ministério das Finanças e no Ministério da Defesa, pós-graduou-se pela London School of Economics, por Cambridge e por Stanford. Os mais brilhantes a toda hora fazem cursos na Escola do Serviço Público: o primeiro-ministro até escreveu estudos de casos no estilo MBA como ferramenta de treinamento para eles.

Há falhas óbvias na visão de Lee. Não raro ele descamba para a fórmula simplista segundo a qual tudo o que diz é verdade evidente em si mesma (se tivesse um mote, seria o de Mary Poppins: "Nunca explico nada"). Nos últimos anos, tensões étnicas começaram a surgir em Cingapura. Platão disse que os guardiões deveriam ser criados juntos para romperem os laços familiares. A elite cingapurense é imobilizada pelos laços familiares. Lee, por seu turno, reteve parte da empáfia dos Webb sobre a maior probabilidade de que pessoas inteligentes tenham filhos inteligentes. E algumas de suas ideias remontam aos debates de James Mill e de seus colegas sobre os méritos do sufrágio flexível. Ele chegou a falar sobre a ideia de atribuir dois votos a todos os eleitores com mais de quarenta anos e dois filhos, de modo a refletir a maior importância dessas pessoas para o Estado, restringindo-os, depois, a um voto ao completarem sessenta anos.[9]

Chega-se, assim, à outra face de Cingapura: o Estado enquanto vigia noturno. Não obstante a tendência à microgestão, Lee, mais que qualquer outro governante moderno, empenhou-se em manter o Estado pequeno e em responsabilizar as pessoas pelo próprio bem-estar. O sistema educacional de Cingapura, entre os melhores do mundo, consome apenas 3,3% do PIB. As maiores economias, no entanto, decorrem das limitações às transferências de renda e da recusa em fazer concessões à classe média. Lee acha que o erro do Ocidente foi montar Estados de bem-estar social ilimitados: como os convivas podem comer tudo de graça, todos se empanturram até fartar. O método de Cingapura, em contraste, é garantir a todos condições adequadas para começar a vida — e, então, estimulá-los a avançar por conta própria.

Os cingapurenses contribuem com um quinto do salário para o Fundo Providente Central, com os empregadores entrando com outros 15,5%. Isso lhes proporciona recursos para pagar as despesas de moradia, saúde, educação superior e aposentadoria. No Ocidente, o Estado de bem-estar se pauta pela assistência social: os pagamentos se baseiam nas circunstâncias e aumentam à medida que pioram as condições individuais. Cingapura adota um modelo de seguro social: 90% do que se recebe do Fundo Providente Central está ligado ao que nele se aplica, o que significa recompensar o trabalho árduo. É pequena a rede de segurança para amparar os muito pobres e os muito doentes. Espera-se, porém, que os filhos cuidem dos pais ou que pelo menos contribuam para os serviços que lhes são prestados pelo governo. Lee detesta benefícios universais gratuitos. Depois que você concede subsídios, diz ele, é sempre difícil retirá-los. Se você quiser ajudar as pessoas, argumenta, é melhor dar-lhes dinheiro do que prestar-lhes serviços, cujo valor ninguém compreende. Em sua opinião, "os ocidentais abandonaram a base ética da sociedade... No Oriente, começamos com independência. No Ocidente de hoje, é o contrário".[10] Ao permitirem que as pessoas culpem a sociedade por tudo em vez de reconhecerem que são responsáveis por si mesmas, os líderes ocidentais permitiram que a caridade se tornasse um direito social, "eliminando inclusive o estigma de viver de caridade".[11] A democracia é grande parte do problema do Ocidente: "Nas democracias populares, para conquistar votos é preciso dar mais. E para vencer os adversários nas próximas eleições é preciso prometer dar mais. Trata-se, portanto, de um processo de leilão sem fim cujo preço é uma dívida crescente a ser paga pela próxima geração".[12]

Com 5,2 milhões de habitantes, Cingapura é muito pequena para os padrões modernos — embora não muito menor que as sociedades pré-modernas que moldaram nossas ideias atuais sobre governo. Em outras circunstâncias, Lee talvez não passasse de outro autocrata idoso, resmungando contra a decadente democracia ocidental, nada além de um incidente neovitoriano. Hoje, porém, sua mensagem vai mais longe por duas razões.

A primeira é que os novos e competitivos Estados asiáticos de súbito passaram a precisar de um novo modelo, anseio alimentado não só pelo nacionalismo ressurgente como pela demografia do envelhecimento. Em todo o continente, os países estão se voltando para a construção de Estados de bem-estar social. Em 1º de janeiro de 2014, a Indonésia começou a estender o seguro-saúde a todos os seus 240 milhões de habitantes. Um órgão do governo cobra os prêmios e paga as contas no maior sistema de pagador único do mundo. China e Filipinas também promoveram uma expansão maciça de seus sistemas de seguro-saúde.[13] Os países asiáticos estão oferecendo pensões, seguro-desemprego, salário mínimo, programas antipobreza, bolsa alimentação e assim por diante. Os países europeus levaram cerca de um século para construir seus Estados de bem-estar social. Alguns países asiáticos querem fazê-lo em uma década e, ainda por cima, em escala épica: conceder pensões em toda a China ou em toda a Índia é o mesmo que implantá-las em toda a União Europeia e nos Estados Unidos juntos.

Cingapura é um modelo óbvio para toda essa atividade frenética: o sistema funciona extremamente bem e é compatível com a tradição de valorização da independência nutrida por muitos países asiáticos. No todo, os gastos sociais do continente situam-se em torno de 30% dos padrões dos países ricos e geram redes de proteção social sem dúvida mais enxutas que os sistemas notoriamente confusos da América Latina.[14] Até agora, a Ásia se inclina antes para esquemas de seguro social como o de Cingapura do que para os de assistência social do Ocidente. Na Coreia do Sul, por exemplo, cerca de 80% dos benefícios do sistema estão vinculados às contribuições.[15] Na Ásia como um todo, os gastos com saúde pública ainda correspondem a apenas 2,5% do PIB, em comparação com cerca de 7% no grupo de países ricos da OCDE.

A segunda razão é a crise do modelo de democracia ocidental e do capitalismo de livre mercado. Na década de 1990, as ideias de Lee sobre os valores asiáticos pareciam um tanto excêntricas mesmo para os asiáticos. O Consenso de Washington levava de roldão tudo pela frente. Francis Fukuyama falava sobre a "exaustão total de alternativas sistemáticas viáveis ao liberalismo ocidental".[16] Em vez de associar a China de Deng Xiaoping à grandeza e à pujança econômica, os americanos pensavam no estudante solitário caminhando contra os tanques na praça da Paz Celestial, em 1989. Bill Clinton acusou o presidente da China, Jiang Zemin, sem meias palavras, de estar "no lado errado da história".[17]

A crise econômica da Ásia, em 1997, apenas reforçou a vaidade da democracia ocidental, sobretudo depois que o FMI teve de oferecer um programa de ajuda de US$ 40 bilhões à Coreia do Sul, à Tailândia e à Indonésia, países que estavam endividados demais com bancos estrangeiros. Os líderes asiáticos, mesmo aqueles que não precisavam de subsídios, ainda se lembram do mandonismo onisciente dos homens do FMI, do Banco Mundial e do Tesouro dos Estados Unidos, que esbanjaram sua sabedoria para muito além dos três principais países afetados. O avanço da democracia parecia o único caminho para o futuro. Na Indonésia, os suhartos, que haviam governado o país de maneira autocrática nos últimos trinta anos, deixaram o poder. A Coreia do Sul também se distendeu.

Hoje, o panorama parece muito diferente. Até agora, o século XXI tem sido péssimo para o modelo ocidental. Primeiro, a guerra contra o terror, nos Estados Unidos, mormente a invasão do Iraque, provocou graves danos à imagem da democracia; depois, o aperto creditício comprometeu a ideia de que o capitalismo liberal era a única resposta; e, finalmente, a crise do euro e o *shutdown* de Washington, em 2013, confirmou a suspeita asiática de que o governo ocidental é disfuncional. Para cada vez mais pessoas, as ideias de Lee representavam exatamente o que Fukuyama considerara impossível — "uma alternativa sistemática viável".[18] Os intelectuais ocidentais engajaram-se em reconsideração agônica da democracia e do capitalismo. Em *The Future of Freedom*, Fareed Zakaria estabeleceu distinção entre democracia liberal, que impõe controles ao poder do governo, e democracia iliberal, que não restringe o poder do governo. Em *World on Fire*, Amy Chua argumentou que a democracia podia encorajar as maiorias pobres a oprimirem as minorias ricas, como os indianos em Uganda ou os chineses no Sudeste da Ásia.

A década de 2000 assistiu tanto à "recessão democrática" quanto à "renascença antidemocrática".[19] A Freedom House estima que a liberdade global declinou em todos os anos de 2005 a 2010 — o mais longo declínio contínuo em quase quarenta anos.[20] A Bertelsmann Foundation calcula que o número de democracias que já não se qualificam como tal (por motivos diversos como manipulação eleitoral etc.) quase dobrou entre 2006 e 2010, atingindo a marca dos 53 países.[21] Em 2011, a deposição do regime Mubarak, no Egito, e a florescência da Primavera Árabe despertaram esperanças em uma nova onda de democratização. Em 2013, no entanto, com a derrubada do governo eleito da Irmandade Muçulmana, essas esperanças feneceram.

A consequência disso é que o modelo de Cingapura está atraindo admiradores muito além da Ásia. Dubai está tentando produzir uma cópia completa no Deserto da Arábia, com distrito financeiro hipermoderno, shopping centers de alto luxo, empresas estatais, Programa de Excelência Governamental, e "indicadores-chave de desempenho" tomados de empréstimo de Robert Kaplan, professor da Harvard Business School. O minúsculo emirado compara seu desempenho com os melhores governos do mundo — Cingapura, Nova Zelândia, Austrália e Canadá. Atente-se para a ausência dos Estados Unidos na lista.[22] Enquanto isso, Ruanda tenta transformar-se na Cingapura da África Central, com a mesma mistura de políticas pró-empresas e governo autoritário.

A Rússia, raramente considerada padrão de bom governo, gosta de invocar o exemplo de Cingapura. Quando um de nós visitou Skolkovo, uma das principais escolas de negócios do país, em 2010, lá se via, em lugar de destaque, uma grande imagem de Lee Kuan Yew, ao lado de outra grande imagem de Arnold Schwarzenegger. Vladimir Putin cita Lee como fonte de influência. Pessoalmente, é mesmo possível que ele lembre com carinho dos ensinamentos do ministro mentor, ao menos no que se refere às restrições impostas pela democracia (ou o que passa por democracia na Rússia). Mesmo um ex-agente da KGB, graceja ele, não raro tem dificuldade em impor medidas de eficiência ao setor público caso pretenda ser reeleito: que alívio seria governar o Casaquistão, cujo governante, em geral, consegue mais de 90% dos votos! Como todos os outros líderes modernos, porém, ao falar sobre eficiência no governo, Putin também menciona outro país ainda mais invejável: a China.

O trunfo da boa ordem social

Foi a ascensão da China, mais que qualquer outra coisa, que lançou a moda da alternativa asiática. Evidentemente, seria equivocado dizer que a China não passa de uma grande Cingapura. Há a pequena questão da ideologia comunista: os governantes da China continuam a exaltar o marxismo (mesmo que seus filhos ostentem Ferraris) e jamais adotarão a ideia de Estado mínimo. A China também é infinitamente mais brutal: aqui quem oferece ao povo a colher com um remédio é Rosa Klebb, personagem do filme *Moscou contra 007*, não Mary Poppins. Acima de tudo, paira o tamanho do Reino do Meio: há quase vinte cidades chinesas maiores que todo o Estado de Cingapura. Com um quinto da humanidade vivendo dentro de suas fronteiras, a China é sui generis. Ela representa uma alternativa chinesa, não asiática.

No entanto, em termos de gestão — e a gestão é de extrema importância na China — Cingapura exerce papel desmesurado. Deng Xiaoping descobriu o modelo de Cingapura na década de 1980 ao tentar reconstruir a China depois do desastre dos últimos anos de Mao. "É boa a ordem social em Cingapura", observou ele, em 1992. "Devemos aproveitar a experiência deles e fazer ainda melhor."[23] Desde então, os líderes chineses fazem peregrinações esporádicas a Cingapura para visitar Lee, enquanto seus subalternos, oriundos de lugares como a CELAP, são enviados para estudar em Cingapura. A China é orgulhosa demais para caracterizar qualquer coisa como "asiática", mas o "Sonho Chinês", de Xi Jinping, faz uma mesura aos valores asiáticos semelhante à que o próprio slogan antigo do regime fazia ao enaltecer as benesses de uma "sociedade harmoniosa". A atual liderança chinesa compartilha sobretudo das três convicções de Lee: de que a democracia ocidental já não é eficiente; de que o capitalismo e a sociedade precisam ser direcionados; e de que consertar o governo é fundamental para a sobrevivência e o sucesso do regime.

O sucesso até agora é o que mais extasia os ocidentais. O único ponto em que os magnatas mundiais concordam quando se reúnem no Fórum Econômico Mundial, em Davos, é que o Estado chinês é um paradigma de eficiência, mormente quando comparado com o impasse de Washington ou com o pânico paralisante de Bruxelas. "Pequim realmente faz acontecer", suspira um executivo-chefe americano. "Os membros do governo são muito mais inteligentes, é assustador",[24] empolga-se um dos homens mais ricos do mundo. Os chalés suíços ressoam com histórias sobre a China, exaltando a rapidez com que se assinam contratos, a celeridade com que se constroem estradas e o brilhantismo com que jovens engenheiros projetam carros e desenvolvem softwares revolucionários.

Há uma boa dose de verdade em tudo isso. A ascensão da China é a mais notável narrativa geopolítica dos últimos trinta anos. A China é hoje a segunda maior economia do mundo, o segundo maior consumidor de energia, o maior exportador de mercadorias, o maior credor da dívida pública americana, o maior repositório de milionários e bilionários. A China também promoveu a maior redução de pobreza da história. Em tudo isso, o governo exerceu importante papel. O Estado chinês (ou o Partido Comunista Chinês, o que basicamente dá no mesmo) pode ser impiedosamente impressionante quando quer. Controlou um processo de transformação social de tirar o fôlego sem permitir a anarquia. Até o momento, conseguiu enfrentar a "crise capitalista" com mais eficácia que a maioria dos países capitalistas. A China autoritária é o único país em que a maioria dos cidadãos aprovou a reação do governo à crise financeira.[25]

As dimensões dessas proezas tornam-se ainda mais óbvias — e mais dolorosas para os democratas — quando comparadas com as realizações da Índia. Esta última é democracia desde a sua fundação como Estado independente, em 1947 (na verdade, metade da população mundial que vive sob regime democrático vive na Índia). O país desfruta de uma vigorosa imprensa livre e de um pujante e independente judiciário. A Índia, contudo, continua atrás da China sob todos os aspectos, desde as taxas de crescimento até a qualidade da infraestrutura. Depois de abrir a economia, na década de 1990, a Índia estagnou, enquanto a China continuou avançando. O Estado indiano é ao mesmo tempo grande e fraco demais: grande demais porque sufoca tudo com a burocracia; fraco demais porque não executa as funções essenciais com eficácia — isso quando chega a executar alguma coisa. Lant Pritchett, da Kennedy School of Government, de Harvard, chama o país de "flailing state" [Estado que se debate], ou, na própria definição de Pritchett, "um Estado nacional em que a cabeça, isto é, as instituições de elite em nível nacional (e em alguns estados), mantém-se sadia e funcional, mas já não se conecta confiavelmente, via nervos e tendões, aos membros".[26] A maneira mais rápida de descobrir o que não funciona na Índia é beber a água da torneira. Outra mais inteligente (e segura) é olhar o sistema de educação superior. Em 2000, as universidades da Índia matriculavam 10% dos jovens indianos, em comparação com 8% na China. Sete anos depois, as universidades chinesas matriculavam 23% e as indianas, 13%. No QS World University Ranking, de 2013, nenhuma universidade indiana — nem mesmo um dos famosos Institutos de Tecnologia — se classificou entre as duzentas melhores.

O desempenho comparativo da China em relação não apenas à Índia, mas também aos Estados Unidos, explica sua arrogância. Também há medo, porém. As autoridades chinesas sabem que seu país ainda está muito atrás dos Estados Unidos do que em geral se supõe: se a economia como um todo pode ser do tamanho da americana, ainda fica muito atrás em termos de renda per capita; se seus trabalhadores trabalham muito mais horas por salários modestos é porque a produtividade deles equivale a um duodécimo da dos colegas americanos; se seu orçamento de defesa está crescendo com rapidez, ainda assim é uma pequena fração dos gastos dos Estados Unidos nessa área (os chineses continuam um tanto temerosos da marinha japonesa); se o *soft power* (poder brando) chinês está aumentando na Ásia, a China ainda carece da rede de alianças globais dos Estados Unidos. Apesar de todo o desprezo pelas fraquezas do Ocidente e da crença na superioridade da Ásia, Lee Kuan Yew não tem dúvida de qual dos dois está na frente: considera que a China só alcançará o Ocidente no prazo de trinta a cinquenta anos, embora advirta que, se tentar converter-se em democracia liberal, "ela afundará".[27]

Talvez ainda mais fundamental seja o fato de que a liderança chinesa sabe que o Estado chinês não é tudo isso que se imagina, sobretudo no nível local. A China ainda é um país onde, nos prelúdios do Ano Novo Chinês, os supermercados vendem embalagens com duas garrafas de uísque para serem enviadas como "obrigado" indispensável às autoridades locais: um varejista ocidental ficou furioso quando as vendas caíram 20%, em 2013, porque Xi Jinping vociferara contra os subornos.[28] A China classificou-se em 80º lugar no Índice de Percepção de Corrupção, de 2012, da Transparência Internacional, 75 posições abaixo de Cingapura. Com efeito, quando se considera qualquer um dos indicadores globais de eficácia, o tão enaltecido Estado mandarim que tanto impressiona os homens de Davos está cheio de furos: ficou apenas em 30º lugar no próprio Relatório de Competitividade Global, de 2013-4, do Fórum Econômico Mundial, com baixa pontuação em burocracia e propina.

Quanto mais você se aprofunda no sistema chinês, menos impressionante ele parece. A maioria das cidades chinesas fecha as contas por meio de desapropriações de terras. Compram propriedades na periferia das cidades, com base em mandados compulsórios cujas indenizações nunca são adequadas. Em seguida, vendem as terras a empreendedores imobiliários, que, por seu turno, vendem os imóveis lá construídos para a classe média urbana mais abastada. Em 2012, a receita assim auferida correspondeu a mais da metade da arrecadação tributária dos governos locais.[29] E serviços públicos como educação sobressaem pela má qualidade. Sim, as universidades são melhores que as da Índia, mas muitos chineses se queixam de que elas são bastiões da classe média às quais poucos jovens pobres têm acesso. Sim, Xangai galgou ao topo do Programa de Avaliação Internacional de Estudantes [Programme for International Student Assessment — PISA], superando sessenta outros países, mas a maioria das escolas chinesas pertence a outro mundo. Os investimentos continuam baixos, mesmo pelos padrões dos países em desenvolvimento. O *China Youth Daily*, órgão da Liga da Juventude Comunista, observou que a China gasta cinco vezes mais com vinhos e jantares para autoridades públicas locais do que com a educação de crianças com menos de dezesseis anos[30]. As escolas das zonas rurais podem ser deprimentes. São melhores nas cidades, mas, não raro, ainda é necessário pagar propina para matricular os filhos numa boa escola — e toda uma classe de trabalhadores migrantes é excluída porque o sistema *hukou* de benefícios os vincula ao lugar de nascimento.

O governo da China não raro parece funcionar em dois séculos ao mesmo tempo. Os visitantes não escondem o espanto diante da China do século XXI, de Pequim e Xangai, com seus arranha-céus pós-modernos. A China, contudo, também pode parecer a Inglaterra do começo do século XIX. Lá ainda se vê a "Velha Corrupção" dos sistemas de patronagem monárquicos no estilo inglês. A elite chinesa ainda tenta restringir a "nação política" a pessoas que têm "cacife social", denunciando movimentos de reforma como "badernas" e usando o sistema *hukou* um pouco como as Leis dos Pobres — para incentivar o trabalho árduo. Também há o *smog* [névoa poluída] de Dickens, como ainda se veem as migrações maciças do campo para as cidades: 35 milhões de retirantes se deslocaram para os centros urbanos nos primeiros cinco anos do século (como termo de comparação, apenas 30 milhões de imigrantes cruzaram o Atlântico rumo aos Estados Unidos nos anos anteriores a 1920).

A China, portanto, não é o paradigma que pretende ser. Longe de oferecer novo modelo, o Leviatã chinês está às voltas com a transição, geralmente em condições casuísticas e improvisadas. É, na melhor das hipóteses, um trabalho canhestro, ainda em andamento, com resultados altamente desuniformes. Mais uma vez, o que importa, porém, é a direção. Em vez de tentar resolver todo o enigma, analisaremos os dois componentes da alternativa asiática, onde a China, obviamente, tem procurado seguir Cingapura, embora em escala muito mais ampla: o capitalismo de Estado e a elite de planejadores meritocráticos em lugar de políticos eleitos pelo sufrágio universal.

O Leviatã como capitalista no comando

A sede da Televisão Central da China parece um monstro alienígena, escarranchado em meio à nevoa poluída de Pequim. A sede da China

National Offshore Oil Corporation lembra um petroleiro cuja luz bruxuleante se reflete no mar encrespado, bem defronte ao Ministério das Relações Exteriores. Por toda Pequim, empresas estatais erguem monumentos grandiosos ao seu novo poder.

A ideia do Leviatã como dirigente de empresas não é de modo algum nova. Em 1791, o primeiro-secretário do Tesouro dos Estados Unidos, Alexander Hamilton, apresentou ao Congresso um "Relatório sobre Manufaturas", seu plano para dar a partida na economia do jovem país. Hamilton não tinha tempo para refletir sobre as ideias de Adam Smith. Os Estados Unidos precisavam proteger suas indústrias incipientes com impostos se quisessem vê-las crescer. Bem ou mal, quase todas as potências econômicas em ascensão dependeram do Estado para promoverem seu crescimento. Desde a Companhia das Índias Orientais até os *chaebol* coreano, os países adotaram o que poderia ser descrito como mentalidade de equipe para impulsionar as empresas. Os chineses, no entanto, foram muito mais longe.

O Estado chinês não se esforça mais para dirigir toda a economia, como fazia sob o comunismo obstinado. Também rechaçou deliberadamente a nacionalização de indústrias, como era comum no Ocidente, antes de Margaret Thatcher. Em vez disso, controla as "torres de comando", dirigindo o capitalismo. O setor privado, em geral, não é tão privado quanto parece. Empresas como a Lenovo, no segmento de computadores, e a Geely, em automóveis, recebem dinheiro estatal. Em termos gerais, o partido garante que será ouvido. O partido tem células bem equipadas, com salas exclusivas e arquivos próprios, na maioria das grandes empresas — privadas e estatais — onde esmiúça a vida dos empregados. (O dono da Geely seria, segundo se diz, secretário da representação do partido na própria empresa.)[31] O partido convoca reuniões regulares que se sobrepõem às reuniões formais do conselho de administração e, não raro, desautorizam as deliberações dos administradores estatutários, sobretudo as referentes a nomeações de pessoal. Um jornal publicado pela Escola Central do Partido descreveu a situação em termos concisos e exatos em um artigo sobre a representação do partido em subsidiárias de empresas no exterior: "Onde há pessoas, há organizações do partido e atividades do partido".[32]

O principal instrumento da direção do Estado, porém, são as 120 ou mais empresas estatais que dominam os setores estratégicos. Teoricamente, são empresas independentes, com participação societária do Estado, que ficaram mais ricas e poderosas mesmo com o encolhimento do setor estatal: a China Mobile tem mais de 700 milhões de clientes.[33] Essas empresas são supervisionadas por duas instituições: uma é a Comissão de Supervisão e Administração de Ativos Estatais [State-Owned Assets Supervision and Administration Commission], que mantém participações nas maiores empresas, o que a transforma no maior acionista controlador do mundo. A SASAC tem liderado a criação de campeões nacionais pela poda de seu portfólio, reduzindo-o em cerca de um terço na última década. Ainda assim, muitas empresas estatais [state-owned enterprises — SOEs] demonstram tanto respeito pela SASAC quanto as províncias demonstram pelo governo central, sobretudo quando se trata de pagar dividendos. O outro centro de controle, o Departamento de Organização do Partido Comunista, tem dentes afiados. Formado na década de 1920 sob a chefia de Mao Zedong, é hoje o mais poderoso departamento de recursos humanos do mundo. Mantém arquivos de todos os quadros de pessoal do país, monitorando de perto a carreira dos mais promissores, e nomeia todos os altos dirigentes das empresas chinesas, não raro remanejando-os com o mínimo de explicações. Em 2004, promoveu o rodízio dos chefes das três maiores empresas de telecomunicações. Em 2009, fez o mesmo com as três maiores empresas de aviação; em 2010, repetiu a dose com as três maiores petrolíferas. Em *The Party*, Richard McGregor observa que os chefes das cinquenta e tantas principais empresas da China mantêm, ao lado dos terminais Bloomberg e das fotografias da família, o que denominam "máquina vermelha", que lhes proporciona acesso instantâneo (e criptografado) ao alto-comando do partido.[34]

Do mesmo modo, o partido dá muita liberdade às SOEs. Elas devem atuar como empresas privadas, competindo no exterior e praticando métodos de gestão modernos. "Às vezes, descobrimos que as empresas estão agindo de maneira incompatível com as políticas e interesses da China", observou laconicamente Ye Lucheng, ministro adjunto das Relações Exteriores. "Dizemos-lhes para parar, mas elas não param."[35] De fato, a relação pode ser inversa. As SOEs por vezes manipulam seus patrões políticos. As gigantescas petrolíferas chinesas, por exemplo, exercem muito mais influência sobre a política energética do que suas congêneres americanas. Mais uma vez, essa é a ideia: os políticos e burocratas buscam objetivos estratégicos comuns (em geral, o domínio de determinada indústria), deixando o dia a dia por conta dos gestores.

O capitalismo de Estado, argumentam os chineses, é uma experiência em aprendizado. Os campeões nacionais criaram condições para que a China desenvolvesse habilidades em diferentes indústrias, como automóveis ou eletrônica. Outro grande ganho, insistem, é o desenvolvimento de talento gerencial. Da mesma maneira que Cingapura envia seus servidores públicos para o setor privado, os burocratas que retornam das SOEs aprendem a dirigir melhor o Estado. Se o capitalismo de Estado permite que os políticos moldem as empresas, também possibilita que as empresas influenciem os políticos. É um "capitalismo integrado", para cunhar um novo termo, ao contrário de seu confuso congênere ocidental.

A versão chinesa do capitalismo de Estado se tornou global sobretudo porque as empresas chinesas estão avançando mundo afora. Em toda a África, a China busca com afinco petróleo, madeira, diamante, cobre e minério de ferro, enquanto empresários chineses constroem shopping centers e dão conta da infraestrutura. A China também fechou negócios com o Irã e com a Rússia no ramo energético. O capitalismo de Estado é o cerne de todas essas atividades no exterior. As empresas estatais financiaram quatro quintos de todos os investimentos estrangeiros diretos. Os bancos estatais teceram uma rede de *soft loans*, ou empréstimos brandos. E a beleza do capitalismo de Estado, do ponto de vista dos chineses, é que diplomacia e comércio avançam juntos. Agora que a Gazprom e a PetroChina estão entrelaçadas de várias maneiras convolutas, a China acha mais fácil relacionar-se com a Rússia. O governo chinês também está reconstruindo a velha Estrada da Seda para o Oriente Médio, tornando-se o maior importador isolado de petróleo da região e o maior exportador isolado de produtos industrializados para a região.

A China está fazendo muito mais do que promover uma rede de conexões: está deliberadamente promovendo um modelo. Quando as autoridades estrangeiras chegam à China para programas de treinamento em lugares como CELAP, os tutores agora enfatizam as virtudes do modelo chinês — a maneira como o Estado pode concentrar-se nos campeões nacionais, atrair investimentos estrangeiros para zonas econômicas especiais ou induzir os empreendedores a se filiarem ao Partido Comunista, promovendo assim a estabilidade política bem como o dinamismo econômico. Eles comparam ainda o lépido governo chinês ao eterno impasse americano e ao caos indiano. O governo semeou filiais do Instituto Confúcio em universidades espalhadas pelo mundo e tenta usar o Boao Forum for Asia como contrapeso ideológico de Davos. *China Daily*, CCTV, Xinhua e o restante da mídia chinesa seguem a mesma direção.[36] A China até ofereceu uma nova sede à União Africana, na Etiópia.

Esse poder brando está produzindo efeitos: o capitalismo de Estado está na moda de novo. Para Vladimir Putin e sua KGB, é doutrina fácil de absorver. Duas empresas sob controle estatal, Sberbank e Gazprom, respondem por mais da metade das negociações na Bolsa de Valores da Rússia. No Brasil, o governo de Dilma Rousseff derramou recursos em um punhado de estatais importantes e produziu um novo modelo de política industrial, em geral adquirindo pequenas participações em empresas. (Sergio Lazzarini e Aldo Musacchio, dois acadêmicos, elegantemente apelidaram esse modelo de "O Leviatã como acionista minoritário".)[37] A África do Sul também se inclinou para o intervencionismo. E até na Europa veem-se tentativas de reformular a política industrial, com François Hollande e Ed Miliband preparados para intimidar as empresas e, este último, para impor preços.

A versão original do capitalismo de Estado, com suas enormes indústrias estatizadas, fracassou porque não funcionou. Dará certo essa nova tentativa? O novo modelo da China, de capitalismo dirigido pelo Estado, decerto parece mais refinado e robusto, mas também apresenta sérias deficiências.

A mais óbvia é o alcance da corrupção. Em setembro de 2013, foi anunciado que o chefe da SASAC, Jiang Jiemin, estava sendo investigado por "séria violação da disciplina", eufemismo de suborno. Jiang fizera longa carreira na China National Petroleum Corporation. A experiência talvez tenha sido politicamente inspiradora: ele era aliado de Bo Xilai, prefeito deposto de Chongqing. Também há, porém, preocupações mais profundas com a maneira como a SASAC exerce suas funções. Em outros países, sobretudo na Rússia, o capitalismo de Estado abriu caminho para a cleptocracia. O Peterson Institute for International Economics, um *think tank*, ou centro de altos estudos, acredita que os subornos e as ineficiências custaram à Gazprom algo da ordem de US$ 40 bilhões apenas em 2011.

Os investidores azedaram em relação ao capitalismo de Estado. O ponto alto do relacionamento foi em 2007, quando a PetroChina se instalou no mercado de Shanghai — e, por pouco tempo, foi a única empresa da história a atingir um valor de mercado de US$ 1 trilhão. Em 2009, seis das dez maiores empresas do mundo em capitalização de mercado eram estatais. Em 2013, no entanto, apenas uma das dez maiores era SOE: a PetroChina, valendo apenas um quarto do que valia no pico. Em sucessivas indústrias, os investidores não confiam nas SOEs. A Gazprom é avaliada em três vezes o lucro, em comparação com onze vezes, para a Exxon. As instituições financeiras e as empresas de telecomunicações chinesas também são menos valorizadas que suas congêneres do setor privado, pois os investidores receiam que as SOEs sejam obrigadas pelo Estado a fazer o que não lhes convém, do ponto de vista empresarial, como construir redes ou conceder empréstimos subsidiados, práticas que de modo algum são do interesse dos acionistas.

Mesmo que algumas SOEs chinesas sejam bem-sucedidas, grande parte do crescimento econômico do país está sendo impulsionada por outros meios. O Unirule Institute of Economics, com sede em Pequim, argumenta que, quando se consideram todos os subsídios ocultos, como terra gratuita, a média de retorno sobre o patrimônio líquido das estatais entre 2001 e 2009 foi de menos 1,45%. Estudos mais antigos sugerem que a produtividade diminui a cada passo de afastamento da propriedade privada integral, atingindo seu pior desempenho na propriedade estatal integral.[38] As SOEs sugam um capital que poderia ter sido destinado a verdadeiros pioneiros, como a Alibaba. Além disso, o sistema capitalista estatal como um todo abafa a inovação. É preciso liberdade intelectual para lançar ideias diruptivas e liberdade cultural irrestrita para desenvolver setores culturais vibrantes. "Temos gongfu (artes marciais) e temos pandas", diz um comentarista chinês, desolado, "mas não fomos capazes de produzir um filme como *Kung-fu Panda*."[39] A PetroChina foi a única SOE a entrar na lista da Booz & Allen Company das cem empresas mais inovadoras do mundo.[40]

Um julgamento imparcial seria o de que os antecedentes do capitalismo de Estado são inconstantes. Parece que funciona melhor em algumas indústrias, como construção de infraestrutura, que em outras, como desenvolvimento de software. O momento em que a economia se encontra também é relevante. O capitalismo de Estado pode impelir o crescimento do país em um estágio de desenvolvimento e inibi-lo em outro. No caso de economias jovens, pode ser boa solução para desenvolver o conhecimento com rapidez; mas não é tão bem-sucedida quando se trata de maximizar recursos limitados ou de gerar novas ideias (uma das razões pelas quais a China é tão propensa à ciberespionagem). Alguns dos burocratas chineses mais visionários argumentam que as SOEs se extinguirão naturalmente quando a economia chinesa amadurecer: elas devem ser compreendidas como marcos intermediários na estrada para o capitalismo integral, não como destino final em si mesmas.[41]

A avaliação no resto do mundo é ainda pior. A modernização autoritária pode ter sido bem-sucedida em Cingapura e Coreia do Sul. Veja, porém, o caso do mundo árabe: o capitalismo de Estado no Egito foi desculpa para o rentismo e para a incompetência (não menos por parte das dezenas de empresas dirigidas pelos militares que eram responsáveis por 10% da economia). Ou note o caso da África Subsaariana: o capitalismo de compadrio está reduzindo o crescimento e aumentando a desigualdade. Para que o Estado dirija o capitalismo, é preciso que o Estado seja forte e competente — e, infelizmente, a maioria dos países que é atraída para o capitalismo de Estado tem Estado fraco e incompetente.

Os chineses, porém, insistirão nessa alternativa e não faltam bancos, bilionários, burocratas e ideólogos de aluguel advogando a favor dela. Um analista chinês, depois de listar as múltiplas ineficiências do sistema, diz que os dias do capitalismo de Estado estão contados: "não deve durar mais que cinquenta anos".[42]

Do maoismo à meritocracia

O segundo componente do ataque chinês ao modelo ocidental é o apoio à meritocracia como alternativa para a democracia. Nas últimas três décadas, o Partido Comunista Chinês aos poucos substituiu a fé na revolução por novo dogma, ou talvez por nova versão de um velho credo: ou seja, a crença em um mandarinato educado. A atual elite chinesa comunga dos mesmos sentimentos de Lee Kuan Yew de que a meritocracia pode oferecer os benefícios da democracia, como a alternância regular dos dirigentes, sem os vícios da democracia, como o viés para o curto prazo e o potencial de ruptura social. Os líderes meritocráticos podem pensar em termos de décadas em vez de fixar-se nas próximas eleições. Podem, ao mesmo tempo, evitar que o país se desintegre sob a pressão de mudanças sociais sísmicas. A história chinesa está repleta de morte e destruição em larga escala, desde as invasões mongóis do século XIII, que tiraram a vida de um terço da população, até a Revolução Cultural de Mao. A meritocracia permanente permitiu que a China enfrentasse desafios dos quais as democracias em geral se esquivam, como a expansão acelerada da previdência social e da assistência médica.[43] Poucos anos atrás, cerca de 80% da população rural da China não tinha seguro-saúde. Hoje, esse benefício está praticamente ao alcance de todos.

O argumento do partido é que ele trabalha com afinco para garantir que os altos cargos sejam preenchidos com base no mérito. A escalada para o cume, porém, é longa e difícil: é preciso brilhar na Escola Central do Partido e na CELAP, demonstrar vigor gerencial ao governar uma província (que pode ser do tamanho de vários países europeus) e, cada vez mais, comprovar a acuidade nos negócios, dirigindo uma empresa estatal. O partido monitora cada passo do desempenho: o sucesso dos governadores provinciais é avaliado com base em numerosos critérios, como promoção do crescimento econômico e erradicação da pobreza, e os incumbentes são rapidamente rebaixados se não cumprirem as metas.[44] A questão é que esse é um governo feito para funcionar em escala continental.

Para encontrar os guardiões platônicos do futuro, o partido trabalha rápido para abastecer os escalões inferiores. Hoje, as universidades, não as fábricas, são os principais mananciais de novos membros. Richard McGregor recorda uma conversa com três alunos da Universidade de Tsinghua, equivalente do MIT, na China, em 2009. Eles disseram que "ser membro do partido é símbolo de excelência" e que "os membros do partido têm mais oportunidades de emprego no governo". Tanto no ensino médio quanto no ensino superior, ofereciam-se funções no partido como prêmio aos melhores estudantes.[45] Daniel Bell, que leciona em Tsinghua há quase uma década, observa que 28% dos graduados, 43% dos pós-graduandos veteranos e 55% dos pós-graduados eram membros do partido em 2010.[46] O partido também se empenha em ligar-se às empresas e hoje um terço dos empresários do país são membros do partido. Um nome mais apropriado para o Partido Comunista Chinês seria Partido do Desenvolvimento Nacional.

O entusiasmo do regime pela meritocracia tem raízes profundas: há mais de mil anos, gerações de pais chineses vêm dizendo aos filhos que "quem trabalha com os músculos é governado; quem trabalha com a cabeça, governa; quem se destaca nos estudos, manda". Pesquisas de opinião pública indicam que a maioria dos chineses gosta da ideia de ser governada por uma classe de guardiões sábios.[47] O culto à proeza intelectual também contribui para essa mentalidade. A China é um país onde os alimentos infantis em geral se apresentam às mães como "impulsores da capacidade intelectual", tanto que o site do McDonald's destaca o Professor Ronald, que oferece Cursos Felizes de aritmética e gramática.[48]

Não é difícil encontrar exemplos de jovens brilhantes, cuidadosamente selecionados e promovidos, que têm enfrentado grandes problemas. Em Shenzhen, uma jovem servidora pública, Ma Hong, está fazendo o que David Cameron tentou fazer na Inglaterra: construir uma "grande sociedade" convencendo organizações não governamentais a prestarem serviços públicos, principalmente cuidando de idosos. Nesse intuito, eliminou a maioria dos controles sobre as ONGS locais, de modo que, para atuar, basta registrar-se com ela. Em meados de 2012, ela já tinha formado mais de 5 mil "grupos sociais", pagando-lhes várias centenas de milhões de yuans para que executassem trabalhos de assistência social.[49] Todos os grupos são avaliados por terceiros, sob critérios como governança corporativa: quanto melhor a avaliação, mais recursos recebem. Em 2012, ela fechou 26 ONGS e advertiu setenta outras de que seus padrões internos não eram satisfatórios. O modelo já está sendo copiado em todo o mundo.

Ma é o epítome do estilo empresarial com que os melhores servidores públicos chineses tentam manejar os problemas sociais. Para ela, o ponto de partida é observar o que tem funcionado em outras partes do mundo. Ela estudou em Hong Kong em 2005 e notou que cerca de 90% da assistência social era feita por ONGS e paga pelo Estado. Também é admiradora de Cingapura e lá se inspirou no equilíbrio entre facilidade no registro de ONGS e severidade na punição de ONGS por mau desempenho. Ela quer que seus grupos sociais se tornem motores da sociedade chinesa "da mesma maneira que as empresas privadas são as locomotivas da economia".[50] Com efeito, Ma acha que o setor público precisa de mudanças da mesma forma que o setor privado, com o Estado criando o contexto adequado para que companhias e entidades filantrópicas possam exercer melhor suas funções. "Estamos em uma importante transição de um Estado grande para um Estado pequeno", diz ela, "e de uma sociedade pequena para uma sociedade grande."

Tudo isso rendeu a Ma o prêmio mais prestigioso de seu país por inovação no setor público. Ela é uma típica representante do mandarinato: global, esclarecida e visionária, com planos de longo prazo. A China, porém, é muito grande. O quão bem esse sistema funciona na prática?

O sistema chinês pode reivindicar duas vitórias: o rodízio das elites e a abordagem de longo prazo. As três autoridades mais importantes do país — o secretário-geral, o presidente e o primeiro-ministro — agora exercem a função pelo prazo máximo de dois mandatos, ou dez anos. Em tempos recentes, a sucessão tem sido completamente pacífica. O partido implantou salvaguardas para evitar o ressurgimento do culto à personalidade no estilo de Mao. O sucessor é escolhido não pelo incumbente em fim de mandato, mas pela preferência conjunta dos líderes mais importantes. O homem de Davos também está certo: o alto comando do serviço público chinês é pelo menos tão eficiente quanto seus pares ocidentais.

Assim como em Cingapura, a liderança adota, genuinamente, uma perspectiva de longo prazo — sobretudo quando comparada com os rivais ocidentais. Não há muita gente em Washington pensando além das eleições presidenciais de 2016. Não raro se diz que o governo americano adota abordagens estratégicas somente durante mais ou menos seis meses, no começo do segundo ano — depois da aprovação do staff pelo Senado e antes do início da campanha eleitoral da metade do mandato. Muita gente na Ásia planeja para longo prazo. Nicolas Berggruen, filantropo que patrocinou iniciativas de reforma na Califórnia, argumenta que a meritocracia ao estilo chinês é eficaz no foco de longo prazo e na arregimentação de especialistas independentes. Na opinião dele, seria bom para o Ocidente adotar algo parecido, mesmo que as pessoas escolhidas não sejam eleitas.

Mas o elitismo sem democracia acarreta vários problemas que já começam a se manifestar intensamente na China, sobretudo no nível local. Por exemplo, bem próximo de Ma Hong, Yang Jianchang enfrenta tempos árduos. Ele é deputado no Congresso Municipal do Povo, em Shenzhen, e chefe do Escritório de Supervisão de Mercado (Bureau Industrial e Comercial) do Distrito de Luohu, que trata de contrafação, ou pirataria industrial. Jianchang tem fama de ser o mais responsável entre os representantes chineses. Em 2005, tomou a iniciativa inédita de abrir um escritório para tratar das reclamações. Pessoas e correspondências afluíram em profusão, a maioria se queixando do governo. Em 2012, já havia assumido em torno de 3 mil casos, em nome de mais ou menos 20 mil pessoas. Também fora ameaçado, enganado e agredido. As principais vítimas eram migrantes, que perfaziam mais de 10 milhões dos 14 milhões de habitantes de Shenzhen e que tinham dificuldade em transferir seus registros de *hukou* para a cidade. Alguns dos delinquentes e burocratas que ele perseguira — por exemplo, por vender alimentos contaminados ou fora do prazo de validade — foram para a prisão. Muitos outros ficaram impunes graças ao que a população local apelidou de "interesses poderosos".[51]

Como Ma, Yang é um orgulhoso membro do partido: em seu escritório é possível ver fotos dele uniformizado, com citações de vários dignitários comunistas. Seria de imaginar que um regime meritocrático, em pleno surto anticorrupção, exaltasse esse exemplo de governo responsável. Em vez disso, porém, deputados como Yang foram proibidos de manter escritórios pessoais. (Yang insiste na campanha e as cartas continuam a chegar aos borbotões, a maioria por postagem registrada, para que os remetentes tenham a certeza de que foram recebidas e de que serão encaminhadas para os burocratas certos.) Esse caso destaca a indiferença de grande parte do governo da China em relação à reforma. Seria fácil para o chefe de uma grande multinacional ocidental reunir-se com a alta cúpula do Estado chinês, mas para um cidadão comum da China, conseguir apenas alguns minutos de atenção de um burocrata de baixo escalão é simplesmente um flagelo: é preciso abrir caminho em meio a guardas agressivos e assistentes obstrutivos cuja principal função na vida é criar obstáculos. E as pessoas estão ficando zangadas com essas coisas. Às vezes a fúria explode — em 2011, em Wukan, outra cidade na Província de Guangdong, os cidadãos até conseguiram depor o governo local por causa de um negócio fundiário questionável. Grande parte da ira e da frustração, contudo, é menos explosiva — mais ao estilo das queixas que chegam a Yang. E no Weibo, versão chinesa do Twitter, a população ressentida encontrou o fórum perfeito: é uma torrente de protestos contra as ineficiências do setor público, as deficiências do sistema escolar, a sordidez da assistência médica e a incompetência da burocracia.

Xi Jinping está tentando impor disciplina nas províncias, despachando para lá muito mais gente de Pequim. Metade dos 22 governadores do país — a maioria eleita no remanejamento da liderança, durante o 18º Congresso do Partido, em 2012, que coincidiu com a posse de Xi — tem agora antecedentes em administração pública.[52] Cinco anos antes, apenas dois governadores haviam sido nomeados diretamente por Pequim. Também é provável que se promova o aperto fiscal: embora a dívida do governo central seja de apenas 22% do PIB, a dívida das províncias talvez acumule ao menos o mesmo montante. Será difícil, porém, apertar as rédeas. Em Shenzhen, quando se fundiram departamentos, todos os principais burocratas mantiveram os cargos, acarretando redundância de diretores adjuntos, todos lutando por influência. O governo central tem o poder de obrigar os burocratas a agirem com rapidez em questões de importância nacional, como investimentos estrangeiros ou epidemia de SARS (Síndrome Respiratória Aguda Severa); muitas outras questões, porém, são simplesmente ignoradas pelos governos locais. Como diz o ditado chinês, as montanhas são altas e o imperador está longe.

A corte do imperador não é nem de longe tão meritocrática quanto alegam os chineses. Muitos membros da elite do partido, inclusive Xi Jinping, são "príncipes vermelhos". E todos os líderes chineses, sejam nobres ou plebeus, usam sistematicamente o poder para acumular riqueza e privilégios. O *Hurun Report*, monitor de riqueza com sede em Xangai, estimou que, em 2012, o patrimônio líquido dos 83 delegados mais ricos do Congresso Nacional do Povo e da Conferência Consultiva Política do Povo, um grupo de assessoramento, era de US$ 250 bilhões.[53] E esse é apenas o patrimônio líquido declarado. No mesmo ano, David Barboza, do *New York Times*, demonstrou que pessoas próximas do então primeiro-ministro, Wen Jiabao, controlavam ativos no valor de US$ 2,7 bilhões.[54]

Benefícios e privilégios perpassam todo o sistema. A revista *Xin-min Weely* relatou em 2012 que o governo da China tem mais de 3,5 milhões de carros, a um custo de US$ 50 bilhões, e que gasta cerca de US$ 300 bilhões por ano com viagens ao exterior, automóveis e recepções.[55] Um texto popular na internet resume a percepção comum a respeito da elite: "Dirigem carros de grife. Frequentam bares noturnos exclusivos. Dormem nas camas mais macias e nos hotéis mais luxuosos. Os móveis são todos das melhores madeiras de lei. Suas casas descortinam as mais belas paisagens nos lugares mais tranquilos. Jogam golfe, viajam às custas do dinheiro público e levam uma vida extravagante".[56] Os filhos dos líderes do partido sempre vão para as melhores escolas, no país e no exterior e, depois, para as melhores universidades nos Estados Unidos e na Inglaterra. O filho de Bo Xilai foi educado em Harrow e no

Balliol College, em Oxford. Até conseguiu vaga na Kennedy School, de Harvard, embora seus orientadores em Balliol se recusassem a recomendá-lo. Em Oxford, passava os dias socializando e brincando de fazer política na Associação Conservadora, um grupo de estudantes de gradução.[57]

Seria um erro, porém, rechaçar totalmente as pretensões da China como meritocracia. As falhas do sistema não são exclusivas do país. Se Hillary Clinton conquistar a presidência, em 2016, a lista de presidentes americanos desde 1989 será composta de Bush, Clinton, Bush, Obama, Clinton. As universidades de elite da Ivy League são dominadas por filhos de ricos e de gente bem relacionada. A Índia democrática enfrenta problemas de nepotismo semelhantes. O Partido do Congresso Nacional Indiano vem sendo um enclave familiar Nehru-Gandhi desde a independência do país. Em 2009, quase um terço dos parlamentares da Índia tinha ligações familiares com a política — e o culto às dinastias é mais marcante entre as gerações mais jovens. Entre os membros do Parlamento, todos com menos de trinta anos e dois terços dos com menos de quarenta "herdaram" seus assentos.[58]

Portanto, o veredito sobre a meritocracia da China é o mesmo referente ao capitalismo de Estado: ambos são bons em parte. Permitiram que o país adotasse uma visão de longo prazo que os governos ocidentais raramente adotam. Ambos correm mais risco de corrupção que as alternativas ocidentais e o que é relativamente fácil de disciplinar em Cingapura torna-se intratável em país tão grande. A China tem quatro províncias que se incluiriam entre os vinte países mais populosos do mundo.

Enfrentando o consenso de Pequim

O que tudo isso significa? A alternativa asiática é, sem dúvida, o desafio mais ameaçador que o modelo ocidental já enfrentou: muito mais perigosa que a velha União Soviética (ou que a China maoista). Na China, a modernização autoritária impulsionou o país ao longo de um período de espantoso progresso material. Nesse processo, conseguiu legitimar-se perante a maioria dos chineses. Uma pesquisa do Pew Global Attitudes Project, de 2013, mostrou que 85% dos chineses estavam satisfeitos com a direção do país. Foi o mais alto nível de satisfação entre os países pesquisados: nos Estados Unidos, a proporção foi de apenas 31%.

O sucesso da China suscitou uma ampla reavaliação dos méritos relativos dos consensos de Pequim e de Washington. Thomas Friedman, o mais notório autor do Ocidente sobre globalização, revisou seu catecismo: "A autocracia de partido único decerto tem seus defeitos. Quando, porém, é liderada por um grupo de pessoas razoavelmente esclarecidas, como é o caso da China hoje, também tem grandes vantagens".[59] Martin Jacques indagou como serão as coisas quando a China governar o mundo (no livro *When China Rules the World*).[60] Até John Williamson, o homem que cunhou o termo "Consenso de Washington", admitiu que o Consenso de Pequim vinha conquistando terreno entre suas ideias. Na esteira da crise financeira, são os chineses que estão dando aulas sobre o governo, não os americanos. "Quando outros países quiserem aprender com a China, deverão, primeiro, adotar uma forma de governo semelhante", aconselhou Wang Jisi.[61] Outro intelectual chinês, Zhang Weiwei, da Universidade Fudan, virou a mesa em relação aos Estados Unidos e argumentou que o sistema político americano está condenando o país à decadência. O sistema eleitoral está selecionando presidentes de segunda classe, como George W. Bush. O sistema de bem-estar social está impondo encargos insustentáveis à economia. Houve época em que os perdedores nas eleições aceitavam a derrota. Agora, a polarização é tão intensa que os derrotados se dedicam a prejudicar os adversários vitoriosos. De acordo com Zhang, o mundo está assistindo a uma competição entre dois modelos políticos diferentes — um baseado na liderança meritocrática e o outro esteado em eleições populares —, e "o modelo chinês pode ganhar".[62]

O próximo estágio de desenvolvimento da China, no entanto, será muito mais difícil que o atual. A taxa de crescimento está desacelerando à medida que a China enriquece: o Projeto Escudo de Ouro (projeto da liderança chinesa, conhecido popularmente como Grande Firewall, epíteto inspirado na Grande Muralha) revela o nervosismo de

Pequim com a opinião pública.⁶³ O regime também está desconfortavelmente consciente de que sua legitimidade depende do desempenho. Sem dúvida, é preciso manter a economia em crescimento, mas também é necessário melhorar os serviços de saúde e educação. O sonho chinês, lançado por Xi Jinping, inclui a promessa implícita de que o Estado cuidará cada vez melhor do povo — justamente numa época em que a população está começando a envelhecer. A China já tem apenas cinco trabalhadores para cada idoso; em 2035, essa proporção terá caído para dois. Uma demanda crescente por serviços, tendências demográficas adversas e Estado ineficiente: talvez o futuro da China seja mais ocidental do que os chineses imaginam.

A mesma conclusão provavelmente se aplica à alternativa asiática de maneira mais ampla. Mesmo que admirem o modelo cingapurense e comecem com níveis de bem-estar relativamente restritos, todos os governos asiáticos tendem a sofrer pressões para expandir os serviços, não só pela população idosa. Em 2030, a Ásia, sem contar o Japão, terá mais da metade dos idosos do mundo e arcará com cerca da metade do ônus global com doenças não contagiosas, como câncer e diabetes. E, à medida que envelhecem, os asiáticos estão apresentando sinais preocupantes de que foram contaminados pelo desejo ocidental de contar com redes de segurança mais generosas. Em grande parte da Ásia, as promessas de bem-estar social rendem votos, e programas temporários como o esquema da Tailândia, de 2009, de ajudar os trabalhadores mais pobres a enfrentarem o aperto creditício, tendem a tornar-se permanentes. É como observou um de nossos colegas: "As felinas economias da Ásia estão ficando marsupiais, carregando consigo os dependentes nas bolsas abdominais enquanto vagueiam à espreita".⁶⁴

As chances, portanto, são de que muitos países asiáticos se tornem mais ocidentais. A visão de Lee Kuan Yew a respeito do autoritarismo do Estado mínimo se tornará mais turva. A Ásia, porém, preservará diferenças marcantes por três motivos. Primeiro, porque a maioria dos governos da região viu o que aconteceu com o Ocidente (de fato, essa é a parte das preleções de Lee sobre os "valores asiáticos" que mais atrai os líderes da região). Segundo, como os asiáticos estão começando de novo, a tecnologia lhes oferece oportunidades de queimar etapas, desenvolvendo sistemas sociais mais eficazes (é muito mais fácil construir do zero um sistema de benefícios com cartões inteligentes do que reformar um sistema já pronto, obsoleto e espalhado por vários softwares). Alguns sinais promissores sugerem que a Ásia esteja sendo inventiva — e examinaremos muitos deles no restante do livro.

E, assim, chegamos à terceira razão pela qual a Ásia talvez ainda seja uma alternativa: mesmo que os valores asiáticos de Lee se revelem ocos e que o sonho chinês de Xi se converta em pesadelo, não há dúvida de que muito mais gente reflete sobre como melhorar o governo em Cingapura e em Pequim do que em Roma ou em Washington. A lição da história é que quando os países se empenham em produzir melhores governos eles realmente aprimoram os padrões. Quem quiser antever o futuro da educação superior aprenderá mais com os Estados Unidos e com a França, onde a evasão de alunos é de 40% e 25%, respectivamente,[65] ou com a Coreia do Sul, campeã em formação universitária? Quem quiser desenvolver um sistema de previdência social fará melhor se inspirando na seguridade americana ou no Fundo Providente Central de Cingapura?

As respostas a essas perguntas não são difíceis — e tampouco favoráveis ao Ocidente. Há, porém, uma grande exceção à ideia de que o Ocidente representa o passado — questão suscitada até pelos asiáticos. Dominique Moïse, escritor e intelectual francês, conta uma história sobre sua visita a Oslo, em 2010 (ano em que os noruegueses deram o Prêmio Nobel da Paz a um dissidente chinês, Liu Xiaobo). Em todos os ministérios e centros de estudos que visitou, ele encontrou o mesmo grupo de burocratas chineses, escrevendo furiosamente. Finalmente, explicaram-lhe com gentileza: "A Noruega é o futuro da China".[66] Talvez tenha sido exagero. Seja como for, os chineses estão certos ao mirarem o mundo nórdico, assim como Cingapura, em busca de iluminação.

III
Os ventos da mudança

7
O lugar onde o futuro aconteceu primeiro

DURANTE BOA PARTE DO SÉCULO XX, a Suécia foi o país que mais se aproximou do paraíso socialista: o sonho fabiano com roupagem nórdica. Burocratas esclarecidos construíram o *folkhemmet* ou "casa do povo", onde o Estado cuidava das necessidades de todos e burocratas louros organizavam tudo em bases racionais, incluindo o projeto correto para a sua cozinha. Enquanto isso, empresas socialmente responsáveis como Volvo e Ericsson geravam riqueza. Esse era o "caminho do meio" entre capitalismo e comunismo, celebrado por Marquis Childs em seu livro homônimo, de 1936. A Suécia tinha até sua própria versão dos Webb nas figuras de Gunnar e Alva Myrdal, que preconizaram o planejamento econômico, a procriação eugênica e o compartilhamento do trabalho doméstico pelos homens.

Nos anos 1960, porém, com a ampliação do conceito de igualdade, a Suécia desviou-se para a esquerda ainda mais que o resto da Europa. Aboliu a educação seletiva em nome do "aprendizado centrado na criança" (ou seja, permitindo que adolescentes se amotinassem) e defendeu a equalização da renda em nome da solidariedade social. A solução para todos os problemas era sempre a mesma: mais governo. Os gastos públicos como proporção do PIB quase dobraram entre 1960 e

1980, atingindo o pico de 67% em 1993. O setor público ganhou mais de 1 milhão de novos funcionários entre 1950 e 1990, época em que o setor privado não gerou empregos. E a resposta de como custear todo esse governo também era invariável: impostos mais altos. Em 1976, Astrid Lindgren, criador da Píppi Meialonga, recebeu notificação de cobrança de imposto correspondente a 72% de sua renda bruta e escreveu um conto de fadas sobre uma escritora, Pomperipossa, que desistiu de escrever livros para levar a vida como desempregada, às custas do governo, o que inspirou os economistas a cunharem um novo termo, o efeito Pomperipossa.

O Partido Social Democrata, que governou o país durante 44 anos ininterruptos, de 1932 a 1976, continuou espremendo as empresas, com mais impostos e mais regulamentos. "A era do neocapitalismo está chegando ao fim", disse Olof Palme, líder do partido, em 1974. "A chave do futuro é algum tipo de socialismo." Esse também foi o ano em que Gunnar Myrdal recebeu o Prêmio Nobel de Economia, dividindo-o, por uma dessas ironias do destino, com Friedrich Hayek. Oito anos depois, Alva ganhou o Prêmio Nobel da Paz por seu trabalho sobre desarmamento. Em 1990, seria difícil imaginar algum lugar que ilustrasse com mais perfeição a frase desdenhosa de Lee Kuan Yew: Estado "bufê ilimitado".

Mas olhe para a realidade atual. A Suécia reduziu a proporção do PIB destinada a gastos públicos de 67% em 1993 para 49% hoje. Também diminuiu a mais alta alíquota marginal do imposto de renda em 27 pontos percentuais desde 1983 para 57%, eliminando ainda o emaranhado de impostos sobre propriedade imobiliária, doações, patrimônio e herança. Com o resto da Europa submerso em impostos, o país brilha como um farol da retidão fiscal: a Suécia vestiu uma camisa de força fiscal que lhe impõe gerar superávit ao longo do ciclo econômico. A dívida pública caiu de 70% do PIB, em 1993, para 37%, em 2010, e o orçamento evoluiu de um déficit de 11% para um superávit de 0,3% no mesmo período. Essas condições possibilitaram que o país, com uma pequena economia aberta, se recuperasse rapidamente da tempestade financeira de 2007-8. O déficit orçamentário aumentou para 2% do PIB, mas a dívida pública ainda é inferior a 40%.

A mudança de mentalidade é ainda maior. As ruas de Estocolmo estão sendo inundadas pelo sangue das vacas sagradas. Os centros de estudos locais transbordam de novas ideias sobre "empreendedores sociais" e "gestão enxuta". A Suécia de fato fez boa parte das coisas que todo político sabe que deve fazer, mas poucos têm coragem de tentar. Reformou o sistema de aposentadorias e pensões, substituindo o sistema de benefícios definidos pelo de contribuições definidas e promovendo ajustes automáticos no caso de aumento da expectativa de vida. Reinventou e enxugou o Estado. Os suecos fizeram mais que qualquer outro povo — decerto mais do que os cautelosos americanos — para adotar a ideia de vouchers educativos de Milton Friedman, permitindo que os pais matriculassem seus filhos em qualquer escola e convidando empresas privadas e grupos de voluntários para constituir escolas "gratuitas", ou seja, escolas pagas pelo Estado, mas dirigidas pela iniciativa privada. Em Estocolmo, metade das crianças frequenta escolas independentes. No país como um todo, metade da população rejeita as escolas locais (ou seja, escolhe outra mais longe ou um estabelecimento independente). Mais de 60% das escolas independentes são constituídas como organizações com fins lucrativos: a maioria são pequenas empresas, com até quatro escolas, mas algumas pertencem a grandes cadeias, como a International English School.

O hospital St. Göran's, em Estocolmo, é um excelente exemplo da disposição sueca para aplicar novas ideias à parte mais sagrada do Estado de bem-estar social: assistência médica. Do ponto de vista do paciente, o St. Göran's não é diferente de qualquer outro hospital público. O tratamento é gratuito, cobrando-se apenas uma taxa simbólica, única em todo o país, para desestimular os usuários a abusarem do sistema. St. Göran's, porém, é dirigido por uma empresa privada, a Capio, desde 1999 e hoje é de propriedade de um consórcio de fundos de private equity que inclui a Nordic Capital e a Apax Partners. Os médicos e paramédicos são empregados da Capio, prestando contas a um supervisor e a um conselho. Nos bastidores, a atmosfera também é muito diferente. Os médicos falam com entusiasmo sobre adotar o "modelo Toyota de produção" e melhorar o "fluxo" e a "qualidade". Médicos e paramédicos mantinham distância profissional uns dos outros; hoje, trabalham e participam juntos de equipes, exatamente como os empregados da empresa automobilística japonesa. Todos buscam métodos de aprimoramento. Um deles é uma série de pontos magnéticos que monitora o progresso de cada paciente e aponta os leitos vagos. Outro é a dispensa de pacientes ao longo do dia, em vez de em lotes, para que tenham mais facilidade de encontrar transporte. Apesar de toda a conversa sobre a Toyota, St. Göran's mais parece o equivalente médico de uma empresa de aviação que cobra tarifas econômicas. Acomodam-se de quatro a seis pacientes em cada quarto e a decoração é espartana. O foco, porém, é a redução do tempo de espera e o aumento do "processamento", o que também proporciona a vantagem adicional de reduzir o contágio nos hospitais.

Todos esses números, como a taxa de êxito nas cirurgias, são de conhecimento público e podem ser verificados pelos pacientes e pagadores de impostos. A Suécia é pioneira nos registros de saúde, o que gera estatísticas sobre o desempenho de cada hospital. O receio de sair-se mal em comparação com o âmbito nacional é um poderoso incentivo para o esforço e a persistência. Um estudo da Boston Consulting Group descobriu que o Cadastro Nacional de Catarata da Suécia não só atenuou a gravidade do astigmatismo resultante da cirurgia ocular como também reduziu à metade a variação entre os índices de sucesso dos melhores e dos piores hospitais. O St. Göran's saiu-se bem. O Conselho do Condado de Estocolmo, que em 1999 considerou fechar o hospital, recentemente renovou o contrato com a Capio até 2021.

O St. Göran's está na vanguarda de uma revolução mais ampla. A executiva-chefe, anestesista por formação, compara o hospital a uma lebre que determina a velocidade de uma corrida de galgos. A assistência médica da Suécia é hoje, em tese, a mais eficiente do mundo desenvolvido. A duração média da internação em hospitais suecos é de 4,5 dias, em comparação com 5,2 dias na França e 7,5 dias na Alemanha. Essa eficiência diminui a necessidade de hospitais. A Suécia tem 2,8 leitos hospitalares para cada mil cidadãos, em comparação com 6,6 na França e 8,2 na Alemanha. Qualquer que seja o critério adotado, porém, os suecos se destacam entre os melhores. São mais longevos que a maioria das pessoas no mundo desenvolvido, e o bem-estar econômico na

Suécia também disparou. Em 1993, os suecos eram em média mais pobres que os ingleses e italianos. Depois de duas décadas em que as taxas de crescimento econômico e de aumento da produtividade ultrapassaram as dos concorrentes europeus, os suecos recuperaram a dianteira.

Outros países nórdicos seguem o mesmo padrão, embora a ritmo menos vigoroso. Todos os quatro países nórdicos têm classificação de crédito AAA e carga de endividamento muito inferior à média da zona do euro. A Dinamarca introduziu uma série de reformas, aumentando a idade de aposentadoria de 65 para 67 anos e lançando um sistema pioneiro de "flexiguridade": as empresas podem demitir os empregados quase com a mesma facilidade das congêneres americanas, mas o governo ajuda os empregados demitidos a encontrarem novos empregos. Também inovou na reforma da educação, permitindo que os pais "suplementem" os vouchers públicos com recursos próprios (limitados). Essa possibilidade está criando um mercado florescente, sobretudo em Copenhague, variando desde escolas acadêmicas [academy schools], para os tradicionalistas, passando por escolas religiosas, para os muçulmanos, até escolas experimentais, para filhos de hippies em processo de envelhecimento. O país também assumiu a liderança do chamado Estado inteligente. Os dinamarqueses estão à frente na transição tanto para o governo eletrônico quanto para a economia sem dinheiro. Os dinamarqueses se gabam de pagar impostos por SMS. Em vez de encomendar cadeiras de rodas dos mesmos fornecedores tradicionais, os dinamarqueses agora estão pedindo às empresas para propor "soluções de mobilidade" mais amplas, na esperança de que assim se disseminem novas indústrias. Nem todas as inovações são eficazes — um imposto sobre a gordura, que deveria incentivar as pessoas a levarem uma vida mais saudável, acabou sendo revogado. Como os suecos (e os cingapurenses), os dinamarqueses fazem novos experimentos na tentativa de preservar o melhor de seu Estado de bem-estar social ao passo que buscam novas maneiras de prestar serviços.

Até agora, o experimento parece estar funcionando muito bem. Os nórdicos alcançam altos índices de inclusão social, assim como de competitividade e bem-estar. Também se destacam pelas altas taxas de participação de mulheres na força de trabalho e pelos mais elevados índices de mobilidade social do mundo.[1] Ainda por cima, se orgulham da generosidade de seus Estados de bem-estar social. Cerca de 30% da força de trabalho atua no setor público, duas vezes a média da OCDE. Continuam acreditando na combinação de economias abertas e investimento público em capital humano. Os alicerces dos modelos nórdicos, porém, são os serviços aos indivíduos, em vez da expansão do Estado; a responsabilidade fiscal, em vez do gasto público deficitário; a livre escolha e a competição, em vez do paternalismo e do planejamento. Dinamarca e Finlândia estão agora à frente dos Estados Unidos no índice de liberdade econômica apurado pelo Fraser Institute, centro de estudos canadense, e a Suécia está chegando perto. A velha catraca foi revertida: em vez de intrometer o Estado no mercado, os nórdicos estão expandindo o mercado dentro do Estado.

Vi o futuro e ele é loiro

Os nórdicos são importantes por três razões. Primeiro, são a parte do Ocidente que chegou ao futuro mais cedo, ou seja, eles quebraram antes de quaisquer outros países. Segundo, chegaram a um bom termo em um dos principais debates sobre o Leviatã: se é possível controlá-lo ou não. Nos últimos cem anos, parecem ter evitado a doença de Baumol e o ônus demográfico de uma sociedade em envelhecimento. Os nórdicos mostram o que pode ser feito. Terceiro, eles apenas começaram a explorar os poderes da tecnologia: ainda há, achamos nós, muito pela frente. Uma das frases favoritas de Bismarck era a de que a política é "a arte do possível". Os nórdicos são um bom ponto de partida para redefinir o que é possível.

Os nórdicos chegaram ao futuro primeiro. Foram forçados a mudar porque seu velho modelo faliu e continuaram mudando quando descobriram que poderiam produzir um Estado melhor. Olhando para trás, a revolução da Suécia teve várias fases. Os anos 1970 e 1980 foram marcados por uma crescente onda de frustração. Quanto mais os suecos se acostumavam a fazer escolhas em lojas como IKEA e H&M, mais irritados ficavam em ter que formar filas diante dos órgãos públicos para obter serviços em tamanho único. As ideias sobre livre mercado também começaram a despontar no país através de centros de estudos, como o Timbro, e de organizações de negócios, como a Federação dos Empregadores. Em 1983, a esquerda excedeu-se de maneira excepcionalmente tola. Os social-democratas cogitaram estatizar as torres de comando da economia, usando os recursos dos sindicatos trabalhistas para comprar ações das maiores empresas suecas. A proposta foi demais até para Palme e deflagrou uma enorme manifestação de empresários rumo ao Parlamento conhecida como "a marcha dos executivos".

Havia, portanto, rachaduras no modelo sueco bem antes de 1990. A principal razão da mudança, porém, foi o colapso. Em 1991, a Suécia estava imersa no que eles chamam de "crise da escuridão": o sistema bancário travou, os investidores externos perderam a confiança na terceira via e as taxas de financiamentos imobiliários por um momento chegaram a 500%. O governo conservador de Carl Bildt aproveitou a crise para implantar sucessivas reformas radicais, inclusive grandes cortes nos gastos públicos e mudanças na prestação dos serviços públicos. Em retrospectiva, a Suécia teve a sorte de entrar em crise quando as outras economias iam bem e a demanda externa era alta. Tudo foi feito, entretanto, em estilo muito sueco, com o governo empenhando-se ao máximo para gerar consenso. Uma comissão de sábios incumbida de elaborar um projeto de mudança apresentou 110 propostas de políticas públicas para destravar a economia e reformar o sistema político.

Os outros países nórdicos também foram obrigados a mudar por conta de transtornos semelhantes. A Dinamarca enfrentou a "crise das batatas", no começo dos anos 1980, assim chamada porque se supunha que fosse possível viver apenas comendo batatas. Noruega e Finlândia enfrentaram crises financeiras horripilantes no começo da década de 1990, juntamente com a Suécia. A crise finlandesa foi especialmente séria porque o colapso do comunismo soviético aniquilou seu mais confiável mercado (o livre mercado para pares de sapatos com dois pés esquerdos é limitado). A crise, todavia, foi mais do que um mero aperto de caixa. O antigo modelo nórdico dependia da capacidade que um quadro de grandes empresas gerasse dinheiro suficiente para sustentar o Estado. Nos anos 1990, Ericsson, Volvo e congêneres começaram a enfrentar uma competição global mais acirrada. O velho modelo também dependia da disposição das pessoas em aceitar diretrizes impostas de cima, mas as populações nórdicas se mostravam cada vez mais exigentes. O paternalismo do Estado de bem-estar social não pode sobreviver em uma sociedade pós-paternalista. Os nórdicos haviam sobrecarregado o Estado.

Em todo o mundo, vários outros governos agora enfrentam os mesmos problemas com que os nórdicos se depararam nos anos 1990. O Estado ocidental fez promessas que já não é capaz de cumprir. Mais interessante, contudo, são as razões pelas quais os nórdicos continuaram avançando: quando começaram a redesenhar o governo, concluíram que o Estado podia funcionar.

Muitas das reformas produziram não só um governo mais barato como também um governo melhor. O sistema da Dinamarca de "flexiguridade" ajudou a preservar a mão de obra qualificada ao mesmo tempo que garantia que a Dinamarca seria capaz de evitar um dos maiores problemas da Europa continental: um mercado de trabalho duplo, composto de insiders fortemente protegidos e outsiders totalmente ao deus-dará. Os vouchers na Suécia produziram não só escolas mais baratas, mas também escolas melhores. Anders Böhlmark e Mikael Lindahl analisaram dados de todas as crianças suecas em idade escolar entre 1988 e 2009 e constataram que o aumento da fatia de escolas "livres" [free schools] em determinado distrito redunda em melhores resultados sob vários critérios, desde o desempenho escolar até a matrícula na universidade.[2] Os melhores ganhos ocorrem nas escolas públicas comuns, não nas escolas "livres".

Tudo isso deve nos oferecer alguma esperança na reformulação do Estado ocidental. Albert Jay Nock concluiu seu livro de 1935, *Our Enemy, the State*, insistindo que "simplesmente nada" pode ser feito para deter o crescimento do governo. E, como vimos, os partidários do Estado mínimo de fato não tiveram muita sorte nos últimos 150 anos. Políticos por vezes tentaram reverter o crescimento do governo. Em alguns casos até foram bem-sucedidos durante algum tempo. Mesmo pequenos cortes, todavia, requerem esforços heroicos: basta ver a Sturm und Drung [Tempestade e Ímpeto] da era Thatcher e Reagan. E, depois de um breve

172

período de recuo, o inchaço reinicia-se, basta pensar na gastança de George W. Bush. É difícil não acreditar que a cláusula pétrea da política moderna seja a de que o governo continuará crescendo cada vez mais.

A elefantíase tem sido complementada por uma baixa produtividade. Há anos, os consultores exaltam as virtudes da eficiência e da automação da gestão; até agora, porém, as iniciativas nesse sentido não surtiram tanto efeito. Os esforços de reorganização só geraram desmotivação e os novos computadores se tornaram elefantes brancos. O Escritório de Estatísticas Nacionais da Inglaterra calcula que a produtividade do setor privado tenha aumentado em 14% entre 1999 e 2013. Em contraste, a produtividade do setor público diminuiu em 1% entre 1999 e 2010. Alan Downey, chefe da área de setor público da KPMG, observa que, se a produtividade do setor público tivesse aumentado nas mesmas taxas de crescimento da produtividade do setor privado, o governo britânico poderia prestar os mesmos serviços por £60 bilhões a menos — soma quase exatamente equivalente ao déficit estrutural.[3]

Os países nórdicos fornecem fortes evidências de que é possível conter o governo e melhorar o desempenho. St. Göran's é modelo de melhoria de serviços e aumento da produtividade. A questão é: até que ponto é possível chegar? Os pessimistas contestam com todo tipo de objeções. Decerto os países nórdicos são pequenos demais — a população total é de apenas 26 milhões. Decerto eles começaram com enorme setor estatal, o que facilita em muito os cortes e economias. No final das contas, argumentam, não há como contornar a doença de Baumol e o rápido envelhecimento da sociedade.

Nosso argumento é exatamente o oposto: os nórdicos estão apenas começando. No século XX, a tecnologia tendia a concentrar o poder e a superdimensionar a administração. No século XXI, as pressões se exercerão cada vez mais no sentido oposto. A tecnologia não só encolherá o governo como o tornará melhor. No século XX, as reformas rumo ao bom governo foram desfeitas reiteradamente por interesses específicos. No século XXI, fica mais fácil para que os partidários da melhoria do governo somem forças em nome de interesses comuns. Isso não significa que o Estado esteja fadado a tornar-se mais esbelto. A principal alegação deste capítulo, porém, é de que isso é ao menos possível.

Revogação da lei de Baumol?

O argumento central de William Baumol era de que os mecanismos que impulsionavam a produtividade do setor manufatureiro não se estendiam ao setor de serviços. Ainda bem que, como se constata por evidências crescentes, o que ele considerava "doença" é, de fato, consequência da defasagem tecnológica. A revolução digital já transformou grandes áreas do setor de serviços, como o varejo, e do setor intelectual, como o jornalismo e a publicação de livros. Em breve, transformará a educação e a medicina, aplicando técnicas semelhantes de redução do trabalho.

O exemplo preferido de Baumol, aquele do quarteto de cordas, na verdade demonstra cada vez mais o oposto: que o preço dos serviços de primeira classe está caindo drasticamente. Talvez ainda precisem de quatro pessoas para fazer uma apresentação ao vivo de um quarteto de cordas de Beethoven. A diferença na qualidade de som entre uma apresentação ao vivo e uma gravação em meio digital, porém, está diminuindo. E o acesso a gravações de primeira classe está ficando muito mais barato. Com um tocador de MP3 e uma assinatura de dez dólares por mês na Spotify é possível não só ouvir um quarteto de cordas sem as tosses e bulícios de uma sala de concertos, mas também qualquer gravação de Beethoven, quando e onde for mais conveniente, para não falar na ampla variedade de intérpretes. Basicamente, é possível ouvir tudo que a humanidade já gravou.

Isso também se aplica ao governo. Atualmente, há como reverter o efeito de Baumol. Note, por exemplo, o que ocorre com a figura do grande professor ou palestrante. Até recentemente, a produtividade da educação realmente era limitada pelo tamanho do público. Agora, a tecnologia está mudando esse conceito. Por que pagar milhares de dólares por ano para frequentar uma faculdade com professores de segunda classe se é possível assistir de graça a um vídeo de um superastro global? Nos Estados Unidos, um décimo dos estudantes universitários estudam exclusivamente on-line e um quarto complementam aulas presenciais com ensino a distância. Na Universidade de Harvard, os alunos organizam espontaneamente grupos de estudos para assistir a palestras do TED Talks e depois debatê-las. As principais instituições de ensino superior, como o MIT, Stanford e a Universidade da Califórnia, em Berkeley, já estão postando on-line as aulas e os materiais de seus cursos. A Universidade do Povo oferece educação superior gratuita (fora os custos de poucas centenas de dólares com o processamento de matrículas e marcação de exames). A Measurement Incorporated desenvolveu uma tecnologia que possibilita que computadores avaliem trabalhos escritos de alunos, incluindo ensaios.[4]

Em geral, superestima-se a capacidade da tecnologia de transformar a educação. Thomas Edison previu que o cinema substituiria as aulas. Houve uma época em que os cursos por correspondência eram considerados o futuro: em 1919, cerca de setenta universidades americanas estavam tão preocupadas com a concorrência que chegaram a constituir as próprias versões. Alguns experimentos foram bem-sucedidos, como a Open University inglesa, que usava a televisão, mas esses sucessos não mudaram a natureza da educação. Há sinais, porém, de que agora a educação está ficando interativa, revolução que não se restringe à educação superior.

As novas tecnologias propiciam métodos de ensino mais eficientes. Os professores podem inverter a lógica da aula gravando o feijão com arroz para que os alunos estudem o básico das matérias em casa e utilizando o espaço da sala de aula para orientações personalizadas. Os recursos disponíveis hoje possibilitam até mesmo aulas particulares gratuitas. Em 2004, Salman Khan produziu uma série de vídeos e postou no YouTube para ajudar sua família estendida. Os vídeos logo atraíram milhões de fãs (inclusive Bill e Melinda Gates, que utilizaram os vídeos para educar seus próprios filhos). Kahn é excelente professor e é possível interromper e retroceder caso se queira repetir algum trecho ou mesmo toda a aula. Hoje, a Khan Academy atende a mais de 4 milhões de estudantes por mês, desde filhos de bilionários até filhos de trabalhadores, e oferece mais de 3 mil aulas, desde aritmética simples até cálculo e finanças.

Observando o setor público vemos oportunidades semelhantes começando a surgir em todos os lugares, graças à tecnologia. Em quase todos os casos, o processo é basicamente o mesmo. A tecnologia pode tornar os trabalhadores mais produtivos, pode difundir informações permitindo que as pessoas avaliem a qualidade das escolas e hospitais e pode empoderar os cidadãos comuns. A tecnologia facilita que pessoas comuns se unam para resolver problemas coletivos, em geral contornando o governo. O compartilhamento do automóvel é uma maneira de reduzir o congestionamento do transporte público. O pedágio urbano é uma modalidade de cobrança pelo uso de bens públicos. De fato existem inúmeras oportunidades no setor público.

Sem muito alarde, a prestação de serviços no setor público se tornou muito mais eficiente do que era antes. A principal razão da existência do Estado, de acordo com Hobbes, era garantir a lei e a ordem. Mesmo os mais rigorosos radicais filosóficos achavam que o Estado deveria proteger as pessoas contra o crime. O que mais faz um vigia noturno? Tradicionalmente, o exercício dessa função é uma das atividades mais trabalhosas do Estado. Também é a área em que os conservadores não são tão severos na exigência de Estado enxuto e de governo pequeno. Ao contrário: os conservadores são os primeiros a advertir para os perigos do crime organizado e a demandar mais policiais nas ruas. Mesmo Margaret Thatcher recuou diante dos sindicatos de policiais. Esse foi o campo que Don Novey explorou com brilhantismo na Califórnia.

Nos países desenvolvidos, entretanto, a criminalidade tem diminuído drasticamente desde meados dos anos 1990 (o início da tendência varia entre os países). Na Inglaterra e no País de Gales, 86 mil carros foram roubados em 2012. O número em 1997 era 400 mil. Houve 69 roubos a instituições financeiras e a agências postais em 2012. Na década de 1990, a média era de quinhentos por ano. A ocorrência de crimes violentos nos Estados Unidos caiu 32% no país como um todo e 64% nas grandes cidades.[5]

A causa disso? Muita gente da direita alegaria sentenças judiciais mais duras. Esse argumento, porém, realmente não se sustenta. A criminalidade caiu também em lugares que não mais trancafiam os delinquentes. Uma explicação mais plausível é o declínio da oferta de criminosos: os crimes, na maioria, são cometidos por jovens, e a quantidade de jovens está diminuindo. A principal razão, contudo, parece ser a melhoria da nossa capacidade de evitar crimes, o que tem muito menos a ver com policiais nas ruas do que com o uso de tecnologias inteligentes.

Algumas dessas tecnologias têm sido usadas pela polícia. Computadores são usados para mapear redutos de criminalidade e distribuir melhor a força policial. Em algumas partes de Manhattan, esses recursos ajudaram a reduzir os roubos e furtos em mais de 95%.[6] Cada vez mais se usam câmeras de segurança (ubíquas na Inglaterra e cada vez mais comuns em todos os lugares) para vigiar o público e recursos de localização de telefones móveis para rastrear suspeitos. A polícia dispõe de bancos de dados de DNA, acessíveis por computador, para identificar criminosos. A principal razão para a queda da criminalidade, porém, é que a tecnologia está oferecendo ao público em geral mais recursos para combate ao crime. Dispositivos inteligentes tornam-se cada vez mais baratos. Mesmo pequenos shopping centers e lojas de varejo investem em câmeras de segurança e em etiquetas eletrônicas. Os alarmes são onipresentes. Os furtos de automóveis estão ficando difíceis por conta dos recursos de travamento central e de imobilização dos veículos. Também os bancos tornaram-se menos vulneráveis em consequência das telas blindadas e do dinheiro marcado.

É possível até que a tecnologia substitua o trabalho humano em outra grande função do Estado, segundo Hobbes: guerrear. Drones armados são capazes de atingir alvos valiosos. Robôs podem lutar em campos de batalha ao lado de soldados humanos — ou, talvez, substituí-los totalmente. Microdrones já têm condições de exercer funções de inteligência por meio de câmeras de vigilância ou de sensores de armas químicas ou biológicas. Veículos terrestres não tripulados são capazes de localizar explosivos. Robôs não só evitam que humanos se exponham a situações de risco, mas também fazem o que é impossível para seres vivos, como sair incólume de explosões ou passar longos períodos sem alimento ou água. O Exército dos Estados Unidos tem nada menos que 12 mil robôs atuando junto às tropas regulares, inclusive "insetos" minúsculos que executam missões de reconhecimento e "cães" gigantescos que apavoram os inimigos. O Pentágono também está desenvolvendo Robôs Táticos com Autonomia Energética (Energetically Autonomous Tactical Robot — EATR), que se abastecem de qualquer biomassa disponível. Os robôs invadirão cada vez mais outras áreas do setor público — criando condições para reduções radicais de custos e melhoria da eficiência.

O futuro é cinza, não vermelho

Mas será que qualquer ganho resultante do combate à doença de Baumol não seria eliminado pelos efeitos perniciosos das tendências demográficas em curso? Em 2030, 22% da população dos países da OCDE, o clube dos ricos, terá 65 anos ou mais, quase o dobro da proporção de 1990. A China chegará à mesma situação apenas seis anos depois. A sociedade envelhecida soterrará o Estado de duas maneiras: primeiro, os custos dos direitos sociais, como aposentadoria e pensões, aumentarão desmesuradamente e o alastramento de doenças crônicas representará um ônus ainda maior sobre a parte menos eficiente do setor público — a assistência médica. Os países nórdicos mostram que essa conjuntura não precisa ser tão desastrosa quanto parece.

Seria irreal esperar que os custos com assistência médica não fossem pressionados pelo envelhecimento da sociedade. Essa talvez seja a área da economia com mais dificuldade para reverter os efeitos da doença de Baumol. Difícil, porém, não significa impossível. No próximo capítulo, veremos as possíveis contribuições da tecnologia para a redução de custos da assistência médica. Talvez uma revolução esteja em andamento e boa parte da assistência médica possa ser feita por não médicos: enfermeiras, pacientes e até mesmo por máquinas. Seja como for, exemplos como o do St. Göran's provam que é possível prestar assistência médica com mais eficiência sem tantos acréscimos. Os suecos estão muito à frente em duas áreas. Uma são os controles hospitalares, mostrando a eficácia com que cada parte do sistema trata diferentes enfermidades. A outra é a pequena taxa cobrada por todos os hospitais a cada paciente: essa cobrança não é muito onerosa, mas evita o abuso do Estado de bem-estar social ilimitado a que se refere Lee Kuan Yew.

Para alguns puristas da esquerda, isso seria o descumprimento da grande promessa de instituições como o National Health Service, que deveriam permanecer eternamente gratuitas para todos. Os suecos são muito mais práticos. A promessa foi feita quando a assistência médica era muito mais básica. Não é do interesse das sociedades o uso excessivo dos hospitais. Restringindo-se um pouco os benefícios, é possível mantê-los acessíveis a todos.

Os nórdicos agiram da mesma maneira em relação aos direitos sociais. Em 1998, os suecos adotaram uma nova e radical abordagem diante do financiamento de pensões e aposentadorias a fim de evitar a falência do sistema sem recorrer a grandes aumentos de impostos. Para tanto, reformaram o sistema trocando a lógica do benefício definido pela de contribuição definida. Também introduziram certa dose de privatização ao permitirem que os suecos destinassem parte de suas contribuições sociais a sistemas privados. Hoje, mais da metade da população em algum momento opta espontaneamente por participar da previdência privada (o dinheiro dos que preferiram não aderir à previdência privada se destina diretamente a um fundo de investimento dirigido pelo Estado). Além disso, os suecos aumentaram a idade de aposentadoria para 67 anos e introduziram um mecanismo automático que eleva esse mínimo conforme a expectativa de vida sobe. Implantaram ainda um mecanismo de suspensão que reduz o valor das pensões quando a economia entra em recessão e não tem condição de cobri-las.

Tudo isso foi alcançado com base em consenso interpartidário. Os suecos reconheceram que a "casa do povo" só poderia sobreviver se gerenciassem com responsabilidade suas finanças domésticas. E eles continuam trabalhando para resolver os problemas coletivos. O governo constituiu uma "Comissão para o Futuro" que está tentando manejar as implicações de uma sociedade em envelhecimento. No mesmo momento em que François Hollande, em um dos mais irresponsáveis exercícios de populismo dos últimos anos, restabeleceu a idade de aposentadoria de sessenta anos na França, Fredrik Reinfeldt, primeiro-ministro sueco, admitiu que os suecos teriam de trabalhar até os 75 anos.

Outros países sensatos estão agindo da mesma maneira: a Inglaterra aumentou a idade de aposentadoria para 68 anos, os Estados Unidos estão mudando para 67 anos, com possibilidade de novas mudanças caso a situação se altere. A postergação da aposentadoria gera três benefícios: reduz os desembolsos ao diminuir os gastos públicos com pensões; aumenta os recebimentos ao prolongar o tempo de contribuição dos trabalhadores; e impulsiona a capacidade produtiva da economia como um todo. A principal razão para a aposentadoria era o desgaste do corpo humano em consequência da labuta física, cortando madeira e bombeando água. Hoje, porém, as pessoas vivem mais, com uma saúde melhor. O Urban Institute estima que 46% dos empregos nos Estados Unidos praticamente não exigem esforço físico dos trabalhadores.[7] E surgem cada vez mais evidências de que pessoas mais velhas têm muito a contribuir: estudos indicam que o empreendedorismo atinge seu auge entre 55 e 64 anos.[8] Ray Kroc estava na faixa dos cinquenta anos quando começou a desenvolver o sistema de franquias do McDonald's. O Coronel Harland Sanders já tinha mais de sessenta anos quando criou a cadeia de lojas Kentucky Fried Chicken. Quarenta anos atrás, supunha-se que os roqueiros desapareceriam antes de ficarem velhos. Apesar de toda uma vida de prognósticos sombrios e de queixas amargas sobre "dores nos lugares onde costumava tocar", Leonard Cohen passou seu 75º aniversário no palco, em Barcelona.

Preservando e comendo o bolo

Mais do que a maioria das grandes questões de hoje, o debate sobre o Estado pressupõe um mundo de soma zero: a esquerda sempre argumenta que "reduzir" o governo prejudicará os pobres, enquanto a direita sustenta que expandir os serviços de bem-estar comprometerá a economia. Muitas são, porém, as maneiras gratuitas de melhorar o Estado. Eliminar os subsídios à agricultura é uma das mais simples: a revogação dos equivalentes modernos à Lei do Milho geraria ganhos imediatos ao reduzir o gasto público e aumentar o potencial de crescimento da economia. Os liberais vitorianos fizeram do combate à "Velha Corrupção" uma prioridade. Hoje, combater a corrupção seria outra forma de reduzir o tamanho do governo sem prejudicar os serviços básicos. O que já foi feito nesse sentido não deixa de ser surpreendente. No começo da década de 1990, o suborno era considerado um fato da vida, custo inevitável de fazer negócios em alguns países. Não havia leis internacionais com o objetivo específico de extirpar a corrupção e nenhuma organização da sociedade civil se destinava a combatê-la. A Alemanha até permitia que as empresas deduzissem os subornos pagos em outros países na apuração do imposto de renda, enquanto a França e a Inglaterra agiam da mesma maneira, só que com um pouco mais de sutileza. Desde então, as leis se tornaram mais rigorosas, com vários países adotando medidas de combate à corrupção. Trinta e oito países já assinaram a convenção anticorrupção da OCDE, de 1997, e não são poucas as grandes empresas condenadas por essas práticas. Entre elas, está a Siemens, da Alemanha, e a BAE Systems, da Inglaterra. A tecnologia também fez com que organizações como a Transparência Internacional conseguissem chamar atenção para casos de suborno mais facilmente.

Ninguém seria ingênuo a ponto de dizer que a corrupção foi derrotada. Na Rússia e na China o que vem acontecendo é uma "erupção da corrupção" desde que esses países aderiram à economia capitalista global, como disse Moisés Naím. O fato inequívoco, porém, é que em muitos Estados ocidentais o suborno já não é tolerado como antes. O exemplo da corrupção é evidência convincente contra a ideia de que a única maneira de fechar as contas é sacrificar os pobres. Há alternativas.

Essa também é a lição mais ampla da Suécia. O modelo nórdico não é mais perfeito que o de Cingapura. Em 2010, a Suécia foi surpreendida por um escândalo sobre um asilo de idosos dirigido por uma empresa de private equity. A imprensa se encheu de artigos sobre como os velhos eram internados em "casas da morte" enquanto os executivos da gestora ocultavam o dinheiro ilícito nas Ilhas do Canal. Ainda se sente forte nostalgia pelo velho mundo da solidariedade social e do igualitarismo orgulhoso. Talvez se promulguem mais leis. Os suecos, porém, não retrocederão a um sistema em que o Estado lhes dizia em que escola matricular seus filhos. E tampouco o governo sueco abrirá mão do dinheiro e da expertise do setor privado.

Quaisquer que sejam suas falhas, o sistema sueco de fato representa um aprimoramento muito bem-sucedido do velho caminho do meio. A Suécia continua a agir como país "socialista", uma vez que oferece de graça bens públicos como saúde e educação, mas recorre a métodos capitalistas de competição para garantir que esses bens públicos sejam fornecidos da melhor maneira possível.

Tanto a Suécia quanto Cingapura demonstram algo além de qualquer dúvida: é possível enxugar e melhorar os governos. As advertências sombrias de William Baumol e de outros economistas são deslocadas: não há motivo para presumir que a reforma do governo seja um empreendimento fadado ao fracasso. Não é jogo de soma zero. Mas o que os reformadores devem fazer para seguir adiante? Há duas respostas para essa pergunta. A primeira é prática: todos, da esquerda ou da direita, podem contribuir para a melhoria dos governos. A segunda é ideológica: as pessoas precisam se questionar sobre o que elas esperam do governo. Nossos próximos dois capítulos examinarão como essa revolução prosseguirá nessas duas frentes.

8
Consertando o Leviatã

EM 1930, A GENERAL MOTORS ERA A EMPRESA MAIS ADMIRADA do mundo: obra-prima de descentralização centralizada. Alfred Sloan, executivo-chefe da empresa, sentava-se no ápice de uma pirâmide de gestores que tudo supervisionavam, desde a compra de matérias-primas até a administração de financiamentos para a compra de automóveis. Ao mesmo tempo, porém, as várias divisões da empresa tinham muita liberdade operacional para a produção de carros adequados a "todos os bolsos e propósitos": Cadillac para os ricos, Oldsmobile a quem desejava conforto e discrição, Buick para os emergentes e assim por diante. O Silencioso Sloan, como era conhecido, entendia muito melhor que seu ruidoso rival, Henry Ford, que a fonte da vantagem competitiva era mudar da venda do primeiro carro para a venda do carro seguinte e de uma grande ideia revolucionária (a dinamização da produção) para outra grande ideia diruptiva (a melhoria implacável de todo o processo). Sloan gostava de se gabar dizendo que sua profissão era gerir as coisas.

Hoje, muitas são as concorrentes ao título de empresa mais admirada do mundo, mas a Google ocuparia lugar de destaque em qualquer lista. Para Sloan, a sede da Google, em Mountain View, Califórnia, mais pareceria um jardim de infância que um escritório, com suas cores primárias, mesas de pingue-pongue e cubículos para sonecas. Nada há de jardim de infância, contudo, no sucesso da empresa: a Google germinou do palpite inspirado de dois alunos de Stanford, em 1998, e transmutou-se em um Googlezilla que controla 80% de todas as buscas on-line, domina a publicidade on-line e que até promete revolucionar o velho negócio de Sloan ao inventar o carro sem motorista. Apenas 1% dos candidatos a emprego na empresa são escolhidos. Trabalha-se lá muito mais horas que os velhos GMers (que, para desgosto de Sloan, não recusavam almoços com três martínis nem relaxantes partidas de golfe). Para manter seus funcionários no trabalho, a Google lhes proporciona tudo que possam precisar, de lavagem de roupas até ônibus equipados com wi-fi, passando por massagistas e fisioterapeutas.

Desde os tempos de Sloan, as empresas reformularam quase todas as grandes ideias sobre gestão. Substituíram hierarquias rígidas por redes fluidas. Passaram a subcontratar grande parte das atividades, exceto funções centrais. Os conglomerados dispersos estão ultrapassados, o que vale agora são as especialistas focadas. A colaboração é fundamental mesmo em funções centrais como a inovação: a Procter & Gamble, que costumava ser uma empresa autossuficiente, assim como a GM, hoje tira mais de metade de suas ideias para novos projetos de pessoas de fora da empresa. Acima de tudo, as empresas estão em constante movimento, repensando o que fazem e, em seguida, repensando e repensando de novo. Não faz tanto tempo que Nokia e AOL eram as empresas do futuro e que Kodak era sinônimo de fotografia. Dez anos atrás, não havia Facebook e o Skype era uma start-up estoniana. Nos tempos de Sloan, os empregos eram vitalícios e a experiência era credencial. Sloan dirigiu a GM durante duas décadas. Nas últimas duas décadas, a permanência média de um CEO americano no cargo foi reduzida à metade, passando para cerca de cinco anos. Mais abaixo na cadeia de valor, as pessoas se movimentam com rapidez ainda maior: a média de permanência no emprego no setor de varejo americano (que hoje absorve muito mais gente que o setor de manufatura) é de aproximadamente três anos.[1] As novas empresas de alta tecnologia costumam empregar bem menos que suas predecessoras industriais. Cerca de 145 mil pessoas trabalhavam na Eastman Kodak, em seu apogeu.

Quando o Facebook pagou US$ 1 bilhão pelo Instagram, em abril de 2012, poucos meses depois da falência da Kodak, a empresa de compartilhamento de fotos tinha apenas dezoito meses de existência e empregava apenas treze pessoas.[2]

Três forças viraram o mundo empresarial de cabeça para baixo. A primeira se corporifica na própria Google: tecnologia. Foi preciso esperar 71 anos para que metade dos lares americanos tivesse um telefone; 52 anos para que tivesse eletricidade e trinta anos para que tivesse televisão. A internet alcançou mais da metade da população em apenas uma década.[3] A Google hoje faz experiências com conexões ultravelozes que operam com rapidez cem vezes superior à da banda larga comum.[4] A segunda força é a globalização. A GM de Sloan foi derrubada pelos japoneses, não pela Ford ou pela Chrysler. Mercados emergentes em rápido crescimento estão lançando empresas globais, como a chinesa Huawei, em telecomunicações. Até a África está saltando à frente do Ocidente, basta ver o Quênia com sua iniciativa de "dinheiro móvel" (uso de telefones celulares para fazer pagamentos). A terceira força é a escolha dos consumidores. O mundo de Henry Ford, em que se podia comprar um carro de qualquer cor, desde que fosse preto, foi substituído pelo arco-íris de escolhas. Empresas de TV a cabo oferecem centenas de canais. A Amazon disponibiliza uma seleção de milhões de livros e faz entregas on-line ou no dia seguinte. O "tamanho único" está sendo substituído pelo "mercado de variedades", como disse Chris Anderson.[5] O cliente é antes tirano do que rei.

Tudo isso tornou a arte da gestão ainda mais importante. Apesar de todos os modismos, as técnicas de gestão contribuem em muito para a produtividade. Nada ilustra isso melhor do que a General Motors: Detroit tropeçou na década de 1970 porque empresas automobilísticas japonesas como a Toyota adotaram um conceito de gestão americano, a produção enxuta. Os americanos só se recuperaram quando reaprenderam a produção enxuta com seus rivais japoneses. Ainda hoje, quando empresas se observam umas às outras como gaviões, a gestão pode fazer grande diferença. Dois economistas, Nick Bloom, de Stanford, e John van Reenen, da London School of Economics, demonstraram que as empresas mais propensas a adotar técnicas de gestão amplamente aceitas (como as que são lecionadas em escolas de negócios) superam o desempenho dos concorrentes.[6]

As quatro premissas terríveis

O problema do governo é ter atolado na era da GM de Sloan. Até quem está na barriga do monstro sabe disso. "Vivemos e operamos na Era da Informação", queixou-se certa vez Barack Obama, "mas a última grande reorganização do governo ocorreu na era da TV em preto e branco."[7] O problema central não é a falta de computadores nem de dinheiro, mas a incapacidade de recuperar-se. O setor público não se mexeu em consequência de quatro premissas que fariam todo o sentido nos tempos da GM de Sloan, não na era do Google.

A primeira é que as organizações devem fazer o máximo possível com recursos próprios, da mesma maneira que os fabricantes de automóveis outrora produziam o próprio aço. No extremo, a consequência é o Estado deter o monopólio de tudo que, de alguma maneira, teria algo a ver com o interesse público. Essa foi a versão que triunfou no bloco soviético e que, em grande parte, também lá se extinguiu. A versão mais branda, contudo — de que o Estado deve fazer o máximo possível com recursos próprios —, ainda prevalece. Isso impõe um custo enorme, além de institucionalizar lobbies poderosos como os sindicatos de professores (que se encontram no cerne do Estado de bem-estar social), expulsando organizações privadas e voluntárias do setor público.

A segunda premissa — a de que as decisões devem ser centralizadas — também remonta a meados do século XX, quando os governos centrais conceberam o projeto do Estado de bem-estar social. Nos Estados Unidos, o New Deal e a Grande Sociedade aumentaram o poder de Washington sobre os governos estaduais de tal maneira que Everett Dirksen, senador de Illinois, gracejou que em breve "os únicos interessados nas fronteiras estaduais serão as pessoas que imprimem os mapas".[8] Em certas ocasiões, a capacidade do Estado de centralizar o poder torna-se crucial: quando o país é atacado por um inimigo ou flagelado por grave crise isso sem dúvida é importante. No entanto, o espírito que ajudou Franklin Roosevelt a insuflar vida na economia americana ou que possibilitou a reconstrução francesa depois da Segunda Guerra Mundial não parece ser tão eficaz quando se trata de dirigir universidades ou proporcionar bem-estar.

A terceira premissa é a de que as instituições públicas devem ser tão uniformes quanto possível. Os burocratas padecem de apego profissional pela homogeneidade: exceções significam anomalias e anomalias acarretam confusão. Durante grande parte do século XX, essa propensão parecia compatível com os tempos. O sucesso da produção em massa convenceu pessoas tão diferentes quanto Beatrice Webb e Dwight Eisenhower de que o segredo da eficiência no governo consistia em transformar tudo em engrenagens de uma grande máquina. E o culto da igualdade sugeria que o dever do Estado era garantir que ninguém recebesse menos do que a fatia justa, fosse por má sorte ou preconceito de classe. Hoje, porém, essa ênfase na uniformidade parece obsoleta em um mundo de produção flexível e de escolha do consumidor.

Poucas coisas são mais uniformes no setor público que a força de trabalho. Ela é decerto diversificada quando se trata de raça e gênero, em geral por força de leis que o próprio setor público se impõe. A homogeneidade, no entanto, é deprimente quando se trata de contratos, atitudes e experiência. O setor público é dominado por indivíduos que se julgam detentores de emprego vitalício e que se consideram escandalosamente mal remunerados (ambas as suposições às vezes são verdadeiras). As promoções funcionais são associadas à idade. A via expressa, ou carreira rápida, é exceção, não regra. O setor privado, atualmente, é global: um terço das empresas britânicas hoje é dirigido por estrangeiros e já se passou mais de uma década desde que o campeonato inglês foi ganho por um técnico de futebol britânico. Mas os serviços públicos nacionais continuaram nacionais.

Em alguns países, a uniformidade se estende a toda a classe dirigente. Em teoria, a França é muito eficaz no remanejamento de pessoas entre os setores privado e público; mas, como na China, é sempre a mesma camarilha, mormente a mesma elite de *énarques* da École Nationale d'Administration, que é remanejada. Há uma fotografia maravilhosa da turma de formandos da ENA de 1980 em que aparecem quatro dos candidatos que concorreram à presidência, em 2012, incluindo o vencedor, François Hollande, assim como sua ex-companheira, Ségolène Royal, que foi a candidata socialista derrotada em 2007, além dos chefes da agência reguladora dos mercados financeiros, do enorme império de seguros AXA, e do Paris Métro.[9] Dos seiscentos e tantos altos dirigentes franceses, 46% são oriundos de *grandes écoles* como a ENA, de acordo com pesquisa de dois acadêmicos.[10]

A última premissa é de que a mudança sempre piora a situação. Se o setor público tivesse um mote, seria "Nunca faça nada pela primeira vez". Os servidores públicos progridem seguindo as regras, abaixando a cabeça e prosseguindo com o espetáculo. No setor público, inovar é criar problema — em geral, a única coisa que pode resultar em demissão. Tentar mudar o sistema não raro tem consequências graves — como comissão parlamentar de inquérito ou campanha difamatória pelos tabloides. A grande sátira sobre o setor público, *Yes Minister*, é sobre resistência à mudança: Sir Humphrey, servidor público que é o personagem central do espetáculo, considera que sua missão seja impedir que o chefe presunçoso implemente ideias excêntricas: "sim" é sempre o prelúdio do "não". Tony Blair se queixou de que os servidores públicos "estão mais impregnados pelo conceito de que 'se sempre foi feito assim deve continuar sendo feito assim' que qualquer outro grupo de pessoas que já conheci".

Essas considerações ajudam a explicar a enorme variação no desempenho. No setor privado, na era da Google, copiam-se novas tecnologias e ideias em questão de meses. No setor público, são espantosas as diferenças entre os níveis de desempenho de diferentes sistemas. A McKinsey calculou que alguns países ocidentais gastam 30% a mais que o custo médio para formar um estudante universitário sem qualquer ganho de qualidade enquanto outros gastam 70% a menos sem qualquer perda de qualidade. Essa variação não ocorre apenas entre países, mas dentro do mesmo país. A McKinsey estima que as diferenças de desempenho na educação entre os estados americanos com baixo desempenho e aqueles com desempenho mediano custam ao país US$ 700 bilhões, ou 5% do PIB.[11] Sir John Oldham, especialista em produtividade da assistência médica, aponta duas áreas adjacentes e semelhantes no sul da Inglaterra, onde as "internações não programadas" em hospitais (ou seja, o tipo mais dispendioso) variam por um fator de oito. Ele também observa que a diferença no número de indicações de hospitais por médicos da mesma especialidade é da ordem de treze. Simplesmente reduzir os custos dos hospitais mais perdulários para a média de todo o NHS proporcionaria economias muito próximas dos £15 bilhões, ou seja, a meta proposta pelo governo de coalizão para os próximos cinco anos.

Longe de fechar essas lacunas, não faltam evidências de que os governos estão ficando ainda mais morosos. Os Estados Unidos precisaram de quatro anos para construir a Golden Gate Bridge, iniciada em 1933, e quinze anos para desenvolver grande parte do Sistema Interestadual de Rodovias, iniciado em 1956. Conforme observa Philip Howard, um projeto para criar um Parque Eólico perto de Cape Cod já está em exame há uma década, sendo estudado por dezessete órgãos, e é muito possível que continue em exame por mais uma década, enquanto dezoito ações judiciais serpenteiam pelos tribunais.[12] Um dos motivos de tanta lerdeza é que os governos destinam cada vez mais recursos ao cumprimento de obrigações herdadas do que a investimentos no futuro. O índice Steuerle-Roeper de democracia fiscal nos Estados Unidos mede a porcentagem da receita disponível para gastos discricionários (ou seja, que já não estão alocados em programas como a previdência social e o Medicare). A porcentagem caiu de quase 70%, em 1962, para cerca de 10%, em 2012 — e a linha se inclina cada vez mais para baixo.

É de fato complicado

Falando assim talvez pareça que aumentar a eficiência do governo seja simplesmente questão de vontade: basta convocar alguns gestores da Google e tudo se resolverá. Resta, porém, uma última razão pela qual o setor público continua meio século atrás do setor privado: a reforma do governo é, de fato, extremamente difícil — muito mais difícil que os ajustes no setor privado.

A participação de pessoas de negócios no governo é muito baixa. E assim é porque, em geral, bons gestores preferem cuidar de seus próprios negócios, o que quase sempre lhes oferece retornos mais altos. Os italianos votaram repetidamente em Silvio Berlusconi na esperança de que ele usasse suas qualificações como empresário para reativar uma economia esclerosada. Bem, *si monumentum requiris, circumspice* ["Se procura o monumento, olhe ao redor", diz o epitáfio de Sir Christopher Wren na Catedral de São Paulo, em Londres, da qual ele foi arquiteto]. Berlusconi foi primeiro-ministro da Itália por oito dos dez anos entre 2001 e 2011. Nesse intervalo, o PIB per capita da Itália caiu 4%,[13] o pior desempenho do mundo, exceto Haiti e Zimbábue, e tanto a dívida pública quanto a carga tributária aumentaram como proporção da economia. Enquanto isso, o velho devasso e cobiçoso ainda conseguiu escapar da cadeia.

Outro guru da mídia, Michael Bloomberg, em contraste, fez um governo adequado. Foi reeleito duas vezes como prefeito de Nova York e conquistou níveis de popularidade espantosos. Ele não hesita em afirmar, porém, que não tinha ideia de como dirigir uma cidade era diferente de gerir uma empresa:

> As pessoas têm outras motivações e você enfrenta uma imprensa muito mais intrusiva. Não se pode oferecer remuneração adequada aos bons profissionais... Nas empresas, você experimenta e apoia projetos que dão certo. As melhores oportunidades recebem mais recursos e seguem adiante; as menos promissoras fenecem. No governo, projetos questionáveis recebem toda a atenção, pois são apoiados por defensores mais ferozes.

Quase tudo é mais difícil no governo. Como magnata da mídia, Bloomberg sabia quantos terminais uma empresa japonesa tinha vendido. Como avaliar, porém, o que um professor faz em sala de aula? Em especial, como medir a fagulha de genialidade que torna alguém realmente excepcional? Muita gente é capaz de lembrar dos professores que lhes deixaram marcas profundas. Outras tantas se recordam de professores enfadonhos e preguiçosos. Como desenvolver, contudo, um sistema de avaliação que puna esses últimos e estimule os primeiros? Professores excepcionais em geral transgridem todas as normas para produzir resultados, razão por que qualquer sistema que os obrigue a seguir fórmulas predeterminadas provavelmente será destrutivo. Isso não é desculpa para desistir das avaliações: muitas são as áreas do setor privado em que é difícil medir a produtividade, como no jornalismo. Precisamos reconhecer, contudo, que a obscuridade é um problema significativo em grande parte do setor público.

Também há importantes razões filosóficas para que os governos sejam menos eficientes. A administração pública é muito diferente da gestão de negócios — e os cidadãos são criaturas muito diferentes dos clientes. Os governos não podem descartar cidadãos difíceis da maneira como as empresas alijam clientes difíceis. As autoridades públicas são obrigadas a impedir que os cidadãos pratiquem certos atos ilícitos, como construir um arranha-céu nos fundos de casa, pois precisam compatibilizar os desejos de cada um com os desejos coletivos. Também têm o dever funcional de obrigar-nos a fazer o que talvez não queiramos fazer, como usar cintos de segurança ou até servir em guerras. Os governos não têm escolha em relação a muitas de suas funções. Precisam manter a continuidade como prioridade absoluta: não dá para simplesmente parar de garantir a segurança das fronteiras durante algumas semanas. Tampouco podem aplicar um conjunto de regras a determinados cidadãos e outro conjunto de regras a outros cidadãos, por simples capricho.

E até a lentidão do governo nem sempre é ruim — por exemplo, quando posterga e debate a entrada em uma guerra ou a condenação de um suspeito sem provas inequívocas. James Q. Wilson talvez esteja incorrendo em hipérbole ao afirmar, quanto ao governo americano, "que não é hipérbole dizer que a ordem constitucional se pauta pela intenção de tornar o governo 'ineficiente'".[14] Mas ele está certo ao argumentar que os cidadãos deliberadamente restringiram a liberdade de ação do governo para impedi-lo de atropelar os anseios e preferências do povo. Joseph Nye afirma que os americanos na verdade não querem um Estado eficaz: "Há algo de especial no governo, que é o poder coercitivo. Portanto, é essencial preservar certo ceticismo saudável em relação aos governantes".[15]

Por que desta vez pode ser diferente

Já houve em décadas recentes várias tentativas de consertar o governo. George W. Bush alegava ter uma "agenda de gestão" baseada na leitura de Peter Drucker. Al Gore tinha um plano para "reinventar o governo". Ronald Reagan constituiu a Grace Commission para reduzir os desperdícios do governo. Jimmy Carter preconizava o governo enxuto. Esses planos, invariavelmente, não deram em nada ou perderam o gás. Sendo assim, por que achamos que o setor público está à beira de uma mudança radical? Por que, depois de tantas decepções, desta vez seria diferente?

A razão mais óbvia é a crise fiscal: em toda parte, vários governos estão ficando sem dinheiro, assim como ocorreu com os suecos, duas décadas atrás. A outra razão também remonta aos nórdicos: o governo poderia ser muito mais eficaz.

Não falta espaço para melhorias de eficiência. Vários governos conseguiram aparar o Estado sem ideias grandiosas. Simplesmente fecharam a torneira: foi como o Canadá agiu há dez anos, e, apesar de toda a retórica sobre a Grande Sociedade, foi, basicamente, o que fez o governo de David Cameron, na Inglaterra. Depois dos cortes orçamentários, os órgãos colegiados locais de repente descobriram que poderiam compartilhar recursos sem chamar muito a atenção do público. Os "cortes" que tanto preocupam os sindicatos do setor público na Europa são diminutos em comparação às amputações que ocorrem com regularidade nos setores privado e de voluntariado. (Um de nós participou de um jantar em Paris em que um grupo de empresários franceses ouviu com cortesia um político que se queixava do fato de seu departamento ter sido obrigado a reduzir os custos em 5%, em termos reais. Até que um empresário atalhou, dizendo que tinha cortado um quinto de seus custos em pouco mais de dois anos — e não foi, acrescentou em tom cáustico, apenas em termos reais. O político se calou.) Não precisa ser um gênio dos negócios para concluir que contratar 55 empresas autônomas para desenvolver o healthcare.gov, site oficial do Obamacare, não era boa ideia.[16] E cobrar dos sonegadores as dívidas tributárias, com todos os acréscimos legais, e fazer melhor uso do poder de compra do governo são apenas questões de bom senso. Por exemplo, o National Audit Office, da Inglaterra, afirma que o NHS poderia economizar £500 milhões, ou bem mais de US$ 800 milhões, por ano, consolidando seu poder de compra: não há necessidade de diferentes hospitais comprarem 21 tipos de papel A4 e 652 variedades de luvas cirúrgicas.

Mesmo assim, melhorar a compra de papel A4 e de luvas cirúrgicas seria apenas parte da solução. Os reformadores sérios também precisam mudar tanto *o que* o Estado tenta fazer quanto *como* o faz. No próximo capítulo, analisaremos questões filosóficas profundas sobre o que acreditamos serem as funções do Estado. Neste capítulo, veremos se o Estado pode fazer melhor o que já faz. E as coisas, finalmente, estão começando a mudar. A globalização e a tecnologia, forças que transformaram o setor privado, também já estão revolucionando o setor público ao difundirem versões mais eficientes do governo. Para mostrar como essa metamorfose está acontecendo, focaremos na parte do Leviatã que mais se associa ao governo inepto e que tem mais chances de levá-lo à falência: a assistência médica.

A perspectiva de ter cada vez mais doentes exigindo cada vez mais assistência médica assusta governos em todos os lugares. Cerca de metade dos adultos americanos já enfrenta condições patológicas crônicas como diabetes ou hipertensão e, à medida que o mundo enriquece, também se alastram as doenças dos ricos. As mudanças na assistência médica, contudo, são lentas. Enquanto a produtividade geral de trabalho nos Estados Unidos aumentou a uma média anual de 1,8%, nas últimas duas décadas, os números referentes à assistência médica caíram 0,6% ao ano, de acordo com Robert Kocher, da Brookings Institution, e Nikhil Sahni, que até recentemente era da Universidade de Harvard.[17] Além disso, poderosos grupos de pressão desfrutam de uma vida confortável por conta dos altos custos do modelo vigente. Cinco das sete maiores organizações de lobby em Washington D.C. são dirigidas por médicos, seguradoras ou empresas farmacêuticas.

A essência da matéria

Uma das coisas mais impressionantes na comparação entre a moderna governança pública e a moderna gestão de empresas é como a governança pública pode ser paroquial. A globalização domina o mundo empresarial: os gestores estão sempre aprendendo uns com os outros. Já os governantes tendem a ajustar-se em fases — fabianismo antes e depois da Primeira Guerra Mundial, privatização na década de 1980. Surge agora outro surto de ideias, algumas das mais interessantes delas vindas de lugares inusitados.

Da mesma forma que Detroit ridicularizava os minúsculos carros japoneses, os médicos americanos associam os hospitais indianos a atraso e sujeira. O governo indiano gastou somente 1% do PIB com assistência médica em 2012. A Índia sofre de uma carência crônica de profissionais de saúde: são apenas 1,6 médico, enfermeiro e parteiro para cada mil pessoas, abaixo dos 2,5 recomendados pela Organização Mundial da Saúde, para não falar na dúzia que é o padrão nos Estados Unidos e na Inglaterra. A mortalidade infantil na Índia é três vezes mais alta que na China e sete vezes mais alta que nos Estados Unidos. Quando se trata, porém, de repensar a assistência médica, a Índia é um dos lugares mais inovadores do mundo, conforme demonstra Devy Shetty, empreendedor que construiu do nada uma cadeia de hospitais. Shetty é um nome que os cirurgiões americanos talvez se lembrem algum dia, da mesma maneira que os engenheiros americanos ainda se recordam de Kiichiro Toyoda.

Shetty é o mais celebrado cirurgião cardíaco da Índia, famoso por ter realizado a primeira cirurgia cardíaca neonatal em um bebê de nove dias e por incluir Madre Teresa entre seus pacientes. Sua maior proeza, contudo, foi ter aplicado os princípios gerenciais de Henry Ford à assistência médica. A nau capitânia de Shetty, o Hospital Narayana Hrudayalaya, em Bangalore, capital tecnológica da Índia, tem mil leitos, em comparação com 160 leitos, em média, nos hospitais do coração dos Estados Unidos. Shetty e sua equipe de mais de quarenta cardiologistas executam cerca de seiscentas operações por semana, em verdadeira linha de produção cirúrgica: nenhum hospital ocidental chega perto disso. Como Henry Ford, a quem cita reiteradamente como fonte de inspiração, Shetty sustenta que escala e especialização podem contribuir radicalmente para a redução de custos e para a melhoria da qualidade. O número de pacientes em si propicia que os cirurgiões da equipe desenvolvam expertise de primeira classe em determinados procedimentos, enquanto as generosas instalações de apoio permitem que se concentrem em suas respectivas especialidades, em vez de perder tempo com questões acessórias. Os cirurgiões de lá executam, em média, de quatrocentas a seiscentas operações por ano. Nos Estados Unidos, esse número fica entre cem e duzentas. O próprio Shetty já realizou mais de 15 mil cirurgias cardíacas. Os pacientes mais ricos pagam preços mais altos para que os mais pobres não paguem nada; os custos são muito menores, porém, em consequência da escala. O hospital pode executar cirurgias cardíacas por US$ 2 mil, em comparação com US$ 100 mil nos Estados Unidos. As taxas de êxito, contudo, são tão boas quanto nos melhores hospitais americanos. E Shetty está ampliando o sistema para ainda mais indianos por meio de "clínicas sobre rodas" que percorrem hospitais rurais para diagnóstico de doenças cardíacas e através de esquemas de seguro-saúde, com vários grupos de autoajuda oferecendo cobertura a 2,5 milhões de pessoas mediante pagamento de onze centavos de dólar por mês. Um terço dos pacientes de Shetty vem daí. Apesar de atender a tantos pobres praticamente de graça, o empreendimento gera bons lucros.

O império de Shetty está em expansão. O grupo construiu outros três hospitais perto da clínica cardíaca (um centro de traumas; um hospital do câncer, com 1400 leitos; e um hospital de olhos, com trezentos leitos) que compartilham as instalações centrais, como laboratórios e bancos de sangue, para alcançar as almejadas economias de escala. Também está erguendo "cidades médicas" em outras partes da Índia. Shetty planeja aumentar o número de leitos à sua disposição em 30 mil nos próximos cinco anos, transformando Narayana no maior grupo hospitalar privado da Índia e garantindo mais poder de barganha nas negociações com os fornecedores, o que reduziria ainda mais os custos. Shetty, que recebeu treinamento no Guy's Hospital, em Londres, também pretende levar suas ideias para o exterior. Para tanto, estabeleceu canais de contato on-line com hospitais na Índia, África e Malásia para que seus cirurgiões possam orientar outros profissionais. Além disso, está construindo um hospital de 2 mil leitos nas Ilhas Cayman, que oferecerá aos americanos cirurgias cardíacas por menos da metade do que pagariam nos Estados Unidos.

Shetty pertence a um grupo de empreendedores indianos empenhado em aplicar os princípios da produção em massa à assistência médica.

A LifeSpring Hospitals reduziu o custo do parto a quarenta dólares, um quinto do custo em hospitais similares. O Aravind Eye Care System oferece cirurgias a cerca de 350 mil pacientes por ano, cerca de 70% do número de cirurgias de olhos realizadas pelo NHS, da Inglaterra, por 1% do custo. As salas de cirurgia têm pelo menos dois leitos, para que os cirurgiões se alternem entre dois pacientes. O Aravind exportou seu modelo de treinamento para cerca de trinta países em desenvolvimento. Enquanto isso, outra organização oftalmológica indiana, a VisionSpring, um empreendimento social, adota o modelo de franquia para fornecer a varejistas de trinta países uma clínica oftalmológica portátil: todos os equipamentos necessários para a diagnose e correção de hipermetropia cabem em uma bolsa.

Cerca de uma década atrás, esses pioneiros indianos teriam sido vistos com mera curiosidade pelos ocidentais que tentavam reformar o sistema de saúde. Hoje, suas ideias exercem cada vez mais influência à medida que governos de todo o mundo se esforçam para reduzir os gastos públicos. A Reform, centro de estudos inglês dedicado à reformulação dos componentes básicos do Estado de bem-estar social e que mantém laços estreitos com Downning Street, promove as ideias do dr. Shetty e do sistema Aravind. Clayton Christensen, da Harvard Business School, talvez o mais respeitado autor do mundo sobre inovação, acha que o setor público será sacudido pelo que denomina de "mutantes" — novos organismos que dele se destacarão como que por mutação genética. O principal atributo dos mutantes é que eles podem surgir do nada.

Os mutantes de Christensen podem destronar poderosos grupos produtores. A revolução da assistência médica na Índia não se resume à produção em massa. Também envolve a reformulação do papel dos médicos. No último século, a assistência médica tem sido centrada em médicos: nenhuma cirurgia ou prescrição pode ser feita sem eles. Eles controlam toda a área e desfrutam de muitos privilégios. Nos Estados Unidos quase metade do 1% mais rico é composta de médicos especialistas, fato que, de alguma maneira, passou despercebido pelo movimento Occupy Wall Street. Para conquistar esse papel de confiança na sociedade, os médicos se submetem a treinamento intenso: no mínimo sete anos, sem contar os quatro anos de graduação. Nos Estados Unidos, mais de 80% dos formados deixam a escola de medicina com dívidas de em média US$ 150 mil.

O papel central (e lucrativo) dos médicos na assistência médica, hoje, está sob ameaça.[18] Os pacientes já não estão felizes em ouvir conselhos de pessoas frequentemente desatualizadas e cujos diagnósticos podem ser desmentidos por uma busca na internet. Enquanto isso, outros profissionais de saúde como os enfermeiros e até mesmo máquinas inteligentes poderiam executar boa parte do trabalho rotineiro, sobretudo no caso de doenças crônicas, que, de acordo com a McKinsey, absorvem 60% das despesas com assistência médica. Nos Estados Unidos, assistentes de médicos são capazes de realizar 85% do trabalho de um clínico geral, de acordo com James Cawley, da Universidade George Washington. Os médicos, porém, estão preparados para defender seus privilégios. Em 2010, quando o Institute of Medicine, dos Estados Unidos, sugeriu que os enfermeiros desempenhassem um papel mais importante na assistência básica, a American Medical Association, principal lobby de médicos, jogou um balde de água fria na proposta: "Os enfermeiros são fundamentais na equipe de saúde; mas nada substitui a formação e o treinamento de um médico". A Confederação de Associações Médicas da Ásia e da Oceania, grupo regional de lobby de médicos, quer que a "mudança de tarefas" se limite a casos de emergência.

Na verdade, essa redivisão das tarefas é justamente o que precisa ser feito, e a contribuição da Índia nessa revolução será enorme por dois motivos. Primeiro porque lá não há escolha senão atribuir funções mais importantes a não médicos: a Inglaterra tem 27,4 médicos para cada 10 mil pacientes. A Índia tem apenas seis. Segundo porque a assistência médica indiana é tão rudimentar que funciona quase como uma tábua rasa. O país pode experimentar. A Aravind emprega seis "técnicos oftalmológicos" por cirurgião para executar as muitas funções que não exigem treinamento cirúrgico. Mais de 60% do quadro de pessoal da empresa é composto por "meninas da aldeia" que recebem os pacientes, mantêm os registros médicos e ajudam os médicos no que for necessário. O L. V. Prasad Eye Institute contrata e treina pessoas com ensino médio completo para trabalharem como "técnicos de visão", executando algumas das tarefas atribuídas aos optometristas. O Ministério da Saúde da Índia propôs um novo curso de três anos e meio que permitiria que os graduados prestassem serviços básicos em áreas rurais. A proposta foi logo rechaçada pelos médicos indianos. No entanto, um programa-piloto de prestadores de assistência médica em áreas rurais da Índia — do tipo que o Ministério da Saúde e Shetty querem expandir — descobriu que os técnicos eram perfeitamente capazes de diagnosticar doenças básicas e prescrever os medicamentos adequados.

A Índia também é o centro de comando de outro grande ataque ao monopólio dos médicos: o custo crescente dos equipamentos. Não muito longe do hospital do dr. Shetty, a General Electric está desenvolvendo uma técnica inovadora de projeto e fabricação capaz de reduzir o custo dos equipamentos em até 90%. O Mac 400 da empresa — uma máquina manual de eletrocardiograma (ECG) — é um bom exemplo. O ECG custa US$ 100, metade do que se paga por um equipamento convencional, e produz exames que custam menos de um dólar por paciente. A GE reduziu o custo, eliminando todos os acessórios não essenciais que oneram equipamentos de eletrocardiograma convencionais. Os vários botões foram reduzidos a apenas quatro. A impressora volumosa foi substituída por algo parecido com uma emissora de tíquetes. O conjunto é pequeno o bastante para caber em uma mochila pequena. A GE agora experimenta esses dispositivos "indianos" nos Estados Unidos, principalmente em áreas rurais.

Ideias, porém, não fluem apenas em uma direção. Muitos países emergentes observam atentamente o NHS britânico como um possível modelo para seus próprios países. O sistema de pagador universal, em que o governo dá cobertura a todos, oferece várias vantagens para países grandes como China, Índia, México e África do Sul, que, atualmente, dispõem de sistemas de assistência médica retalhados e grandes massas de desempregados que não se beneficiam do seguro. Os governos desses países também estão entusiasmados com a ideia de usar técnicos de saúde para fazer a triagem dos pacientes, evitando congestionamentos, filas de espera e o assédio dos pacientes a especialistas. Niti Pall, médico de Birmingham, fundou uma empresa de assistência social com ex-colegas do NHS que presta serviços de assistência médica geral em cidades indianas com base no modelo de serviços do sistema público inglês.[19]

O fluxo de ideias tampouco se limita à assistência médica. Quando se trata de bem-estar social, por exemplo, o Brasil está fazendo algo parecido com as iniciativas indianas em assistência médica. Através do programa Bolsa Família, um sistema bem-sucedido de "transferência de renda condicional", o governo oferece dinheiro a famílias pobres desde que elas cumpram determinadas condições, como matricular os filhos em escolas ou submetê-los a exames médicos regulares. O programa é barato, cerca de 0,4% do PIB, mas exerce grande impacto sobre a desigualdade, pois estimula mudanças de comportamento.[20] Ainda no Brasil, o governo do estado da Bahia criou o Serviço de Atendimento ao Cidadão (SAC), que presta vários serviços públicos, desde a emissão de documentos de identidade até assistência médica, em lugares convenientes como shopping centers ou em postos móveis, que se deslocam para áreas distantes. É o Estado de bem-estar social sobre rodas.

Talvez os hospitais do coração, na Índia, e os caminhões de bem-estar, no Brasil, cumpram menos do que prometem. Ambas as experiências, contudo, simbolizam a maior de todas as mudanças: a importância da comparação no setor público. O exemplo típico é o Programa Internacional de Avaliação de Estudantes (PISA). Um ministro inglês confidencia que considera o PISA o mais importante instrumento de reforma escolar. Apesar de todas as falhas — e avaliar a qualidade das escolas chinesas considerando apenas Xangai foi decerto uma delas —, o programa mostra aos americanos, aos ingleses e aos franceses que as escolas deles são muito piores que as da Finlândia, da Coreia do Sul, do Japão e do Canadá. Os finlandeses de repente viram o mundo inteiro batendo à sua porta quando ficaram no topo da lista de melhores sistemas educacionais. Os pais americanos agora sabem que seus filhos sabem tanto de matemática quanto as crianças eslovacas, embora seu governo gaste o dobro do que o governo eslovaco gasta com escolas. Essa deve ser uma boa questão para ser levantada com os sindicatos dos professores americanos. Uma reformadora americana, Amanda Ripley, usou as avaliações do PISA como base para seu influente livro *As crianças mais inteligentes do mundo e como elas chegaram lá*, publicado em 2013. No livro, Ripley acompanha adolescentes americanos que passaram um ano em programas de intercâmbio na Finlândia,

Coreia do Sul e Polônia (países que superaram recentemente as avaliações dos Estados Unidos no PISA). Os estudantes americanos de Ripley ficaram surpresos com o afinco dos colegas estrangeiros, com o quão pouco eles recorriam a calculadoras e com o rigor dos testes. Nenhum desses países considerava inteligente ou compassiva a atitude de passar a mão na cabeça de alunos que apresentavam mau desempenho, como ocorre nos Estados Unidos.

Os cidadãos de muitos países estão começando a compreender que outros governos se revelam muito mais eficazes que os deles. As ideias estão transpondo fronteiras e isso tem acontecido em parte graças a outra grande força que remodelou o setor privado e está atuando no setor público: a tecnologia.

Conserteoestado.com

Quando lhe pedem para falar sobre como a tecnologia afeta a produtividade, Peter Thiel, capitalista de risco que incubou o Facebook, desenha um gráfico simples no quadro branco: insumos no eixo y e produtos no eixo x. Depois ele traça dois rabiscos. O setor privado, embaixo, à direita: nele se entra com relativamente pouco e dele se tira muito. O governo, em cima, à esquerda: muito insumo e pouco produto. Thiel, um destacado libertário cujas paixões incluem "seasteading" (habitações permanentes em alto-mar) e viagens espaciais, talvez não tenha muita simpatia pelo setor público, mas o gráfico não é um mau guia do que aconteceu nos últimos quarenta anos. A tecnologia, por mais lamentável que seja, não conseguiu mudar o setor público. Bilhões foram gastos com novos computadores, que, à exceção das forças armadas, produziram muito pouco impacto sobre a eficiência. Em 1958, quando começaram a usar os primeiros computadores primitivos, as autoridades tributárias do Reino Unido gastavam cerca de £1,16 para arrecadar £100 de impostos. Hoje, com o barateamento e a ubiquidade da computação, o custo ainda é de £1,14.[21]

Muitos dos piores fiascos tecnológicos envolveram assistência médica: o lançamento do Obamacare foi um desastre porque o site do programa estava repleto de erros. Apenas seis pessoas conseguiram registrar-se no Obamacare no primeiro dia de operação do site. Nos últimos vinte anos, os órgãos públicos de saúde gastaram fortunas com computadores pessoais, sem mudar basicamente nada nos métodos de trabalho: a maioria das novas engenhocas, na verdade, não passava de máquinas de escrever mais rápidas ou de gavetas de arquivos virtuais. Sem dúvida, pouco contribuíram para reduzir a papelada. O sistema de seguro semiprivado dos Estados Unidos envolve muito mais formulários que seu congênere estatal na Europa. A tecnologia na forma de novos medicamentos simplesmente resultou em mais despesas. Os sonhos de que robôs e máquinas poderiam eliminar os erros humanos também se revelaram infundados: os pacientes querem conversar com pessoas de verdade.

A ideia de que o efeito da tecnologia é superestimado no curto prazo, mas subestimado no longo prazo, talvez se aplique ao setor público. Veja-se o caso dos robôs. Assim como os drones ajudam as forças armadas, as máquinas permitirão que os médicos sejam mais exatos, que façam incisões mais precisas que as mãos humanas — e até que operem à distância: já em 2001, médicos em Nova York usaram instrumentos robóticos por controle remoto via internet para remover a vesícula biliar de uma mulher (sem dúvida corajosa) em Estrasburgo. Outro exemplo são os bancos de dados de saúde. Da mesma maneira que os computadores possibilitam que as empresas estabeleçam ligações e prestem serviços aos consumidores com exatidão ainda maior, os megadados podem permitir que os departamentos de saúde dos órgãos públicos personalizem a medicina.

O mais importante de todos os agentes de mudança, porém, talvez seja a internet. Denúncias e acusações públicas aos poucos estão denegrindo a assistência médica, assim como aconteceu com a educação. Associações de médicos e hospitais públicos estão reagindo como os sindicatos de professores, tachando de simplistas quaisquer tentativas de avaliação profissional. Para o resto de nós, não parece absurdo saber quanto gastam os hospitais, com que rapidez tratam cada caso e quais são as chances de sobreviver a certas situações. Por isso é que cadastros de saúde, como os da Suécia, tendem a difundir-se.

A internet também está tornando muito mais fácil o monitoramento de doenças crônicas. Sensores minúsculos ligados ao corpo ou nele inseridos podem informar ao médico (ou a seus suplentes computadorizados) os níveis de insulina e problemas de fadiga. Dessa maneira é possível não só reduzir as idas ao médico, mas também evitar que doenças crônicas degenerem em manifestações agudas. Na Inglaterra, uma triagem aleatória e remota de 6 mil pacientes com doenças crônicas reduziu as entradas em salas de emergência em 20% e as taxas de mortalidade em 45%. O Montefiore Medical Center, em Nova York, reduziu as internações em hospitais para pacientes idosos em mais de 30% usando monitores remotos para acompanhar os pacientes.

A revolução do monitoramento é parte do que alguns chamam de revolução da autoajuda, um movimento cuja essência é bem captada pelo slogan cunhado por ativistas dos direitos dos deficientes: "Nenhuma decisão sobre mim será tomada sem mim". Os Alcoólicos Anônimos têm um histórico incrível de apoio a pessoas que buscam lidar com o próprio alcoolismo. A internet agora está disseminando a criação de centenas de novos grupos, como o PatientsLikeMe, que ajuda portadores de doenças graves a trocarem informações e apoio social. Mais uma vez, tornar os pacientes responsáveis por sua própria saúde gera uma economia enorme: um estudo do Wolfson Institute of Preventive Medicine descobriu que cerca de 43% dos casos de câncer na Inglaterra eram provocados por "fatores relacionados ao estilo de vida e meio ambiente". Quanto menos fumantes e alcoólicos houver na sociedade, menos dispendiosa será a assistência médica.

Em termos gerais, redes de colaboração via internet estão criando condições para que as pessoas façam por si mesmas o que antes era atribuição dos governos. A Finlândia criou uma plataforma digital para que voluntários ajudem a digitalizar a biblioteca nacional, e o governo dinamarquês abriu seus arquivos tributários para que estudiosos independentes ou de outras instituições possam analisar questões como desigualdade. Sem a ação voluntária, o Estado precisaria pagar por esses serviços. A Estônia coordenou uma tentativa notável de livrar o país do lixo disperso: voluntários usaram dispositivos GPS para localizar milhares de depósitos ilegais e depois despacharam um exército de

50 mil pessoas para limpar os locais. O site FixMyStreet.com permite que os ingleses relatem a presença de buracos ou lâmpadas queimadas nas ruas. Boston tem um dispositivo que permite que os cidadãos fotografem um problema — grafites ofensivos ou buracos nas ruas — e enviem as imagens para a prefeitura, com a localização por GPS. A foto gera uma ordem de serviço para uma equipe de obras públicas. Outro aplicativo, SFpark, ajuda os motoristas de San Francisco a encontrarem vagas em estacionamentos ("circule menos e viva melhor"). Manor, cidade do Texas, lançou o "Manor Labs", que recompensa os cidadãos locais que adotam suas sugestões de melhorias. Os prêmios incluem fazer rondas com a polícia ou ser prefeito por um dia. Essas reformas não raro se revelam duradouras: quando o prefeito de Washington D.C., Vincent Gray, pediu aos citadinos para produzirem novos "apps pela democracia", ele recebeu 47 ideias de aplicativos para internet, iPhone e Facebook em trinta dias.

Isso é apenas o começo de uma enorme "revolução copernicana" (tomando de empréstimo uma frase de Matthew Taylor, um dos assessores de Tony Blair), que está colocando o usuário no centro do universo do setor público. O atual Estado centralizado baseava-se na ideia de que a informação era escassa e fortalecia-se pelo fato de saber muito mais que as pessoas comuns. Hoje, porém, a informação é um dos recursos mais abundantes do mundo, disponível em enormes quantidades e acessível a quem quer que tenha um computador ou um smartphone. Conforme Eric Schmidt, chairman da Google, e Jared Cohen, que trabalhou para Hillary Clinton, observam em *The New Digital Age*, isso muda a natureza do relacionamento entre indivíduos e autoridades. O Estado autoritário, de cima para baixo, pode transformar-se em rede capaz de mobilizar as energias e capacidades de milhares ou até de milhões de cidadãos bem informados — ou "prosumidores", como o ciberguru Don Tapscott os denominou.

Mas há um outro lado para tudo isso. O Estado em rede pode esperar que seus cidadãos, recentemente investidos de novos poderes, assumam mais responsabilidade pelo próprio comportamento. O governo se intrometerá cada vez mais na vida das pessoas, como já o fazem as seguradoras privadas. O Discovery Group, empresa sul-africana, usa cartões inteligentes para monitorar os hábitos das pessoas, como a frequência com que vão à academia de ginástica e os tipos de alimentos que compram. Não é difícil imaginar Lee Kuan Yew agindo assim. Por que não induzir os pais a levarem os filhos para a escola na hora certa? Por que não esperar que os donos de casa própria protejam seus imóveis? O exemplo mais ilustrativo da nova ênfase na responsabilidade é a coleta de lixo. Poucos anos atrás, a maioria das pessoas simplesmente jogava os resíduos na lixeira e ponto final. Agora, classificamos o lixo em diferentes categorias, conforme a possibilidade de reciclagem.

A alegria do pluralismo

Conforme a globalização e a tecnologia começam a mudar o equilíbrio entre governantes e governados, há quem diga que consegue ver um padrão nítido nessas mudanças. Uma dessas pessoas é Tony Blair: "O moderno Estado ocidental foi criado na era da produção em massa e da mentalidade de comando e controle, quando o governo dizia o que fazer e fornecia todos os recursos. A vida moderna é feita de escolhas e o Estado, mesmo quando paga por algo, não deve ser a única escolha". Ele argumenta que a criação de um "Estado pós-burocrático", com um pequeno centro e uma enorme periferia de provedores públicos e privados, deve ser a bandeira a ser abraçada pela centro-esquerda. "Em todos os outros setores, os cidadãos recebem serviços de organizações ansiosas por tê-los como clientes. Precisamos abrir o Estado para a transparência e para a competição; do contrário, os ricos sairão em busca de alternativas." Blair não aceita a ideia de que o setor público esteja fadado a continuar crescendo. O importante, pensa ele, é desdobrar o Estado em unidades menores e mais inovadoras como as "charter schools" (escolas autônomas), nos Estados Unidos, e "academies" (escolas acadêmicas), na Inglaterra. "Na medida em que cada vez mais escolhas forem feitas pelos consumidores, não pelos políticos, encolheremos o Estado", prevê.[22]

Grande parte disso é um trabalho em andamento, admite Blair. Quando se considera, porém, cada uma das principais premissas por trás do velho Estado, constata-se que elas estão começando a ser questionadas. O desejo de controlar tudo está sendo substituído pelo pluralismo; a uniformidade, pela diversidade; a centralização, pelo localismo; a opacidade, pela transparência; e o imobilismo, ou resistência à mudança, pela experimentação. Em cada um desses campos, o Estado está começando a mudar (embora pudesse avançar com muito mais rapidez). Analisaremos cada uma delas em separado, começando pelo pluralismo.

Como já vimos na Suécia, são enormes os ganhos a serem auferidos com o agnosticismo do governo em relação à competência para a prestação de serviços públicos. O Estado não precisa fazer tudo. Isso talvez pareça questão de bom senso; dentro do governo, porém, a "divisão comprador-fornecedor" é revolucionária por injetar competição em órgãos vitais do Estado. Estes, na verdade, sempre pensaram assim em situações de emergência: quando o exército britânico estava a ponto de ser isolado em Dunquerque, em 1940, nenhum sindicalista questionou se era certo terceirizar o trabalho de resgatar as tropas a uma flotilha de barcos particulares. E muitos governos ostensivamente esquerdistas na Europa continental, inclusive os da França e da Alemanha, há muito tempo usam hospitais privados para atender pacientes do serviço público. Nova Zelândia e Austrália tratam cada vez mais as autoridades públicas de alto nível como se fossem executivos poderosos cuja missão é negociar áreas de atuação com fornecedores concorrentes. Em meados da década de 1970, o setor público americano — federal, estadual e municipal, em conjunto — destinava 40% das despesas ao pagamento de trabalhadores do governo. Hoje, essa fatia caiu para 29%.[23] Também está surgindo uma nova classe de empresas globais especializadas em prestar serviços públicos, como o Serco Group, da Inglaterra, que dirige presídios no país; carteiras de habilitação de motoristas, no Canadá; e centros de controle de tráfego aéreo, nos Emirados Árabes Unidos.

Existem duas objeções ao pluralismo. Uma é ideológica: muita gente da esquerda ainda se importa mais com a forma de prestação do que com a qualidade do serviço. A esquerda, porém, acabará tendo que decidir entre aliar-se à minoria dos servidores públicos ou à maioria

dos cidadãos. A objeção séria é de ordem prática: a divisão comprador-
-provedor nem sempre funciona tão bem quanto o esperado. A terceirização pode complicar ainda mais a situação. Precisa-se de novos gestores para selecionar os fornecedores e nova camada de reguladores para fiscalizar a prestação dos serviços. A nova British Rail se desdobra em centenas de componentes — diferentes empresas dirigem diferentes regiões e possuem diferentes áreas da infraestrutura, dificultando a identificação dos responsáveis quando algo dá errado (o que ocorre com frequência). Uma das razões pelas quais a assistência médica nos Estados Unidos é tão confusa é o excesso de terceirização: o Estado acaba pagando grande parte dos custos — principalmente através de renúncias e desonerações fiscais —, mas raramente o faz de maneira direta. A colaboração com o setor privado pode ser caótica. Alguns dos piores abusos das forças americanas no Iraque foram praticados por empresas de segurança privadas. E a avaliação é difícil. Como impedir que uma escola elimine os alunos difíceis a fim de melhorar seus resultados? A adoção de sistemas de avaliação inadequados pode ser fatal. No Stafford Hospital, na Inglaterra, estima-se que, entre 2005 e 2008, de 400 a 1200 pessoas morreram, além do que se justificaria pelos cálculos atuariais, em consequência da obsessão dos gestores pelo cumprimento das metas predeterminadas, a ponto de, rotineiramente, negligenciarem o atendimento aos pacientes.[24]

Essas, porém, seriam razões para melhorar o sistema, não para abandoná-lo de todo. Os contratos devem ser redigidos com cláusulas adequadas; e os fornecedores, bem vigiados e supervisionados.[25] Os sistemas de avaliação precisam ser desenvolvidos com o máximo de sensibilidade. Os cidadãos devem dispor do máximo possível de informação sobre o desempenho dos vários fornecedores, como ocorre na Suécia. Os governos estão explorando com mais eficácia recursos como remuneração por desempenho para controlar empresas privadas: o governo inglês condicionou 10% da receita da Serco, decorrente da direção da Doncaster Prison, à redução das recidivas. Os melhores reguladores do setor público são os próprios cidadãos, mais um motivo para que tenham acesso à informação sobre o desempenho e uso do dinheiro "deles".

O charme da diversidade

A segunda grande mudança, que se relaciona à primeira, é a redução da uniformidade do Estado. O Estado tem se preparado para suportar diferentes tipos de organizações sob o guarda-chuva do "setor público", esquematizadas de acordo com diferentes princípios e mantidas por diferente tipos de pessoas.

O exemplo mais impressionante de diversidade institucional é a educação. Nos Estados Unidos, há cerca de 5 mil "charter schools", que educam em torno de 1,5 milhão de estudantes. Essas "charter schools" variam desde escolas acadêmicas, que se concentram nas matérias básicas, passando pelas escolas progressistas, até as escolas profissionalizantes e técnicas. O governo está promovendo o modelo acadêmico. Grupos de pais e professores podem constituir escolas "livres", que são, em essência, start-ups educacionais financiadas com recursos públicos.

A diversidade de escolas no setor público é algo positivo em si. A oferta de escolas técnicas para crianças com inclinações técnicas e de escolas de artes cênicas para crianças com inclinações teatrais aumenta a probabilidade de que os pais encontrem instituições adequadas às características pessoais de seus filhos. Também contribui para a multiplicidade de ideias. Nos Estados Unidos, as escolas do Knowledge Is Power Program — KIPP (Programa Conhecimento é Poder) adotaram jornadas mais longas, com semanas estendidas (aula aos sábados) e mais dias letivos no ano. Às vezes, esses experimentos são fracassos retumbantes: algumas "charter schools" produziram resultados desastrosos. No todo, porém, esses "mutantes" educacionais promovem melhorias em âmbito sistêmico e geram novas ideias. Nos distritos suecos com maior proporção de escolas livres, o desempenho médio dos alunos é superior.[26] A melhoria é mais acentuada em escolas não autônomas. Na Inglaterra, as escolas acadêmicas não só estão produzindo melhores resultados, mas também impulsionando o desempenho das escolas adjacentes, de acordo com relatório recente da London School of Economics.[27]

Os governos também estão mais propensos a experimentar quando se trata de talentos. O governo australiano adotou níveis de remuneração cingapurenses para os servidores públicos. O equivalente australiano de um secretário do gabinete inglês recebe cerca de £500 mil por ano, o dobro de um colega britânico. O país também se destaca no recrutamento de profissionais fora do serviço público para cargos de alto nível no governo, "preparando-os" para a nova função por meio do apoio de servidores públicos de carreira em nível mais baixo. A Inglaterra também está conseguindo resultados um pouco melhores na arregimentação de talentos fora do serviço público. Gordon Brown tentou com algum atraso criar o chamado GOATS (Government of All the Talents, Governo de Todos os Talentos), recrutando empresários centristas como Mervyn Davies, do Standard Chartered Bank, para ajudar a dirigir os departamentos. David Cameron nomeou um canadense, Mark Carney, para dirigir o Banco da Inglaterra. David Higgins, australiano, exerceu numerosas funções de alto nível, chefiando a Olympic Delivery Authority e, no momento, a Network Rail.

Os governos também se mostram mais dispostos a trabalhar com grupos de voluntários. A Code for Americas é uma "mistura" de Peace Corps e Teach for America. A organização mantém um banco de programadores talentosos (conhecidos como Coders), ansiosos por ajudar a resolver problemas sociais. Eles identificam situações que necessitam de soluções técnicas, selecionam profissionais cadastrados para trabalharem como funcionários do governo e produzem soluções inovadoras. A lista de soluções criadas pelos Coders é longa: um site, em Boston, localiza hidrantes contra incêndios congelados pela neve; outro site, em Honolulu, identifica baterias descarregadas no sistema de alarme local contra tsunamis; um sistema de GPS avisa aos pais se o ônibus escolar está atrasado; um guia dos murais da Filadélfia para pedestres.

Essas tendências estão começando a mudar as estruturas de carreiras do funcionalismo público. Os dias em que se entrava no governo ao sair da universidade e se escalava o pau de sebo até o topo estão chegando ao fim. Os servidores públicos de carreira fazem estágios cada vez mais frequentes no setor privado. Por outro lado, profissionais do setor privado também exercem funções públicas, alternadamente, com frequência cada vez maior. No entanto, a transição de carreiras exclusivamente públicas ou privadas para redes profissionais fluidas ainda tende a ser um processo longo.

Rumo aos municípios

É notável como muitas das melhores ideias recentes são oriundas de governos locais, em vez de governos centrais. A grande paixão centralizadora de meados do século XX já se esgotou.

Em todo o mundo, os governos locais se reafirmam, revertem a política nacional e, no processo, embaralham as velhas divisões ideológicas. Os governos locais contam com algumas das figuras mais representativas, como Rahm Emanuel, em Chicago, e Ron Huldai, em Tel Aviv. Também abrigam alguns dos mais notáveis vira-casacas ideológicos: em Londres, Boris Johnson, conservador, abraçou o que denomina "esquema totalmente comunista" de compartilhamento de bicicletas, enquanto seu antecessor, Ken Livginstone, o Vermelho, adotou um sistema de livre mercado para a cobrança pelo uso de rodovias. Os políticos locais ofuscam cada vez mais os políticos nacionais na mente do público. As pessoas, em geral, não só confiam mais nos políticos locais como também demonstram mais interesse no que eles têm a dizer. Em uma visita à China, Bill Clinton se reuniu em um estúdio de rádio com o prefeito de Xangai. Dois terços dos telefonemas eram para o prefeito, não para o superastro global.[28]

O localismo está dando certo principalmente em dois lugares. O primeiro são os Estados Unidos: a paralisia de Washington D.C. tem propiciado a participação crescente de políticos locais ambiciosos. "Representantes locais eleitos são responsáveis por fazer, não por debater. Por inovar, não por argumentar. Por pragmatismo, não por partidarismo", declarou Michael Bloomberg. Minnesota e Massachusetts lançaram as bases do projeto "welfare to work" (de bem-estar para o trabalho), que se converteram nas reformas de benefícios sociais de Bill Clinton. Massachusetts desbravou as reformas da assistência médica que Barack Obama promoveu em âmbito nacional. Com efeito, a constatação interessante sobre os méritos relativos dos governos local e central foi a maneira como Mitt Romney, como candidato à presidência, se opôs às reformas da assistência médica que ele próprio implantara como governador de Massachusetts.

O segundo lugar onde o localismo tem sido extremamente bem-sucedido é o mundo emergente. As iniciativas de reforma da adminis-

209

tração pública com frequência usam os governos locais como laboratório. Basta ver o papel de Shenzhen ou de Guangdong na China, na década de 1980, ou a função das zonas econômicas especiais no Oriente Médio, hoje. Só Dubai tem 150 delas, como o Centro Financeiro Internacional, que usa o sistema legal inglês para resolver disputas comerciais, e a Jebel Ali Free Zone, que se destaca como um dos maiores e mais eficientes portos do mundo. Índia e China são tão grandes que não podem deixar de conceder autodeterminação às províncias, que chegam a ter populações de 100 milhões. Bill Antholis, da Brookings Institution, argumenta que "Na Índia e na China, que abrigam um terço da humanidade, os líderes locais cada vez mais dirigem de baixo para cima". Em alguns casos, essa tendência tem acarretado em desastre e corrupção. Mas também há estrelas. Por exemplo, Narendra Modi, ministro-chefe de Gujarat, talvez tenha antecedentes não muito recomendáveis de sectarismo, mas aproveitou a liberdade de ação para praticar as políticas mais amigáveis às empresas privadas em toda a Índia, convertendo Gujarat na província líder nacional em manufatura e exportação. Muitos empresários gostariam que ele repetisse a proeza em nível nacional.

Há bons motivos para esperar que o localismo desempenhe um papel ainda mais notável no futuro. As cidades, em todos os lugares, estão ficando mais importantes. A proporção da população mundial que vive em cidades aumentou de 3%, em 1800, para 14%, em 1900, atingindo mais de 50% hoje. E pode chegar a 75% em 2050: no mundo em desenvolvimento, mais de 1 milhão de pessoas migram para as cidades a cada cinco dias. Algumas cidades são verdadeiros monstros: Chongqing, onde Bo Xilai mantinha sua base de poder, situa-se no centro de uma região de 30 milhões de pessoas, seis vezes a população da Dinamarca e mais ou menos a mesma população do Canadá. As cidades são também o locus da economia do conhecimento. Parag Khanna, da New America Foundation, centro de estudos, calcula que quarenta cidades-regiões geram dois terços da produção econômica mundial e proporção ainda mais alta das inovações. Gerald Carlino, do Federal Reserve Bank da Filadélfia, observa que quanto mais densa é a cidade, mais inventiva ela se torna: o número de patentes aumenta, em média, de 20% a

30% para cada duplicação do número de pessoas empregadas por quilômetro quadrado.

As cidades também estão contornando os governos nacionais e forjando relações umas com as outras: San Francisco estreitou os laços com Bangalore, potência indiana em TI, e Detroit com Pune, capital do automóvel na Índia. A mesma tendência se constata no nível das subdivisões nacionais: Jerry Brown está extremamente ativo em reforçar as relações entre a Califórnia e as autoridades locais chinesas. As ideias também saltam diretamente de um governo local para o outro, sem passar pelo governo central. Mais de trezentas cidades adotaram programas de compartilhamento de bicicletas, por exemplo. O velho mundo, onde as relações globais mais importantes eram entre governos nacionais ou entre cidades capitais, está sendo substituído por outro, muito mais em rede, onde governadores e prefeitos bem-sucedidos tecem entre si teias de relacionamento cada vez mais complexas.

Um pouco de experimentação

A maldição final do velho Estado, que esperamos seja exorcizada pela Quarta Revolução, é, sob certo aspecto, a soma de todas as outras: o *imobilismo*. Alguma coisa teria acontecido para superar a resistência à mudança? É difícil mapear a mudança de mentalidade, mas diríamos que, considerando tudo o que descrevemos, algo está começando a se mover.

Por mera desesperança, em alguns casos, por simples esperança, em outros, os burocratas e os políticos estão começando a pensar de maneira diferente. A presunção de que o Estado deve fazer tudo; o amor à uniformidade; a compulsão por centralizar tudo: não faltam exemplos em todo o mundo ocidental de que esses velhos credos estão começando a cair em descrédito. Isoladamente, talvez não signifiquem muito, mas, em conjunto, formam algo maior. Aos poucos, um novo modelo está emergindo. Estamos passando por mudanças tão dramáticas quanto as que se associam a Hobbes, a Mill e aos Webb, embora ninguém tenha conseguido expressar essa Quarta Revolução em palavras memoráveis e consubstanciá-las em filosofia distinta até o momento.

E assim é porque a revolução está sendo fomentada de baixo para cima — por prefeitos que experimentam e inovam, por pais que reivindicam melhores escolas, por ideias que atravessam fronteiras. As pessoas no topo também mudaram um pouco. Atribui-se nova ênfase à inovação. A moda nórdica de constituir laboratórios de política, como o MindLab, da Dinamarca, e o Design Lab, de Helsinki, se alastra mundo afora. A administração Obama criou o novo Escritório de Inovação e Participação Social (Office of Social Innovation and Participation), para detectar ideias inteligentes que estão sendo desenvolvidas por empreendedores sociais e para "levá-las até o Salão Oval".[29] Há uma predisposição ao pragmatismo. Como disse Barack Obama em seu primeiro discurso de posse, "a pergunta que fazemos hoje não é se o governo é grande demais ou pequeno demais, mas se ele funciona".[30] Tudo, porém, ainda está muito errático. Obama, o pretenso pragmático, reiteradamente se opôs aos esquemas de vouchers, tão populares entre os cidadãos negros de Washington D.C.

Tudo isso mudará. Os governos, até o dos Estados Unidos, têm poucas alternativas a não ser encontrar soluções eficazes e rápidas. Tudo se desenvolverá com muito mais celeridade, no entanto, se os políticos começarem a compor esse conjunto de mudanças organizacionais em algo maior que a soma das partes. Em retrospectiva, percebemos que um componente notável das três revoluções anteriores foi a capacidade de uns poucos líderes de escolherem um punhado de princípios que impulsionaram todos os outros. Os liberais vitorianos foram bem-sucedidos porque aprenderam algumas grandes ideias, como carreiras abertas ao talento e à competição, inculcando-as no cerne do Estado. Os fabianos também prosperaram pelas mesmas razões. Hoje, os reformadores também precisam escolher um conjunto de ideias centrais. É para essas ideias que nos voltaremos agora.

9
Para que serve o Estado?

NA INTRODUÇÃO DE *DA DEMOCRACIA NA AMÉRICA* (1835), Alexis de Tocqueville afirma que "uma nova ciência da política é indispensável para um novo mundo". Tocqueville adotava uma definição católica da "ciência da política". Em *Da democracia na América*, Tocqueville examinou o feijão com arroz da ciência política, como a natureza do federalismo e a organização dos partidos. O que o fascinou, porém, não foi tanto a organização do Estado, mas sim seu espírito vital. Como os princípios gêmeos da democracia e da igualdade teriam assumido a condição de forças motrizes da vida moderna? E por que teria sido a América tão mais eficaz que a França de Tocqueville em evoluir com o tempo, engendrando uma nova "ciência da política... para um novo mundo"?

Esse livro argumentou que desde o surgimento da era moderna houve três novas "ciências da política" que se revelaram indispensáveis a três novos mundos: a política dos séculos XVI e XVII, que enfatizou o poder soberano; a política dos séculos XVIII e XIX, que salientou a liberdade individual (e boa parte da democracia tocquevilliana); e a política do século XX, que destacou o bem-estar social. Nossa Quarta Revolução é uma tentativa de reimaginar a ciência da política à luz das novas tecnologias e das novas pressões políticas.

No capítulo anterior, tratamos da mecânica da Quarta Revolução. O que está sendo feito em todo o mundo para tornar o Estado mais eficiente? As barreiras ao progresso, identificadas por William Baumol e outros tornaram-se mais fracas. Só poderemos avançar, porém, com reformas eminentemente pragmáticas: se os interesses constituídos continuarem ocupando lugar de destaque, sempre serão capazes de frustrar os reformadores pragmáticos. São as ideias subjacentes que determinam o funcionamento do Estado, da mesma maneira que os sistemas operacionais impulsionam a operação dos computadores. A crise do Estado é mais que uma crise organizacional. É uma crise de ideias.

O contrato social entre o Estado e o indivíduo precisa ser reexaminado do mesmo modo que Hobbes e Mill fizeram em suas respectivas épocas. No século XX, acrescentaram-se sucessivos propósitos ao ideal hobbesiano de ordem e ao ideal milliano de liberdade: acabamos com conceitos muito mais abrangentes do que significa igualdade e do que nos outorga a cidadania. Abrangentes até demais. O Estado se tornou inchado e opressivo. Mesmo que fosse dirigido pelos burocratas mais eficientes do mundo, o Estado ainda seria uma gigantesca bagunça, hipertrofiado pela ambição e empurrado de um lado para o outro por objetivos contraditórios. Para piorar, o Estado aos poucos também se perverte em inimigo da liberdade.

A revolução que mais nos inspira, portanto, é aquela cujas raízes se encontram fincadas na liberdade. Os governos ocidentais precisam recapturar o espírito dos grandes liberais dos séculos XVIII e XIX: os Pais Fundadores dos Estados Unidos; John Stuart Mill e Thomas Babington Macaulay, na Inglaterra; assim como Alexis de Tocqueville e Nicolas de Condorcet, na França. Há semelhanças entre o Estado inchado e movido a patronagem do começo da era vitoriana e o Estado hipertrofiado movido a direitos sociais de nosso próprio período. Nosso Leviatã é tão incompatível com a internet quanto o Estado vitoriano era dissonante das ferrovias: suga uma profusão de recursos, mas não explora o vasto potencial de produtividade das novas tecnologias; aferra-se ao velho mundo enquanto se dissocia dos elementos mais vigorosos da sociedade comercial. Seu cerne democrático foi debilitado pelos interesses constituídos, construtores de impérios.

Resta aos liberais, então, preconizar a causa a ser mais uma vez apregoada: a causa da liberdade.

A política da liberdade

Os liberais do século XIX incutiam a liberdade no âmago do Estado e o indivíduo no cerne da sociedade. Para eles, o propósito do Estado não era promover a igualdade, a fraternidade, ou qualquer outro chavão da Revolução Francesa. Era garantir ao indivíduo o máximo de liberdade para exercer as dádivas divinas e para realizar todo o seu potencial. Além de bom em si mesmo, esse desiderato era uma maneira de explorar as turbinas do progresso.

Os liberais clássicos, contudo, achavam que a essência da liberdade era a ausência de interferência alheia. "A única liberdade que merece esse nome", declarou Mill em uma passagem memorável, "é a de buscar o próprio bem, à própria feição."[1] Eles não achavam que o Estado deveria desaparecer: Mill, em especial, entendia que, sem restrições, a liberdade dos peixes grandes podia ser a morte dos peixes pequenos. Também estavam dispostos a comprometer a liberdade na defesa de outros valores, como justiça. Insistiam, porém, que o Estado não tinha o direito de invadir certa área da liberdade pessoal: a autodeterminação, um bem que deveria ser protegido contra o assédio externo. O tamanho exato dessa ilha foi questão de debate intenso, assim como o foi a lista dos direitos a serem resguardados em nome da liberdade. Os contendores, porém, foram unânimes quanto à lista básica: liberdade de opinião (incluindo a liberdade religiosa), liberdade de privacidade, liberdade de expressão e liberdade de propriedade. Caso o Estado desrespeite essas liberdades básicas, estará cometendo abuso de poder e despotismo.

As reivindicações dos liberais eram acima de tudo morais: as pessoas têm o direito de viver a própria vida, em consonância com seus próprios valores. Exercitamos nossa humanidade quando somos instrumentos de nossa própria vontade, não do capricho alheio. É por isso que Immanuel Kant considerava que o "paternalismo é o maior despotismo imaginável". O liberalismo deles, todavia, também era eminentemente prático. Os socialistas justificavam a interferência na liberdade individual como meio de promover o bem-estar comum. Para os liberais isso era uma falsa dicotomia. A liberdade individual não só era perfeitamente compatível com o progresso econômico e com a harmonia social como era pré-requisito de ambas as coisas. Adam Smith argumentou que o progresso econômico era consequência da livre associação de indivíduos, que firmam contratos entre si para a realização de seus interesses próprios. Mill também sustentou que a civilização só avançaria se as pessoas tivessem o máximo de liberdade de pensamento. Por isso é que Gladstone empenhava-se em poupar tocos de vela e raspas de queijo pelas causas do país. Os liberais receavam que as pessoas se esquecessem do verdadeiro significado da liberdade. Mesmo que o Estado faça algo que se aprove — como tributar os ricos e ajudar os pobres — é preciso reconhecer que, agindo assim, ele diminui a liberdade e que todo assalto à liberdade conta pontos para a supressão da liberdade. Essa ideia foi muito bem expressa por Macaulay, na resenha de *Colloquies on Society*, de Robert Southey, em 1830. Ele expôs uma visão idealizada sobre a função do Estado britânico antes da dissolução dos mosteiros. O grande historiador dilacerou o livro:

> Na opinião dele, a função do magistrado não se resume em proteger as pessoas e as propriedades contra ataques, mas abrange muitas outras atividades, como as de faz-tudo, arquiteto, engenheiro, mestre-escola, comerciante, teólogo, beata generosa em todas as paróquias, inquisidor em todas as casas, espionando, bisbilhotando, admoestando, gastando nosso dinheiro e escolhendo nossas opiniões para nós. Seu princípio é o de que [...] ninguém é capaz de fazer algo tão bem-feito por si mesmo quanto os governantes [...] o fazem para os governados, que os governos se aproximam cada vez mais da perfeição à medida que interferem cada vez mais nos hábitos e ideias dos indivíduos.

Macaulay expôs uma visão liberal muito diferente:

> Não é pela intromissão do ídolo de Mr. Southey, o Estado onisciente e onipresente, que a Inglaterra promoveu a civilização até hoje, mas sim pela

prudência e energia das pessoas [...]. Nossos governantes impulsionarão o aprimoramento do povo restringindo-se rigorosamente a seus deveres legítimos; deixando o capital encontrar o curso mais lucrativo; as mercadorias, o preço justo; a diligência e a inteligência, as recompensas naturais; a indolência e a nescidade, as punições naturais; preservando a paz, defendendo a propriedade e praticando austeridade rigorosa em todos os departamentos do Estado. Que o governo assim atue — e as pessoas decerto farão o resto.

Desde os dias de Macaulay, o resto que as pessoas "decerto farão" se reduziu a muito pouco. Em alguns casos, assim aconteceu porque o conceito de liberdade foi distendido — ou pervertido. Os ideólogos do comunismo geralmente justificam o despotismo como forma de defesa da "verdadeira" liberdade. De maneira mais ampla, porém, isso tem ocorrido em consequência de uma mistura de dissimulação estatal e reivindicação popular. É interessante imaginar o que Macaulay teria feito em relação ao escopo do governo no Reino Unido nos dias de hoje. As forças policiais do Estado mantêm os cidadãos sob vigilância constante por meio de câmeras de segurança. Órgãos estatais secretos monitoram todas as comunicações. O Estado como bedel de escola dita o currículo de todas as instituições de ensino do país e dirige 90% delas. O Estado como babá dá instruções sobre como subir escadas ou descartar o lixo. O Estado como radiodifusor jorra programas de televisão e de rádio 24 horas por dia.

A redução gradual da importância da liberdade no Ocidente tem preocupado alguns libertários e uns poucos filósofos, como Isaiah Berlin, mas de modo algum tem provocado gritos de protesto por parte do público mais amplo. Muito pelo contrário. Os ingleses, por exemplo, gostam da "Auntie" [Tia], como a BBC às vezes é chamada, e se sentem seguros por causa das câmeras de vigilância. Essa situação decerto teria preocupado ainda mais Macaulay e Mill. Para os velhos liberais clássicos, a associação entre governo grande e democracia de massa era uma perspectiva assustadora. A democracia, advertiam, não passaria de evolução da tirania monárquica se simplesmente convertesse a opressão exercida por poucos em opressão exercida por muitos. Os Pais Fundadores elaboraram uma Declaração de Direitos e constituíram uma Suprema Corte para limitar a atuação do Estado, mesmo quando fosse respaldado pelos desejos da maioria. Assombrado pelo medo do despotismo brando, Tocqueville enfatizou a importância de restituir o poder do centro para as localidades: essa foi uma das razões de seu fascínio pelos Estados Unidos. Macaulay salientou a importância de selecionar os melhores e os mais brilhantes para os altos cargos através de um programa de educação primorosa e de uma avaliação rigorosa: a elite do serviço público agiria como barreira ao poder da legislatura.

Sob muitos aspectos, o que os velhos liberais tanto temiam acabou acontecendo. Votou-se reiteradamente pela ampliação do papel do Estado. Daí não resultou, porém, o aprimoramento da democracia nem do Estado. A democracia ficou um tanto esgarçada — tema de nossa conclusão. Já o Estado atolou num paradoxo: o governo, apoiado pela vontade democrática geral, nunca foi tão poderoso; mas condição inflada e onerosa, porém, faz com que ele raramente tenha sido tão ineficiente e pouco apreciado. Abrimos mão de muitas liberdades e pouco ganhamos em troca.

O paradoxo do Leviatã

A mera contemplação de todas as pesquisas de opinião demonstrando o declínio da confiança no governo em todo o Ocidente não reflete o desprezo que os eleitores hoje sentem pelos governantes. A "Velha Corrupção" do século XVIII inspirou algumas das maiores sátiras do mundo. Onde estariam James Gillray, William Hogarth e Jonathan Swift sem os burgos podres e os subornos políticos? O estilo da sátira sobrevive. O *Daily News*, de Nova York, reagiu à paralisação de Washington, em 2013, em estilo hogarthiano, chamando o Congresso de *House of Turds* [Casa de Bosta], corruptela com o nome da série de TV *House of Cards*, que, assim como as séries *Veep* e *The Thick of It*, retrata os políticos ocidentais como escroques ou imbecis, ou como mistura torpe dos dois. Mas o que fariam os grandes satíricos do século XVIII em um mundo no qual dois analistas políticos sóbrios tiveram de produzir uma segunda edição de um livro chamado *It's Even Worse than It Looks* [É ainda pior do que parece] porque as coisas pioraram com tanta rapidez? Ou em que uma revista considerada séria traz Beppe Grillo e Silvio Berlusconi na capa com a manchete MANDEM OS PALHAÇOS e recebe uma enxurrada de reclamações... Dos palhaços? Ou em que Christine O'Donnell, candidata a um cargo legislativo em Delaware, admitiu "incursões" na feitiçaria e fez do combate à masturbação parte importante de sua campanha, posição que a deixou em conflito aparente com Anthony Weiner, candidato a prefeito de Nova York (e, agora, um dos políticos mais conhecidos do país)?

Tudo isso transformou a política em forma de humor: não é à toa que hoje qualquer candidato à presidência dos Estados Unidos tenha de comparecer ao programa de Jon Stewart. Trata-se, porém, de um humor com travo de veneno. A maré de hostilidade está tornando o governo mais complicado. Os governos de coalizão estão virando regra: em 2012, apenas quatro dos 34 países da OCDE tinham governos com maioria absoluta no Parlamento. E a paralisia está ficando cada vez mais comum. O Congresso dos Estados Unidos não aprova um orçamento no prazo desde 1997. A Bélgica passou 541 dias sem governo em 2010-1. O Estado ocidental está em plena crise de meia-idade.

A sobrecarga e seus descontentes

Em todo este livro, referimo-nos ao Estado como Leviatã, um monstro faminto de poder. O Estado moderno, porém, também é como Augustus Gloop, o garoto guloso de *A fantástica fábrica de chocolate*: está sendo punido por seus próprios instintos arraigados, por receber demais do que mais anseia — obrigações demais, poder demais. O Estado, como o personagem, sorveu demais do rio de chocolate.

Esse empanzinamento é culpa tanto da esquerda quanto da direita. A principal culpada é a esquerda (como argumentamos em todo o livro), que, reiteradamente, reinterpretou os conceitos de igualdade, fraternidade e liberdade para justificar o empanturramento do Estado. A igualdade de oportunidades descambou para igualdade de resultados. A fraternidade degenerou em direitos sociais para todos, deixando incluir deveres para todos. E tudo isso acabou pervertendo a ideia de liberdade e confirmando os piores receios de Mill e de Isaiah Berlin. Não mais se associa liberdade à ausência de interferências externas, mas sim à inexistência de flagelos sociais, como ignorância ou necessidade.

Daí resultam consequências práticas. Muitas das áreas em que o Estado é mais ineficaz são aquelas em que é incumbido de realizar sonhos impossíveis. Quanto mais se mostra ineficaz em cumprir metas inviáveis, mais o Estado recorre à microgestão para compensar seus fracassos. Ao analisar a questão de por que tantos programas de governo são ineficazes ou contraproducentes, um dos maiores economistas do século XX, Ronald Coase, disse o seguinte:

> Uma razão importante pode ser o fato de o governo hoje ser tão grande que chegou à fase de produtividade marginal negativa, ou seja, qualquer função adicional que venha a assumir provavelmente resultará em mais perdas do que em ganhos... Caso se lance um programa federal de apoio aos escoteiros para ajudá-los a socorrer senhoras idosas que precisam atravessar ruas movimentadas, podemos ter a certeza de que nem todo o dinheiro irá para os escoteiros, de que alguns alvos de ajuda não serão nem senhoras nem idosas, de que pelo menos parte do programa impedirá que senhoras idosas atravessem ruas movimentadas, e que muitas senhoras idosas acabarão morrendo pelo fato de agora serem obrigadas a procurar lugares perigosos, onde, pela falta de supervisão, pelo menos podem atravessar.

A agenda progressista derrotou a si mesma. Cada novo órgão, programa ou direito social do governo torna mais difícil para o Estado concentrar-se em suas funções essenciais. Ao expandir-se, as empresas privadas geralmente auferem economias de escala. Esse efeito é menos comum no governo e os problemas de coordenação e de inchaço burocrático são muito mais frequentes em setores que não enfrentam os riscos de perder clientes ou de se tornarem insolventes. Outra causa da tendência à autodestruição é a imersão em um círculo vicioso: o Estado fica cada vez maior porque os eleitores exigem cada vez mais dele; mas perdem confiança nele quando começam a sentir seu peso crescente, o que os torna ainda mais exigentes. As próprias forças que impulsionam a expansão do Estado ao mesmo tempo enfraquecem as reivindicações de autoridade pelo Estado. Gera-se, assim, um sentimento constante de frustração e medo. Os cidadãos comuns receiam que jamais receberão as pensões ou a assistência médica com as quais vinham contando.

O empanzinamento, porém, não tem sido trabalho apenas da esquerda. A direita também pode ser igualmente culpada desse golpismo. Veja, por exemplo, o aumento da segurança do Estado na esteira do 11 de Setembro. Também aqui há algo que os eleitores queriam. E também aqui os eleitores sofreram rebordosa pela satisfação dos próprios desejos. O equilíbrio entre liberdade e segurança se deturpou de tal maneira que talvez não tenha aumentado a segurança, mas decerto comprometeu a liberdade. Até recentemente, assumia-se que os males da segurança do Estado se restringiam ao "lá longe", a Guantánamo, a Abu Ghraib ou a situações extraordinárias. As revelações de dois denunciantes, porém, Bradley Manning e Edward Snowden, desvendaram o Leviatã realmente secreto, capaz de classificar mais de 92 milhões de documentos por ano e de conceder a 1,8 milhão de pessoas credenciais de "alta segurança", inclusive a Manning, soldado raso de vinte e poucos anos, portador de histórico de instabilidade emocional.[2] E quem era responsável por tudo isso? A autoridade incumbida de monitorar conversas privadas de cidadãos americanos (e de cidadãos estrangeiros, como Angela Merkel) foi nomeada por mandado judicial secreto, emitido por tribunais secretos, baseados em interpretações secretas da lei. Reconheça-se que tudo era acompanhado por uma comissão do Senado, mas os políticos supervisores também prestavam juramento de confidencialidade: o chefe do serviço de inteligência dos Estados Unidos se sentia à vontade para mentir ao Congresso sobre as atividades de espionagem reveladas por Snowden.

Tudo isso é sintomático da sobrecarga impingida ao Estado tanto pela esquerda quanto pela direita. Ninguém sabe exatamente o que está acontecendo. Cada novo departamento ou programa do Estado esgarça a capacidade dos cidadãos e de seus representantes de monitorar as atividades do governo e de corrigir seus fracassos e abusos. O governo é um conglomerado hipertrofiado — como no apogeu da ITT, na década de 1960 — envolvendo tantos negócios diferentes que até o alto escalão mal sabe o que está acontecendo nas áreas mais afastadas da organização. Veja, por exemplo, os escândalos que giram em torno da Casa Branca de Obama, desde o grampeamento do telefone celular de Merkel até a perseguição de grupos conservadores pelo IRS (a SRF americana) através de vigilância mais rigorosa de sua situação fiscal. O que se constata dessas situações é que o verdadeiro escândalo é que a desculpa esfarrapada de Obama (como saber o que estão fazendo os 2 milhões de pessoas que ele emprega?) até pode ser verdadeira. Jonathan Rauch expressa muito bem esse senso de alienação em *Demosclerosis*. O governo americano, diz ele, "transformou-se no que continuará sendo: uma estrutura difusa, em grande parte auto-organizada, de 10% a 20% sob o controle de políticos e eleitores, e de 80% a 90% sob o controle de inúmeros grupos de clientes".[3] Essas palavras cairiam como uma luva a Whitehall ou a Bruxelas.

Quando uma empresa está fora de controle, ela tende a perder dinheiro e a acumular dívidas. O governo inglês gerou superávit orçamentário apenas seis vezes desde 1975. O governo dos Estados Unidos gerou superávit orçamentário em apenas cinco desde 1960.[4] Nos 25 anos entre 1965 e 1990, o déficit federal anual foi superior a 3% do produto interno bruto do país apenas duas vezes. Nos últimos 25 anos, isso aconteceu treze vezes. Um número impressionante de países tem acumulado dívidas equivalentes a mais de 100% do PIB; e, como vimos no capítulo anterior, até esse índice só se consegue enterrando todos os tipos de passivos e obrigações em notas de rodapé.

Pouquíssimos desses empréstimos servem para financiar investimentos. De Baltimore a Brasília, as dívidas servem para engordar direitos sociais. George Bernard Shaw certa vez gracejou que os políticos sempre podem confiar no voto de Paul se lhe derem o dinheiro que roubaram de Peter. Esse artifício disfarça o problema da democracia, uma vez que Paul é velho e Peter ou é criança ou ainda não nasceu.

Atenuando o encargo

Tudo isso redunda em um Estado que não funciona, qualquer que seja o ponto de vista político. Nossa perspectiva é liberal: queremos que o Estado seja menor e que os indivíduos sejam mais livres. Não somos, porém, libertários. Mesmo como se apresenta hoje, de forma distorcida, o Estado moderno tem muito do que se orgulhar. Os americanos que encaram o governo como obra do diabo esquecem que o Tio Sam venceu a Segunda Guerra Mundial, construiu um enorme sistema de rodovias interestaduais, levou astronautas à Lua, lançou as bases da internet e desenvolveu centenas de medicamentos que transformam a vida. Os alemães têm ainda mais razões para serem gratos a um governo que resgatou seu país das ruínas do nazismo, baniu o fanatismo político do cerne da Europa e ajudou a criar uma potência industrial. Acreditamos que o Estado exerce certas funções vitais — atuando não apenas como vigia noturno, mas ajudando a fornecer uma infraestrutura. Um dos motivos de a Índia haver ficado para trás em relação à China é o fato de o Estado indiano ter sido tão inapto em construir estradas e em oferecer escolas. O Chile está à frente da Argentina não só por ter um Estado menor, mas também por tê-lo desenvolvido de modo mais eficaz. Também acreditamos que a redução do Estado precisa ser temperada pelo pragmatismo. Deixar por conta de cada um comprar o próprio plano de saúde talvez pareça boa ideia para os defensores do livre mercado, mas os sistemas de pagador único da Europa são sem dúvida mais eficientes que o emaranhado de sistemas de seguro privado dos Estados Unidos, e também mais justos.

"O Estado é a mais preciosa das conquistas humanas", escreveu Alfred Marshall em *Industry and Trade*, de 1919, "e nenhum esforço será grande demais se for envidado para capacitá-lo a realizar seu trabalho da melhor maneira: a principal condição para esse fim é não incumbir-lhe de trabalho para o qual não esteja especialmente qualificado, em termos de época e lugar." Nos anos de intervenção, porém, fizemos muito pouco, fora atribuir novas tarefas ao governo; tarefas para as quais em muitos casos ele não estava especialmente bem preparado e que, somadas, formam uma carga acachapante.

Impor tamanho ônus ao Estado engendrou dois perigos prementes. O primeiro é de o governo definhar sob o próprio peso. O Estado pequeno, mas forte, é preferível ao grande, mas fraco, não só porque o Estado grande se intromete em nossas vidas e é muito dispendioso, mas também porque, em geral, não executa suas tarefas básicas. O segundo é de o governo inchado provocar mal-estar popular. Bernard Baruch, que foi assessor de Woodrow Wilson e de Franklin Delano Roosevelt, sempre recomendava: "votem em quem promete menos; porque será o menos decepcionante". Desde os tempos de Baruch, vota-se, em geral, nos candidatos que mais prometem, e são enormes as chances de a decepção degenerar em indignação e destruição.

Como os governos podem atenuar essa carga? Argumentamos no capítulo anterior que melhorar a gestão e fazer um uso mais inteligente da tecnologia pode contribuir para agilizar o Leviatã. Mesmo que insista em prestar todos os serviços que oferece hoje, um Estado que atuasse mais como a Google e menos como a General Motors decerto seria mais lépido e esbelto. Também é preciso, porém, restringir o que o Estado tenta fazer.

Existem três setores principais nos quais o Leviatã precisa aliviar sua carga urgentemente: primeiro, não mais vender bens e serviços que não são de sua competência, revivendo, portanto, os programas de privatização, velha causa da direita; segundo, cortando subsídios que afluem para os ricos e bem relacionados, velha causa da esquerda; e, terceiro, reformando os direitos sociais para garantir que sejam direcionados para quem realmente precisa deles e que sejam sustentáveis no longo prazo, velha causa de todos que se importam com a saúde do Estado.

Diferentes Estados, diferentes oportunidades: a Nigéria tem mais a ganhar que a Escandinávia se atacar o capitalismo de compadrio. Já a China tem mais a ganhar que o Reino Unido se vender ativos do Estado. Para convergir mais o foco de nossas prescrições, voltaremos a atenção para o governo mais bem conhecido do mundo — o de Washington D.C.

Deixe que mais alguém use a prata

A primeira causa é a privatização, a mais notável obra inacabada da meia revolução dos anos 1980, aos olhos dos conservadores. Trinta anos depois de Margaret Thatcher ter vendido a British Telecom, em 1984, ainda é impressionante quanta "prata de família" (para tomar emprestada a frase de um de seus críticos aristocratas, Harold Macmillan) o Estado ainda retém sob a forma de empresas, prédios e terras. A venda da prata da família é uma excelente maneira de reduzir a dívida que esmaga tantos países, e também uma ótima alternativa para gerenciar melhor a prataria.

O capitalismo de Estado não é uma peculiaridade dos chineses. Em fins de 2012, os 34 países membros da OCDE possuíam completamente ou eram sócios majoritários de mais de 2 mil empresas com força de trabalho superior a 6 milhões de pessoas e valor total de US$ 2 trilhões, o mesmo do setor global de fundos de hedge. Os governos ainda detêm grandes nacos das "indústrias de rede", como transportes, eletricidade e comunicações, sobre o fundamento de que constituem bens públicos e recursos nacionais estratégicos: as empresas privadas poderiam usar o poder de mercado para extorquir os consumidores ou excluir os pobres, e os investidores estrangeiros poderiam comprá-las para construir cabeças de ponte em mercados externos. Com efeito, tanto quanto essas objeções façam sentido, haveria como manejá-las pela regulação, em vez de pela propriedade.

Os Estados Unidos são menos orgulhosos de suas tendências dirigistas que a França, país em que o governo detém £60 bilhões em ações de empresas como Renault e France Telecom. O Tio Sam, porém, também pratica o capitalismo de Estado, ainda que no armário. Por que, por exemplo, o governo insiste em possuir a Amtrak, uma empresa que consegue tropeçar de crise em crise embora opere uma das mais lucrativas ferrovias do mundo para migrantes pendulares? Uma resposta é que os Estados Unidos, desde o início, possuíam apenas poucas das grandes empresas que foram as primeiras a serem privatizadas na Europa: tanto o setor de telecomunicações quanto o de serviços públicos eram dirigidos por empresas privadas. Portanto, os Estados Unidos perderam a onda de privatização das décadas de 1980 e 1990, que varreu outros tipos de negócios. Alguns países já privatizaram correios, presídios e aeroportos. Os Estados Unidos não — o que logo transparece. Os aeroportos americanos são alvos sobremodo tentadores: muito inferiores e mais mal gerenciados que seus congêneres privatizados na Europa e na Ásia.

O portfólio de imóveis subutilizados dos Estados Unidos, abrangendo prédios e terras, é extremamente amplo. O Government Accountability Office estima que o governo possua mais de 900 mil prédios no valor de "centenas de bilhões de dólares". Destes, pelo menos 45 mil estão subaproveitados ou são desnecessários. Acrescentando-se os prédios notoriamente dispendiosos, como no centro de Washington, a carteira se torna ainda maior. Se a França reuniu coragem para desocupar e alugar um prédio do Ministério da Defesa na Place de la Concorde e transferir os ocupantes para escritórios menos luxuosos nos arredores de Paris, os Estados Unidos também poderiam agir da mesma maneira. O Departamento do Interior supervisiona 260 milhões de acres através do Bureau of Land Management e de outros órgãos. Faz sentido que parte dessa terra fique no setor público: os parques nacionais dos Estados Unidos são uma das glórias do país. Por que, porém, manter a propriedade de terras agrícolas? É apenas uma desculpa para subsídio e burocracia. A revolução do gás de xisto dos Estados Unidos ocorreu quase integralmente em glebas privadas, embora o Estado possua grande parte das terras com melhores perspectivas: a Green River Formation — a maior fonte de óleo de xisto do mundo — está em terras federais. O Institute for Energy Research estima que o desenvolvimento do xisto federal possa contribuir com US$ 14,4 trilhões para a economia americana até 2050.[5]

Os Estados Unidos não são de modo algum os únicos detentores de um formidável manancial inexplorado de propriedade pública. Dag Detter, que ajudou a conceber grande parte do programa de privatização da Suécia, suspeita que em muitas economias avançadas o valor de mercado somente dos imóveis comerciais de propriedade do governo supere a dívida nacional. Somados, os governos da OCDE podem muito bem estar aboletados sobre terras e prédios no valor de US$ 9 trilhões. Mas a direita americana, em especial, parece inusitadamente lenta em considerar a ideia de privatização. Ignorância é uma razão. O governo americano, mormente em nível local, não tem ideia do que possui. Outro motivo é a intransigência: quando Barack Obama sugeriu a venda da Tennessee Valley Authority, empresa de eletricidade que desempenhou papel icônico durante o New Deal, republicanos eminentes protestaram. Seria injusto comparar as terras públicas dos Estados Unidos com a Grécia, onde um esforço de vinte anos para a contabilização adequada das terras não levou a lugar algum porque grande parte delas se acumulara com a conivência com políticos; mas os laços de congressistas americanos com rancheiros e com o Departamento do Interior não são de modo algum saudáveis. Os herdeiros de Reagan bem que poderiam ter herdado um pouco de seu vigor.

Capitalismo clientelista às margens do Potomac

Se a privatização é o grande ponto cego da direita americana, os subsídios para os ricos é o da esquerda. O desmantelamento da rede de donativos para abastados e poderosos deveria situar-se no topo das prioridades da América progressista — da mesma maneira que a patronagem real foi a grande causa de John Stuart Mill. Até hoje, a esquerda se empenha em aumentar os impostos em nome da redistribuição. Seria muito melhor que se concentrasse no desmonte do Estado de bem-estar social para os plutocratas dos Estados Unidos. Nesse caso, dois seriam os alvos promissores: primeiro, o capitalismo de laços, ou seja, todos os subsídios para indústrias bem relacionadas. Segundo, a tributação de pessoas físicas, que, como vimos, sofre distorções maciças resultantes da leniência com os ricos. A eliminação dessas duas perversões não só agilizaria o Leviatã, mas também lhe permitiria concentrar suas energias renovadas em pessoas que efetivamente precisassem de ajuda.

O capitalismo de laços é o exemplo mais conspícuo da lei de Olson. Se o capitalismo de mercado direciona o conjunto de benefícios privados para a construção de bens públicos, como argumentou Adam Smith, o capitalismo de laços desconstrói bens públicos para a geração de ganhos privados, abarrotando os bolsos dos poderosos, solapando a competitividade da economia e desviando recursos em escala desmesurada.

O setor de atividade com a mais longa tradição de mamar nas tetas do Estado é a agricultura. O Departamento de Agricultura dos Estados Unidos distribui entre US$ 10 bilhões e US$ 30 bilhões por ano em subsídios a agricultores (as quantias flutuam com os preços de mercado das safras e com a frequência dos desastres).[6] Os pagamentos são fortemente enviesados para os grandes produtores: os 10% maiores receberam 68% de todos os subsídios de 2010.[7] Entre os beneficiários encontram-se algumas das maiores empresas do país, como Archer Daniels Midland, e alguns dos indivíduos mais ricos, como Ted Turner, além de pessoas que, embora não plantem absolutamente nada, são proprietárias de terras e em algum momento foram consideradas agricultoras.

É difícil dizer quais são as consequências mais danosas de tudo isso. Os subsídios agrícolas transferem dinheiro dos pagadores de impostos, em geral, para os ricos. Em consequência, distorcem a economia, estimulando a exploração excessiva das terras e arruinando o meio ambiente; prejudicam os pobres do mundo emergente, dificultando a entrada de seus produtos no mercado americano; impedem o avanço de acordos comerciais globais e engendram desperdício e corrupção. A indústria açucareira, que tanto contribuiu para a epidemia de obesidade nos Estados Unidos, tem um histórico especialmente perverso de relacionamento com o Congresso, mas, ainda assim, os políticos continuaram cevando o lobby. A Lei Agrícola de 2008 aprovou um novo subsídio à conversão de açúcar em etanol através do qual o governo "compra" o excesso de açúcar importado, que poderia pressionar uma redução no inflacionado preço do açúcar, e o vende aos produtores de etanol. É como se as Leis do Milho nunca tivessem sido revogadas.

O Cato Institute, que estudou o problema em detalhes, desencavou uma citação deliciosa de um deputado rabugento, em 1932. Ele apontou para a incoerência de o Departamento de Agricultura gastar "centenas de milhões por ano para estimular o cultivo de produtos agrícolas por todos os métodos, desde a irrigação de terras inférteis, passando por empréstimos, até simples doações aos agricultores, e, ao mesmo tempo, adverti-los da falta de mercados adequados para as suas safras, aconselhando-os a restringir a produção".[8] A única coisa que mudou hoje é que os milhões são bilhões e que a burocracia superou em muito todas as expectativas. O Departamento de Agricultura dos Estados Unidos emprega mais de 100 mil pessoas e custa em torno de US$ 150 bilhões por ano.

A melhor desculpa que o lobby agrícola dos Estados Unidos pode usar é o fato de os agricultores da Europa serem muito mais mimados. Mas não precisa ser assim. A Nova Zelândia eliminou completamente seus subsídios agrícolas em 1984, apesar do fato de depender da agricultura quatro vezes mais que os Estados Unidos. A mudança, de início, gerou forte resistência; os agricultores, porém, logo se adaptaram e prosperaram, aumentando a produtividade, desenvolvendo mercados de nicho, como o do kiwi, e diversificando suas atividades para gerar rendas não agrícolas. Deveríamos supor que os agricultores americanos são menos independentes e inovadores que seus rivais neozelandeses?

Se a agricultura é a grande matrona do capitalismo de laços, o setor financeiro é a nova patricinha da vizinhança. O setor financeiro hoje emprega mais lobistas que qualquer outro: quatro para cada congressista. Wall Street praticamente escavou um túnel com acesso direto ao Tesouro: quatro dos últimos sete secretários do Tesouro tinham vínculos estreitos com os bancos de investimentos. Luigi Zingales, da Booth School of Business, da Universidade de Chicago (que emigrou da Itália, em 1988, por acreditar que seu país estava sendo destruído pelo compadrio), estima que os subsídios implícitos na crença em instituições financeiras "grandes demais para fracassar" é da ordem de US$ 34 bilhões por ano.[9] Dois outros economistas, Thomas Philippon e Ariell Reshef, argumentam que entre um terço e metade do enorme aumento das remunerações em Wall Street decorre de rendas em vez de aumentos de produtividade.[10] O fato de investidores em private equity poderem tratar seus rendimentos como ganhos de capital é sobremodo desastroso. E, como no caso da agricultura, todo esse tratamento especial dispensado ao setor financeiro semeia burocracia (que o diga Dodd-Frank) e distorce o capitalismo: hoje, cada vez mais, as transações financeiras são maquinadas em "dark pools" (nome dado ao volume de negócios criado por ordens institucionais que não estão disponíveis ao público), fora do alcance dos reguladores.

Inúmeros outros exemplos de interesses especiais em busca de renda cativa. A eliminação dos subsídios à produção de combustíveis fósseis proporcionaria ao governo americano economias de US$ 40 bilhões ou mais nos próximos dez anos.[11] Os gastos com lobby em Washington mais que dobraram nos últimos quinze anos. Em 2010, a decisão da Suprema Corte americana em relação à *Citizens United* deu carta branca para que as empresas gastassem sem restrições no esforço de influenciar as eleições. E os Estados Unidos não são, de modo algum, os únicos nessa empreitada. O Whitehall também é próximo demais de várias indústrias. Os dias em que os mandarins britânicos se aposentavam em suas casas de campo e lá ficavam fazendo palavras cruzadas já se foram há muito tempo. Nos últimos dez anos, dezoito ex-ministros e altos servidores públicos assumiram cargos nas três maiores empresas de contabilidade da Inglaterra cujas atividades incluem ajudar seus clientes a minimizarem o pagamento de impostos, além de fazer lobby nos órgãos públicos.

Para progressistas de todos os matizes, trata-se de uma enorme perda de oportunidade. A batalha contra o capitalismo de laços é mais velha que a própria América: o Tea Party, de Boston, foi um protesto contra a Companhia das Índias Orientais, que usava ligações políticas em Londres para subsidiar o chá. O Partido Democrata, se fizesse campanha contra o capitalismo de laços, não só economizaria muito dinheiro para o Estado, mas também se tornaria arauto de dias melhores, a exemplo dos radicais ingleses, que combateram o sistema de "transferências de renda (outdoor relief) para as classes superiores", na forma das Leis do Milho e da patronagem. Nada menos que 77% dos americanos acreditam que as famílias ricas e as grandes empresas já desfrutam de muito poder.[12]

Alvo ainda mais importante para os "Verdadeiros Progressistas"[13] são todos os gastos do Estado que se espargem sobre os afluentes. O sistema tributário americano, como já vimos, está repleto de lacunas e exceções. As renúncias fiscais somam US$ 1,3 trilhão, ou 8% do PIB. A maioria dos países é complacente com os abastados, mas os Estados Unidos são muito mais condescendentes — por exemplo, estabelecendo em US$ 1 milhão o limite de dedutibilidade de despesas com financiamentos imobiliários ou permitindo deduções igualmente generosas das despesas com planos de saúde. Se a dedutibilidade das despesas com financiamento imobiliário fosse limitada a US$ 300 mil, o déficit seria reduzido em US$ 300 bilhões. O governo poderia ainda fixar um limite geral: se restringisse as deduções a 15% das despesas, economizaria US$ 1 trilhão em dez anos. Com efeito, todas essas exceções poderiam ser desativadas de maneira relativamente indolor, sobretudo se os ganhos fossem usados para eliminar os déficits e para reduzir as alíquotas. Essa foi a grande proposta com que Barack Obama se aproximou dos republicanos no Congresso, apenas para que, no último momento, os dois lados se refugiassem em suas conchas. Mais uma vez, a simplificação é boa em si por lançar luz sobre algo frequentemente empanado pela escuridão. Uma vez que as "renúncias fiscais" ou "desonerações tributárias" não aparecem como gastos públicos, poucos americanos sabem quanto o Estado gasta com os ricos e poderosos.

Podando os direitos sociais

O maior problema que afronta os governos é a explosão dos direitos sociais, que se ampliaram inexoravelmente desde a Segunda Guerra Mundial e que devem aumentar ainda mais nos próximos anos, em consequência do envelhecimento da população. A solução da crise dos direitos sociais não só salvará o Estado da insolvência, mas também preservará o contrato social que se encontra no cerne do Estado de bem-estar social. O Estado deveria cuidar das pessoas que sofressem de problemas não atribuíveis a elas próprias. O que vem acontecendo, porém, é que o governo desperdiça cada vez mais dinheiro com baby boomers ricos que passaram boa parte da vida se empanturrando no grande bufê ilimitado do Estado de bem-estar social.

Aqui, o exemplo dos Estados Unidos é especialmemte interessante porque revela três aspectos importantes. O primeiro é que os direitos sociais são a essência da questão. Eles aumentaram de menos da metade dos gastos federais, vinte anos atrás, para cerca de 62%, em 2012. O segundo é que a situação pode facilmente fugir ao controle. A dívida federal já é alta demais, correspondendo a 73% do PIB, em 2012 (a dívida bruta do governo é de 103%), mas atingirá 90% do PIB, em 2035, caso se mantenham as atuais políticas públicas.[14] A combinação de envelhecimento da população e de encarecimento da assistência médica está aumentando cada vez mais as despesas com direitos sociais, como Previdência Social (pensões), Medicare (assistência médica para os idosos) e Medicaid (assistência médica para os pobres). O terceiro aspecto é mais animador: é possível restabelecer a solvência do sistema com a implementação de um conjunto de reformas relativamente modestas.

A obrigação mais onerosa do governo federal é a Previdência Social, que custou US$ 809 bilhões, em 2012, o equivalemte a 5% do PIB. O número de beneficiários aumentará em 1,5 milhão por ano nos próximos vinte anos. Em consequência, o custo dos benefícios será de 5,9% do PIB, em 2031. A situação, porém, poderá ser remediada com a mudança das regras. O melhor seria aumentar a idade mínima para aposentadoria, que hoje é de 65 anos. Hoje, um aposentado médio que para de trabalhar aos 65 anos vive por mais 19,5 anos. Em 1940 (cinco anos depois de o sistema ser constituído, em 1935), as mulheres viviam apenas 14,7 e os homens 12,7 anos após a aposentadoria. Já se estabeleceu que a idade para aposentadoria aumentará para 67 anos, em 2022, com ressalvas. A data de implementação da mudança deveria ser antecipada e a idade deveria ser aumentada para setenta anos e indexada à expectativa de vida, como acontece na Suécia. Em conjunto, as duas providências também aumentariam o PIB em 1%, de acordo com o Congressional Budget Office, uma vez que mais pessoas estariam trabalhando. Os benefícios também deveriam ser reajustados pela inflação de preços, em vez de pela inflação de salários. E, tanto quanto possível, a abordagem deveria ser, em parte, de seguro social, não de assistência social, como o modelo cingapurense, em que o Estado oferece um mínimo, que pode ser aumentado a critério e à custa de cada um.

Um custo ainda mais alto é o do Medicare, que hoje se situa em 3,6% do PIB, proporção que deve aumentar para 5,6% em 2035. Também nesse caso é necessário fazer ajustes às mudanças na demografia: a idade mínima deve aumentar de 65 para 67 anos. Quanto ao aumento dos custos da assistência médica, argumentamos que há bons motivos para supor que seja possível reverter a situação através da reorganização dos hospitais (como na Índia, do dr. Shetty), do uso de equipamentos frugais (como o kit de eletrocardiograma que a GE está produzindo), da transferência de parte dos trabalhos para profissionais de saúde não médicos, e do uso mais intenso de aparelhos e de tecnologia. No entanto, se os Estados Unidos realmente forem radicais, contornarão o atoleiro do Obamacare e se inspirarão em ideias tanto da nova Ásia quanto da velha Europa.

A ideia da Europa é o sistema de pagador único, com base sobretudo no modelo sueco. A proposta talvez pareça ter um ranço socialista para os fundamentalistas do Tea Party, mas ofereceria cobertura universal de maneira transparente e a custos muito mais baixos que o emaranhado de hoje (baseado em uma mistura de provedores públicos e seguradores privados). Ficaria claro quanto o Estado está gastando e com o que, reduzindo a probabilidade de que os cidadãos acabassem pagando a conta das cirurgias plásticas de quem não gostasse da própria aparência. O sistema de pagador único deveria contar com uma junta médica independente que avaliasse o custo e a eficácia de medicamentos e tratamentos, como o National Institute for Health and Care Excellence (NICE), da Inglaterra, que, na verdade, raciona o atendimento, e cobrar alguma coisa dos pacientes, para desestimular os abusos. A ideia asiática, mais uma vez de Cingapura, é adotar algum tipo de Contribuição Social para a Saúde, como abrir contas pessoais para o custeio da assistência médica por meio de um sistema de poupança forçada. Também neste ponto Cingapura insiste em que os beneficiários contribuam para o pagamento de pequena parte dos custos e que se considerem as condições financeiras individuais para determinar o nível de subsídio para alguns procedimentos.

A maioria das pessoas aceitaria que o Estado pagasse um mínimo básico a todos os cidadãos, como pensão e assistência médica. Outros direitos sociais, porém, suscitam questões mais escorregadias referentes à equidade. Sob esse aspecto, a Europa é muito mais transgressora que os Estados Unidos ao distribuir benefícios universais, como passes livres para transportes públicos e combustíveis gratuitos para aquecimento durante o inverno, sem considerar a capacidade de pagamento dos beneficiários. A resposta, na maioria dos casos, é a verificação prévia das condições financeiras dos indivíduos: Sir Mick Jagger e Sir Elton John devem ser excluídos imediatamente das listas de beneficiários. Outra solução é reduzir os benefícios para quem já recebe mais dos investimentos públicos que a sociedade em geral. O aluno de uma universidade pública já desfruta de uma vantagem comparativa colossal. Por que deveriam os pagadores de impostos pobres subsidiá-lo ainda mais?

No cerne do bem-estar social — oferecer dinheiro e serviços aos necessitados e desempregados —, o Ocidente não precisa seguir o modelo de amor severo de Lee Kuan Yew para salvar uma boa quantia de recursos. A esse respeito, existem três alternativas de políticas públicas mais evidentes. Uma é a da condicionalidade. Alguns países da América Latina vinculam a concessão de benefícios à prática de bons hábitos, como matricular os filhos em escolas e fazer exames de saúde periódicos. Os países ricos poderiam seguir o exemplo, amarrando os pagamentos do Estado às atitudes dos beneficiários de investir em educação geral e em qualificação profissional. Outra é a reforma dos benefícios por invalidez. Nos Estados Unidos, o pagamento de benefícios por invalidez total ou parcial para pessoas em idade produtiva aumentou de 1,7%, em 1970, para 5,4%, hoje. Os americanos passaram a reivindicar benefícios por invalidez quando vence o prazo do seguro-desemprego, com a ajuda de médicos que estão ampliando a definição de incapacidade para o trabalho. Nesse caso, porém, a incapacidade é uma grande arapuca, pois, nos Estados Unidos, não se empreendia qualquer esforço para a recuperação da capacidade para o trabalho: o sistema foi concebido numa época em que pouco se fazia para a reabilitação. Os resultados seriam muito melhores caso se dedicassem mais recursos ao retreinamento dos beneficiários. Hoje, a Dinamarca só concede benefícios por incapacidade se a condição restritiva for permanente e se for impossível aceitar opções de trabalho flexíveis.

A terceira é transparência. No momento, o bem-estar se dispersa através de muitos sistemas diferentes: nos Estados Unidos, diversos programas de transferência de renda como imposto de renda negativo, ajuda para moradia e ajuda para mães com filhos pequenos, são custeados por diferentes fontes de recursos. A ideia proposta na Inglaterra de adoção de um sistema de pagamento único que deixe claro quanto cada pessoa está recebendo do Estado como benefício social parece ser a abordagem certa, inclusive ao facilitar a imposição de tetos. (Devia ser impossível que alguém recebesse do Estado uma pensão superior aos ganhos de um trabalhador empregado em uma função de baixa remuneração.) Caso se agisse da mesma maneira em relação aos vários subsídios do governo para os ricos, também aqui a situação ficaria muito mais clara.

A reforma dos benefícios sociais também deve incluir fatores que aumentem a responsabilidade dos beneficiários. A ideia de que os serviços públicos devam ser gratuitos sem dúvida é atraente, mas não funciona na prática. É preciso que se pague alguma coisa pelos serviços médicos — mesmo quantias simbólicas — para demonstrar que, realmente, não há almoço de graça. Os beneficiários também deveriam ser obrigados a submeter-se a treinamento depois de algum período de ociosidade. Os sistemas de previdência social são produtos de uma época em que a maioria das pessoas trabalhava em empregos industriais, compostos de atividades repetitivas: o seguro-desemprego se destinava a oferecer apoio ao inativo enquanto não encontrasse ocupação semelhante à anterior. Hoje, porém, a economia está passando por fase extremamente diruptiva: a tecnologia da informação está revolucionando setores inteiros, enquanto a globalização está redistribuindo o trabalho. Os trabalhadores precisam aprimorar suas qualificações se quiserem conseguir novos empregos.

Ainda que pareça impiedosa ou sentenciosa, a proposta é, na verdade, compatível com o espírito original do Estado de bem-estar social. Em seu projeto de Estado de bem-estar social de 1942, o inglês William Beveridge receava que a nova ordem social entrasse em colapso se subsidiasse a ociosidade ou tolerasse abusos. Para evitar essas situações, sugeriu a imposição de limites rigorosos ao período em que alguém fosse sustentado na ociosidade. Também insistiu na verificação das condições financeiras dos candidatos a benesses para que os ricos não reivindicassem benefícios destinados aos pobres. É melhor ser judicioso que caridoso. Também é preferível ser justo com as gerações futuras a empobrecê-las para custear a prodigalidade das gerações presentes. Reiteradamente os governos repassam os custos de financiamento dos programas de benefícios sociais em curso para as gerações futuras, que não podem opinar sobre a escolha. A ideia de assumir compromissos a serem pagos pelos pósteros talvez fosse boa quando a população crescia e todos sabiam que os filhos seriam mais ricos que os pais. Agora que essas premissas já não são verdadeiras, o esbanjamento no presente por conta do futuro parece muito mais arriscado, mormente quando o endividamento do Tio Sam, a ser pago pelas gerações futuras, não se destina à ampliação da infraestrutura nem à construção de escolas, mas, sim, à desoneração fiscal dos compadres e ao pagamento de benefícios pela ociosidade. Não há nada de progressista nisso tudo.

Acorde, Maggie

Seriam as propostas acima viáveis? Muito pouco do que se sugere aqui já não foi posto em prática por outros governos. Cada uma dessas reformas, porém, será mais eficaz se for parte da reengenharia geral do Estado americano. As reformas positivas, assim como os abusos negativos, tendem a se retroalimentar. Um Congresso que se disponha a conter os direitos sociais e a depurar o sistema tributário também estaria muito mais propenso a adotar cláusulas de extinção automática de novas regulações e a analisar com mais rigor os programas de defesa. A reforma tem tanto a ver com mudança de mentalidade quanto com redesenho da estrutura.

Daí decorre, necessariamente, outra questão. Reagan e Thatcher embarcaram em algo mais ou menos semelhante, e decerto mudaram o debate. Ainda assim, porém, promoveram apenas meia revolução. Por que desta vez seria diferente? A oportunidade agora é maior — muito mais semelhante à revolução vitoriana — por duas razões.

A mais importante é a revolução da informação. Os liberais clássicos estavam sintonizados com a Revolução Industrial. Representavam uma nova classe, faminta por mudanças e convencida de que a história estava a seu lado. Melhorias dramáticas nas comunicações, com o desenvolvimento das ferrovias e dos correios, de repente viabilizaram um Leviatã mais esbelto e mais expedito: em vez de apenas ceder uma sala para um burocrata, torcendo pelo melhor, agora era possível monitorar o desempenho do servidor público, visitando-o no local de trabalho para verificar o que estava fazendo. A revolução da informação também transformou a sociedade, criando uma classe de consumidores acostumados com a gratificação imediata, democratizando informação e, como vimos, facilitando a reforma das funções centrais do governo, como educação, saúde, ordem pública e segurança.

A segunda razão se relaciona com competição. Os liberais do século XIX viam a vida como uma competição sangrenta, uma luta com unhas e dentes. Na década de 1980, temia-se a União Soviética não pelas proezas econômicas, mas pelo poderio nuclear. Agora, como vimos, enfrentamos ameaça real e imediata, imposta pelo Oriente. As empresas asiáticas estão superando as ocidentais não apenas em trabalho braçal, mas também em trabalho cerebral. E os políticos asiáticos criaram um novo modelo que é, sob vários aspectos, muito mais vigoroso e eficiente que o decadente modelo ocidental. A competição talvez desperte coragem nos políticos para reformar a máquina do governo.

Temos, portanto, uma oportunidade de ouro para completar a revolução da década de 1980 — reformar o governo a partir das fundações e incutir mais liberdade no cerne das relações do Estado com os cidadãos. Estaria, porém, a democracia à altura da missão? Uns vinte anos atrás, os ocidentais estavam confiantes de que a democracia era não só "a pior forma de governo, exceto todas as outras já experimentadas de tempos em tempos", na frase imortal de Churchill, mas também a melhor forma de governo: muito mais capaz de resolver os problemas mais prementes do mundo que qualquer um de seus rivais. Hoje, no entanto, muita gente está reavaliando a questão. A democracia parece responsável pelo inchaço do Estado e do governo. Os políticos desbravam com propinas a ascensão aos cargos públicos, usando dinheiro de terceiros, e os eleitores adiam decisões difíceis, inebriados pela visão de curto prazo. A democracia também está ficando cada vez mais disfuncional à medida que o Ocidente se defronta com problemas de escassez. Poderá o sistema democrático enfrentar escolhas tão difíceis? Será ele capaz de lidar com a escassez, assim como lidou com a fartura? A maior vantagem do Ocidente na batalha contra a alternativa asiática parece cada vez mais ser uma desvantagem.

Na conclusão deste livro, argumentaremos que a democracia ainda é um enorme trunfo para o Ocidente: apesar de toda a desordem, a democracia força o Estado a reagir às preocupações das pessoas, assim como a explorar seus talentos. A democracia, porém, também precisa ser reformada para ser mais eficaz, não cedendo a seus piores instintos e expressando seus melhores atributos. A defesa da limitação do governo não se restringe à ampliação da liberdade. Também almeja a restauração de todo o potencial da democracia.

Conclusão
O déficit democrático

"A DEMOCRACIA NUNCA DURA MUITO", disse John Adams, segundo presidente dos Estados Unidos. "Ela logo se dilapida, se exaure e se mata. Jamais houve democracia que não cometesse suicídio."[1] Essas reflexões sombrias, escritas em 1814, talvez pareçam insólitas, partindo de um dos fundadores do primeiro país democrático. Para Adams, porém, assim como para a sua geração, a democracia estava longe de ser uma resposta evidente para os dilemas da política. A democracia quase desapareceu do mundo quando os macedônios derrotaram os atenienses, em 322 a.C. (Uns poucos cantões suíços não constituem um grande movimento político.) O grande experimento da Europa com o poder popular irrestrito, na forma da Revolução Francesa, logo descambou para a carnificina e para a tirania. A grande preocupação de Adams, contudo, era com a natureza humana em si: "É inútil afirmar que a democracia é menos vã, menos orgulhosa, menos egoísta, menos ambiciosa ou menos avara que a aristocracia ou a monarquia. Não é verdade, de fato, e não há um único ponto na história que nos faça acreditar nisso. Essas paixões são as mesmas em todos os homens, sob todas as formas de governo, e, quando infrenes, produzem os mesmos efeitos de fraude, violência e crueldade".[2] O segredo do bom governo consiste em refrear as paixões humanas, não em desenfreá-las.

Muitos dos principais pensadores da época de Adams compartilhavam dessas preocupações. Decerto, como cavalheiros educados, todos tinham lido *História da Guerra do Peloponeso*, de Tucídides, e, nele, a oração fúnebre de Péricles, onde o ateniense exaltava as virtudes da democracia: cultuar o princípio da igualdade individual; aproveitar os talentos de todos os cidadãos, em vez de apenas os dos poucos privilegiados; inculcar respeito nas instituições políticas e infundir-lhes disposição para defender-se nas batalhas. Também tinham lido, porém, a contestação de Platão, em *A República*. Platão receava que as massas fossem movidas antes pela emoção do que pela razão, antes pelos interesses imediatistas do que pela sabedoria duradoura. A democracia, assim, degenerava em "teatrocracia", com hordas vulgares embasbacando-se diante de políticos profissionais nos palanques e votando nos que entoassem os discursos mais ilusórios e as promessas mais suculentas.

A essas dúvidas clássicas, os arquitetos de nossa Segunda Revolução acrescentaram uma preocupação especial: que a democracia esmagasse a maior de todas as virtudes políticas, a liberdade individual. Nos Estados Unidos, Adams e os Pais Fundadores ergueram todo tipo de defesa contra a tirania da maioria. Os senadores eram eleitos para mandatos de seis anos, para que se concentrassem no longo prazo. Há uma citação famosa de George Washington em que ele compara o Senado a um pires em que se derrama o café para esfriá-lo. O cargo de juiz da Suprema Corte é vitalício. A Declaração de Direitos relaciona garantias individuais que o governo não pode infringir. Na Inglaterra, John Stuart Mill incomodava-se com a tendência de "as massas predominarem sobre os indivíduos". O etos da democracia era coletivista: as maiorias impunham conformidade às minorias através de uma conjugação de pressão moral e de regulação legal. Mill se preocupava sobremodo com a autocensura dos dissidentes, com medo de se destacarem na multidão e de perderem o emprego.[3] Na França, Tocqueville também receava o "despotismo brando" e a ideia de que as sociedades democráticas poderiam reduzir os indivíduos ao mesmo nível de insignificância — todos iguais, mas todos escravos do Estado todo-poderoso, engambelados na homogeneidade ignara: "Não é de modo algum tirânico, mas inibe, restringe, exaspera, sufoca, a ponto de, no final das contas, cada nação não passar de um rebanho de animais timoratos e labutadores, com o governo na condição de pastor".[4]

Para Adams, Tocqueville e Mill, a democracia era um mecanismo poderoso, mas imperfeito: algo que precisava ser desenhado com cuidado para haurir a criatividade humana, mas também para inibir a perversidade humana e, depois, para garantir a ordem funcional. Hoje, poucas pessoas levantam essas questões básicas sobre as forças e fraquezas da ordem democrática. Alguns teóricos políticos produzem excelentes livros — *Democracy in Europe*, de Larry Siedentop, logo vem à mente — em grande parte, porém, os debates populares sobre o tema são superficiais. No vácuo, contudo, desponta um paradoxo perigoso. De um lado, os eleitores têm pouco respeito pelos governos democráticos: em graus variados, detestam os líderes e os consideram corruptos e ineficientes. De outro, assumem que a democracia está acima de qualquer crítica, atributo permanente da vida política. Odeiam a prática, mas nunca questionam a teoria.

Dificilmente essa situação será duradoura. Adams estava certo: a ameaça à democracia vem de dentro — se não da tentação de cometer suicídio, pelo menos do impulso para dilapidar-se e exaurir-se. A democracia tornou-se demasiado indolente e autocomplacente nas décadas recentes de prosperidade crescente: sobrecarregou-se de obrigações e distorceu-se em nome de interesses específicos. Os liberais do século XIX conjugaram a reforma da máquina do Estado com a reforma do sistema de representação; livraram-se dos burgos podres e estenderam o sufrágio a segmentos cada vez mais amplos da população. Seus descendentes modernos devem adotar a mesma abordagem: podar o Estado e revitalizar a democracia.

Depois de mil anos, um bom século

Para a democracia ocidental, bem como para o Estado ocidental de bem-estar social, em geral, o século XX foi um triunfo. Em 1900, nem um único país tinha o que hoje consideramos democracia: governo constituído por eleições, em que todos os cidadãos adultos podem votar. Em 2000, a Freedom House classificou 120 países como democracias, abrangendo 63% da população mundial. Quando representantes de mais de cem países se reuniram no World Forum on Democracy, em Varsóvia, em 2000, para proclamar que "a vontade do povo" é "a base da autoridade do governo", o clima era de celebração. O Departamento de Estado dos Estados Unidos declarou que "finalmente a democracia triunfou".

O triunfo, porém, não foi inequívoco. Setenta anos antes, o comunismo e o fascismo estavam em alta. Quando a Espanha restaurou, temporariamente, o governo parlamentar, em 1931, Mussolini comparou o acontecimento ao retorno para lâmpadas a gás na era da eletricidade. Em 1941, Franklin Roosevelt receava que não fosse possível proteger "a grande chama da democracia contra a escuridão da barbárie", medo reiterado durante a Guerra Fria. A democracia, porém, acabou vencendo. Os grandes heróis do final do século XX foram os defensores da democracia: basta pensar em Nelson Mandela, liderando a transição pacífica para o governo da maioria, na África do Sul, ou em Václav Havel, incitando a Revolução de Veludo, na República Tcheca. Na Introdução de *Da democracia na América*, Tocqueville argumentou que "o esforço para deter a democracia parece uma luta contra o próprio Deus".[5] Substitua-se a palavra "Deus" por "história" e, em 2000, essa seria uma afirmação da sabedoria convencional.

Hoje, porém, as coisas parecem muito diferentes: o avanço da democracia interrompeu-se em freada estridente. A Freedom House observa que há menos democracias no mundo hoje do que havia em 2001. A democracia se saiu muito mal no que poderia ser denominado como suas fronteiras. Aterrorizados pelo caos que suas liberdades democráticas potenciais estavam criando (e relutantes em aceitar a explicação leviana de Donald Rumsfeld "essas coisas acontecem", a respeito dos saques e incêndios criminosos no Iraque libertado), vários países, em profusão preocupante, trocaram a democracia pela tirania.

Com efeito, a história da democracia no século XXI tem sido uma narrativa de esperanças estilhaçadas e de promessas ludibriadas. Depois da queda do Muro de Berlim, todos assumiram que o lado perdedor abraçaria a democracia. Nos anos 1990, a Rússia deu alguns passos de bêbado nessa direção, sob Boris Yeltsin. Exatamente no último dia do século xx, porém, Yeltsin renunciou e entregou o poder a Vladimir Putin, um czar pós-moderno que foi primeiro-ministro e presidente duas vezes e que neutralizou a oposição, amordaçou a imprensa, intimidou os adversários e aprisionou os críticos mais persistentes. A decepção foi ainda maior no Oriente Médio. A invasão do Iraque, em 2003, deveria introduzir a democracia; em vez disso, implantou o caos — e, por fim, enraizou um tirano putinesco. O colapso do regime de Hosni Mubarak, no Egito, em 2011, ressuscitou a esperança da difusão da democracia no Oriente Médio. As eleições no Egito, contudo, não foram vencidas por ativistas liberais (que estavam divididos em miríades de partidos picarescos), mas, sim, pela Irmandade Muçulmana, de Mohamed Morsi, que, então, tentou manipular a constituição, enquanto deixava a economia desintegrar-se — tanto que muita gente vibrou quando o exército depôs o primeiro presidente do Egito escolhido em eleições democráticas e matou ou encarcerou milhares de membros da Irmandade Muçulmana. Hoje, apenas três dos 22 participantes da Liga Árabe podem se dizer democráticos — e até Tunísia, Líbia e Iraque apresentam sérias deficiências.

Enquanto isso, alguns dos mais importantes recrutas do campo democrático estão perdendo o brilho. O Congresso Nacional da África, que governa a África do Sul desde 1994, torna-se cada vez mais corrupto. Jacob Zuma, atual presidente, usou o cargo para acumular enorme fortuna pessoal, chegando a torrar R200m (us$ 20 milhões) de dinheiro público na própria mansão. Recep Tayyip Erdogan, primeiro-ministro da Turquia, marginalizou adversários, trancafiou jornalistas e humilhou os críticos. Viktor Orban, primeiro-ministro da Hungria, comportou-se com tanta arrogância que a Comissão Europeia reiteradamente o censurou.

Todos esses retrocessos já são significativos em si, mas tornam-se ainda mais importantes em consequência de dois acontecimentos. O primeiro foi tema de nosso sexto capítulo: a ascensão do consenso de Pequim, com ênfase na modernização de cima para baixo e na seleção meritocrática. Não obstante nossos argumentos de que esse modelo é mais vulnerável do que parece, o fato é que ele tem facilitado em muito que outros países rejeitem a democracia uma vez que a grande economia em mais rápido crescimento do mundo orgulha-se de não ser uma democracia. O segundo acontecimento é inegável: a democracia está enfrentando graves problemas em seu próprio berço.

Precisando seriamente de uma reforma

Tanto nos Estados Unidos quanto na União Europeia, toda a vaidade, orgulho, egoísmo, ambição e avareza que Adams tanto temia afloraram à plena força. As falhas da democracia estão sendo ostentadas por seus dois grandes campeões, mas de maneiras muito diferentes. Os problemas dos Estados Unidos decorrem do fato de lá se destacarem muitos dos vícios da democracia; já a União Europeia, em contraste, tem exibido poucas das virtudes.

Uma das raras coisas em que os americanos concordam, hoje, é que o sistema político deles é uma mixórdia e está ficando cada vez mais dispendioso. A Peterson Foundation calcula que, desde 2010, a incerteza fiscal — isto é, o impasse — retardou o crescimento do PIB do país em 1% e impediu a criação de 2 milhões de empregos. A desordem também está cobrando um alto preço em termos de imagem dos Estados Unidos no exterior — e, por extensão, também está denegrindo o próprio conceito de democracia. Os políticos costumavam lavar a roupa suja em casa. Não mais: os democratas vigorosamente acusaram George W. Bush de beligerante. Agora, os republicanos, também sofregamente, increpam Barack Obama de apaziguador. Tudo isso confunde os aliados americanos, e até os rivais. Tanto que para um dos homens mais poderosos da China, que acompanha Washington de perto e gosta de citar Tocqueville, a ideia de os políticos atropelarem a própria política externa é um dos aspectos mais intrigantes dos Estados Unidos.

Por que isso está acontecendo? Alguns dos problemas dos Estados Unidos decorrem do fato de sua democracia ser democrática demais, propensa demais às emoções que tanto alarmaram Platão e Mill. As altercações sobre o orçamento, que recentemente levaram os Estados

CONCLUSÃO: O DÉFICIT DEMOCRÁTICO

Unidos às raias do calote da dívida por duas vezes, ocorreram em parte porque os políticos fizeram o que os eleitores esperavam deles. Muitos democratas resistem tenazmente em reduzir as despesas, assim como vários republicanos relutam obstinadamente em aumentar os impostos. Os Estados Unidos, porém, são um país polarizado, e a teatrocracia de Washington meramente reflete essa realidade. Os problemas de Washington, todavia, foram exacerbados por três excrescências estruturais.

A primeira é uma força que corre o risco de tornar-se fraqueza. Os freios e contrapesos americanos continuam a exercer a principal função de evitar a tirania da maioria. O custo, no entanto, é alto em termos de eficiência e até de justiça. Teriam os fundadores de fato pretendido tornar tão fácil para um senador de Wyoming (população de 576 412) frustrar a vontade do povo, pelo menos conforme definida por senadores eleitos pelos demais 315 milhões de cidadãos? Também a ideia de que o obstrucionismo e outras táticas protelatórias forçam os partidos e as "facções" a fazerem concessões parece ultrapassada agora que a moderna política americana está acometida de forte febre ideológica. Em 2010, Mitch McConnell, líder republicano do Senado, disse que "para nós o mais importante agora é conseguir que o presidente Obama tenha apenas um mandato". O *National Journal* estima que o atual Congresso seja o mais ideologicamente polarizado de todos os tempos, onde o senador republicano mais liberal é mais conservador que o democrata mais conservador. Numa época em que o grau de imbricação ideológica entre os partidos é zero, a obstrução, a protelação e outras excentricidades regimentais do Congresso que deveriam ser usadas apenas como último recurso passam a ser aplicadas a qualquer pretexto. Nas seis décadas entre 1949 e 2008, somente 68 indicações presidenciais para cargos públicos foram bloqueadas pelo Senado. Entre janeiro de 2009 e novembro de 2013, quando os democratas finalmente alteraram os procedimentos obstrucionistas, 79 nomeações do presidente Obama foram rejeitadas, obrigando-o a fazer nomeações durante o recesso do Senado (o que, em si, não deixa de ser abuso de poder).[6] Obama teve dificuldade em conseguir que os senadores republicanos aprovassem a indicação de Chuck Hagel para secretário de defesa, embora este fosse um veterano militar condecorado e ex-senador republicano. Mesmo considerando a reforma de 2013, o sistema político americano ainda atribui poderes extraordinários aos políticos individuais para retardar os trabalhos, justificando o epíteto "vetocracia", que lhe foi atribuído por Francis Fukuyama.

Mill e Tocqueville ficariam nervosos ao enfrentar os freios e contrapresos destinados a proteger a liberdade. Os dois outros problemas estruturais, *gerrymandering*, ou loteamento político, e influência do dinheiro na política, embora encontrem algum respaldo na constituição, parecem muito mais distantes de qualquer ideia de liberdade. Na verdade, fedem à "Velha Corrupção".

O segundo problema, *gerrymandering*, ou loteamento político, não passa de um novo termo para os velhos burgos podres. O fato de tão poucos assentos no Congresso estarem sujeitos a disputa, no contexto de um sistema de primárias partidárias fechadas, enraíza o extremismo: tudo o que importa para a maioria dos políticos é atrair os grupos de interesse mais influentes de seus partidos, o que confere poderes desmesurados não só aos que têm interesses específicos, a exemplo dos oficiais penitenciários da Califórnia, que podem concentrar o poder de fogo em um partido, mas também aos fanáticos ideológicos, que tendem a ignorar o meio-termo. O problema mais profundo, porém, é o fato de o *gerrymandering* ser simplesmente injusto. A demarcação de distritos eleitorais canhestros cria a impressão de que a democracia americana é um jogo manipulado pelos próprios jogadores, em benefício próprio. O problema persistirá enquanto os políticos puderem traçar as próprias fronteiras eleitorais. Mais eficaz seria simplesmente delegar a redistribuição a uma comissão independente, como já ocorre em alguns Estados.

O terceiro problema é dinheiro. Se os políticos americanos estão cada vez mais divididos pela ideologia, também estão cada vez mais unidos pela busca das verdinhas. Nas eleições de 2012, Barack Obama gastou US$ 1,1 bilhão e Mitt Romney, US$ 1,2 bilhão. O custo total das eleições para a presidência e para o Congresso foi de quase US$ 6,3 bilhões, duas vezes a cifra de 2000.[7] Os candidatos ao Senado e à Câmara passam a vida angariando dólares para remunerar os *spin doctors* (manipuladores

CONCLUSÃO: O DÉFICIT DEMOCRÁTICO

de opinião), os *image mongers* (construtores de imagem) e os consultores políticos, tudo com o propósito de serem reeleitos. Washington D.C. abriga mais de 12 mil lobistas (mais de vinte para cada congressista), que custaram aos clientes US$ 2,4 bilhões, em 2012.[8] Esses lobistas não são responsáveis apenas por pecados óbvios, como os *sweetheart deals*, ou mamatas. Também agravam a complexidade da legislação: quanto mais enrolada for a lei, mais fácil será contrabandear nela privilégios especiais. E todos são muito bons em defender essas despesas políticas como requisitos para o exercício do direito constitucional de liberdade de expressão. Tudo isso, porém, cria a impressão de que a democracia americana está à venda; de que os ricos têm mais poder que os pobres; de que nada mais se faz que troca de favores e prática de negociatas. Por mais que os políticos e doadores americanos insistam em que nada está sendo permutado, qualquer estudo sobre a natureza humana, para não falar em qualquer DVD do *Poderoso chefão*, sugere que "presentes" criam obrigações e expectativas de ambos os lados.

A tergiversação na defesa dessas práticas é um tanto grotesca, mas os problemas da democracia americana são, na raiz, a degeneração da boa democracia. Teddy Roosevelt ficaria horrorizado com a influência do dinheiro e dos interesses especiais na política, mas também perceberia a oportunidade política que desponta da limpeza das cavalariças de Áugias. Em contraste, os problemas da União Europeia são muito mais profundos. Para começar, a UE nunca teve muita democracia — e, decerto, não dispõe dos mecanismos necessários para a produção de um Teddy Roosevelt, capaz de remover o esterco do sistema.

A União Europeia começou como um projeto das elites. Depois de ver o continente europeu quase destruído pelas paixões populares, os líderes europeus queriam desenhar uma máquina capaz de manter sob controle essas paixões. À medida que a União Europeia se convertia em realidade, empreenderam algumas tentativas mornas para suprir o "déficit democrático", mas vale ressaltar o "mornas". O principal símbolo dessa democracia, o Parlamento Europeu, é muito ridicularizado como veículo de oportunistas e de manifestantes. Sintomaticamente, a decisão mais importante da União Europeia no pós-guerra — o lançamento do euro, em 1999 — desconsiderou qualquer participação democrática. Os líderes europeus pensaram em submeter à aprovação popular o Tratado de Lisboa, de 2007, que consolidou o poder em Bruxelas; no entanto, em manobra que lembra a passagem de Bertolt Brecht sobre "dissolver o povo e eleger outro", a ideia foi abandonada quando a malta começou a votar errado. Nos dias mais sombrios da crise do euro, o Banco Central Europeu expandiu seu balanço patrimonial em 3 trilhões de euros — número praticamente equiparável ao PIB da Alemanha. Dificilmente se poderia questionar o acerto da medida; o fato, porém, é que foi adotada sem qualquer consulta aos eleitores. Bruxelas, em breve, reivindicará o poder de analisar e de rejeitar orçamentos nacionais. Embora, mais uma vez, a pretensão pareça lógica, é difícil ver de onde vem a outorga democrática.

A dinâmica antidemocrática da Europa também está envenenando as democracias nacionais subjacentes. No auge da crise do euro, Itália e Grécia foram assediadas e humilhadas para substituir governos eleitos democraticamente por líderes tecnocráticos, como Mario Monti e Lucas Papademos. A União Europeia está virando sementeira de partidos populistas, que alegam falar pela "gentalha espoliada e ludibriada" contra as elites arrogantes e incompetentes. Geert Wilders, líder do Partido pela Liberdade da Holanda, arenga contra "esse monstro chamado Europa". Marine Le Pen, líder da Frente Nacional da França, compara a União Europeia à velha União Soviética, condenada ao desabamento, "sob o peso das próprias contradições". O Aurora Dourada, da Grécia, está testando a questão de até que ponto as democracias podem tolerar os partidos de estilo nazista. Um projeto concebido meio século atrás, para domar a besta do populismo europeu, na verdade o está despertando para a vida.

**Da disfunção democrática
para a desordem popular**

A União Europeia é exemplo extremo da patologia mais profunda da "democracia representativa" que acometeu os Estados nacionais. Os eleitores nacionais elegem representantes dos partidos nacionais para

CONCLUSÃO: O DÉFICIT DEMOCRÁTICO

cargos nacionais, e esses representantes puxam as alavancas do poder nacional. Esse modus operandi, agora, parece um pouco ultrapassado. Está sob ameaça de cima e de baixo, em geral por boas razões.

De cima, a globalização está mudando a política nacional profundamente. Os políticos nacionais renunciam a cada vez mais poder, em relação, por exemplo, aos fluxos comerciais e financeiros, para o que poderia ser denominado, sem muita precisão, de capitalismo global. Outorgaram soberania a várias entidades supranacionais, como à Organização Mundial do Comércio ou, com efeito, à União Europeia, ou delegam o poder a tecnocratas, sobretudo a banqueiros centrais, para conquistar a confiança dos mercados. Em tudo isso sobressai uma lógica cogente: como um país isolado poderia manejar problemas globais a exemplo da mudança climática? Também se constata um elemento nobre de autocontenção: para os políticos nacionais, a melhor maneira de resistir ao canto das sereias de imprimir dinheiro é amarrar-se ao mastro da autoridade monetária — e deixar que Janet Yellen assuma todos os riscos.

Tampouco faltam desafios consideráveis vindos de baixo — de nações secessionistas, como catalães e escoceses, de Estados indianos, de províncias chinesas, de prefeitos de cidades americanas. Todos estão tentando recuperar os poderes que cederam a governos nacionais durante a grande era da centralização. Também se destaca a profusão daquilo que Moisés Naím denomina "micropoderes", de ONGs a lobistas, que estão desintermediando a política tradicional. A internet está reduzindo as barreiras, facilitando a organização e a agitação. Em um mundo onde as pessoas escolhem e votam cada vez mais com um clique, a democracia parlamentar, onde as eleições se realizam a intervalos de anos, parece anacrônica. Douglas Carswell, parlamentar britânico, compara a política nacional à HMV, cadeia de lojas de discos que foi à falência em um contexto em que se compra música pela iTunes.[9]

A maior ameaça vinda de baixo é a dos próprios eleitores. O grande receio de Platão com a democracia — que os cidadãos "viveriam o dia a dia condescendendo aos prazeres do momento" — revelou-se presciente. Medida grosseira da falta de interesse do público pelo longo prazo, nos Estados Unidos, são as despesas de capital do setor público, que caíram de 5% do PIB, em meados da década de 1960, para cerca de 3%, em 2000. Agora que as coisas ficaram mais difíceis, os eleitores simplesmente se tornaram mais céticos em relação aos políticos. O exemplo mais extremo dessa tendência talvez seja o da Islândia, onde o ironicamente denominado Melhor Partido recebeu votos suficientes, em 2010, para codirigir o Conselho Municipal de Reykjavik (o que equivale a codirigir a Islândia), com base na promessa de que não cumpriria as promessas e seria abertamente corrupto. Na Inglaterra, a afiliação aos grandes partidos nacionais despencou de 20% da população eleitora na década de 1950 para menos de 1% hoje. Os partidos políticos estão enfrentando dificuldade crescente para formar maioria no parlamento. Em 2012, apenas quatro dos 34 países da OCDE tinham governos com maioria absoluta no Parlamento.

Esse ceticismo seria saudável caso se esperasse pouco do governo. O fato, porém, é que dele ainda se exige muito. O resultado pode ser uma mistura tóxica e instável: dependência para com o governo, de um lado, e desprezo pelo governo, de outro. A dependência força o governo a expandir-se e a sobrecarregar-se demais, enquanto o desprezo priva-o de legitimidade e exacerba os reveses, transformando-os em crise. A disfunção democrática caminha de mãos dadas com a desordem democrática.

Capitalismo, globalismo e democracia

Esses fracassos suscitam uma importante questão: será que a democracia é mesmo o futuro? Os argumentos em favor da democracia inevitavelmente se sustentam em duas premissas, nenhuma das quais teria sido aceita de pronto por John Adams. A primeira é de que a democracia é um credo universal: basta extirpar a tirania para que se enraíze a democracia. A segunda é que democracia e capitalismo se associam: a livre escolha na política só pode florescer ao lado da livre escolha na economia. Essas premissas constituíam o cerne do famoso ensaio de Fukuyama sobre "O Fim da História", de 1989. Ao longo dos últimos quinze anos, porém, ambas foram testadas e não se confirmaram.

CONCLUSÃO: O DÉFICIT DEMOCRÁTICO

A democracia talvez seja uma "aspiração universal", conforme insistiam Tony Blair, George Bush e outros, mas também é, decerto, prática enraizada na cultura. Foi inventada na Grécia antiga e redescoberta, a partir de meados do século XIX, na Europa Ocidental. Os países do Ocidente quase invariavelmente adotaram o sufrágio universal só depois de já terem desenvolvido regimes políticos sofisticados, com poderosos sistemas legais e com direitos constitucionais consolidados — e assim agiram em culturas que valorizavam as noções de direitos individuais. Mesmo assim, foram afligidos por sérios problemas. Metade da Europa capitulou ao autoritarismo, nas décadas de 1920 e 1930. Nessa perspectiva, não admira que a democracia tenha murchado tão rapidamente na Rússia e no Egito.

A ligação entre democracia liberal e capitalismo liberal também está longe de ser automática, problema que os economistas são muito mais rápidos em reconhecer que os políticos. James Buchanan e outros teóricos da "escolha pública" receavam que os políticos democráticos sempre se preocupariam em paparicar o eleitorado — e, em consequência, acumulariam déficits e pouco investiriam na infraestrutura —, receio que se revelou de uma exatidão impressionante. Dani Rodrik argumenta que os modernos Estados nacionais se defrontam com um trilema: não podem ao mesmo tempo cultivar a democracia, a autodeterminação nacional e a globalização econômica. No período do pós-guerra, sacrificaram a globalização em nome da democracia e da autodeterminação nacional. Na visão de Rodrick, agora estão sacrificando, cada vez mais, a democracia e a autodeterminação nacional em nome da globalização.

Há, também, o problema da desigualdade suscitada inevitavelmente pelo capitalismo. Louis Brandeis, o grande juiz da Suprema Corte americana, disse que "podemos ter uma sociedade democrática ou podemos ter uma grande riqueza concentrada nas mãos de poucos. O que não podemos ter é ambas as coisas". A era de ouro da democracia ocidental foi, em tese, o longo surto de prosperidade do pós-guerra, quando as desigualdades de renda foram relativamente eliminadas e os Estados nacionais ofereciam pleno emprego e bem-estar social. A democracia pareceu menos dourada quando grande parte da riqueza se concentrou nas mãos do 1% mais rico. Como observou nosso colega Philip Coggan, essa contradição, como tantas outras, era mais gerenciável na era da fartura, quando a economia crescia e era fácil para o governo e para os cidadãos contraírem empréstimos. A crise financeira de 2007-8, porém, interrompeu esse processo. Na era da escassez, a democracia está sob pressão.

Isso não significa que se encontre à beira do colapso, muito menos que o autoritarismo no estilo chinês esteja despontando no horizonte. A democracia é um sistema extremamente adaptativo: criou Estados de bem-estar social no começo do século XX, à medida que se expandia o sufrágio. E ainda oferece maneira pacífica de descartar os indolentes e de recrutar os diligentes, de alto a baixo. Reforça os direitos humanos e estimula a inovação. Talvez o mais fundamental é que as pessoas a almejam, razão pela qual as chances são de que os chineses sigam o exemplo dos taiwaneses e dos sul-coreanos e passem a demandar mais liberdade à medida que enriquecem. Essa tendência, contudo, não é desculpa para não fazer nada no Ocidente ou para ser complacente em relação às perversões que estão sendo conjuradas pelos demônios que hoje espreitam a democracia ocidental. Mais uma vez há um risco. Ao permitir a decadência das democracias, os governos ocidentais decepcionaram o próprio povo. Assim como em relação à questão maior do Estado em si, porém, também aqui emerge uma oportunidade.

Reconfigure e reformule

Nosso argumento anterior sobre o conserto dos equipamentos do Estado também se aplica aos equipamentos da democracia. Muitas são as medidas práticas a serem adotadas em público por políticos de espírito democrático de todos os credos. Já mencionamos várias, como aceitar as fronteiras eleitorais estabelecidas por comissões independentes em vez de eles próprios traçarem os limites. Também os países europeus enfrentam problemas óbvios a serem resolvidos. A Espanha atribui muito poder às províncias; a Itália tem parlamentares demais (com remunerações altas demais), além de duas câmaras igualmente poderosas. O Reino Unido delegou a delimitação de suas fronteiras eleitorais a uma comissão, mas o sistema ainda confere aos escoceses maior poder de voto que aos ingleses em Westminster, embora os escoceses agora tenham um Parlamento próprio.

Os reformadores, entretanto, precisam embarcar em um projeto mais ambicioso. A chave para reavivar o espírito democrático consiste em reanimar o espírito do governo limitado. O grande problema do Ocidente não se resume em ter sobrecarregado o Estado com obrigações infactíveis, mas em ter assoberbado a democracia com expectativas inviáveis. Este livro demonstrou reiteradamente a verdade das duas grandes críticas de Platão à democracia: que os eleitores poriam a satisfação imediata acima da prudência duradoura e que os políticos desbravariam a golpes de corrupção o caminho para o poder — como fizeram ao prometer direitos sociais a serem pagos pelas gerações futuras. Um Estado mais estreito, mormente um que se restrinja por várias normas limitativas, seria mais sustentável.

Novamente, sempre que se olha com rigor para os problemas da democracia, constata-se que a autocontenção é sempre parte da solução. O governo limitado foi a pedra angular da Revolução Americana. "Ao estruturar um governo a ser administrado por uma organização humana", argumentou James Madison, em *O federalista*, "a grande dificuldade consiste no seguinte: primeiro é necessário capacitar o governo a controlar os governados, e, em seguida, obrigá-lo a controlar-se a si próprio". Os Pais Fundadores dos Estados Unidos muito refletiram sobre como seguir essa recomendação: daí todos os freios e contrapesos. O governo limitado também foi parte integrante do relançamento da democracia depois da Segunda Guerra Mundial. Para Reinhold Niebuhr, para Carl Friedrich e para os constituintes do pós-guerra era crucial que os governos soubessem ter autocontrole. A Carta das Nações Unidas (1945) e a Declaração Universal dos Direitos Humanos (1948) estabeleceram os direitos e normas que não poderiam ser infringidos pelos países, mesmo que a maioria assim o quisesse. A constituição da República Federal da Alemanha, redigida em parte por Friedrich, adotou como modelo a dos Estados Unidos.

Esses freios e contrapesos resultaram do medo da tirania — de reis gananciosos e de ditadores loucos por poder. Hoje, a ameaça à saúde da democracia, pelo menos no Ocidente, se manifesta sob três formas mais sutis. A primeira é que o Estado continue em expansão, reduzindo, aos poucos, a liberdade. A segunda é que o Estado ceda ainda mais poder aos interesses específicos — algo a que fica mais suscetível ao dispersar demais suas atividades. A terceira é que o Estado persista em fazer promessas que não pode cumprir — seja criando direitos sociais insustentáveis, seja assumindo objetivos inalcançáveis, como extirpar o terrorismo ou eliminar a pobreza, que acabam em fracassos retumbantes. Em todas essas áreas, o Estado está ampliando demais seu escopo e abusando de suas credenciais democráticas. É hora de restituir o adjetivo "liberal" ao substantivo "democracia": convencer eleitores e governantes a aceitarem as restrições à tendência natural do Estado à autocomplacência.

Na prática, a que tipo de restrições estamos nos referindo? Algumas delas são bastante óbvias. Os governos podem exercer a autocontenção vestindo uma camisa de força — como fizeram os suecos ao comprometer-se a equilibrar o orçamento ao longo do ciclo econômico e a financiar os direitos sociais de maneira adequada (com as pensões vinculadas à expectativa de vida). A mais importante de todas as restrições — há muito necessária em todo o Ocidente — é a introdução de cláusulas de extinção automática. Hoje, as leis e regulações são como vampiros: uma vez criadas é impossível matá-las. Um sistema em que todas as leis vencessem em dez anos, inclusive as de autocontenção aqui defendidas, forçaria o governo a manter-se sob controle.

As outras duas maneiras pelas quais os políticos poderiam praticar a autocontenção seria fazendo melhor uso das duas forças que hoje solapam a democracia representativa. As pressões de cima e de baixo, da globalização, de um lado, e de eleitores assertivos, de outro, chegaram para ficar. Os políticos nacionais precisam encontrar maneiras de equilibrar essas forças, transferindo parte da autoridade para tecnocratas e para os chamados "micropoderes" referidos por Naím.

No front econômico, delegar algumas decisões para tecnocratas (ou para comitês de luminares) faz sentido. A outorga do controle da política monetária a bancos centrais independentes tem sido um sucesso: reduziu as taxas de inflação no Ocidente de 20% ou mais nos anos 1980 para quase nada hoje. A entrega do controle da política fiscal a comissões independentes também poderia ajudar a refrear a disseminação dos direitos sociais. Nos anos recentes, a melhor chance de restaurar a sanidade fiscal nos Estados Unidos foi oferecida pela comissão (Alan) Simpson e (Erskine) Bowles, que envolveu políticos de ambos os partidos e recomendou a reforma do código tributário para reduzir as alíquotas, mas também eliminou ou reduziu várias desonerações, como a dedução de juros sobre financiamentos imobiliários. Infelizmente, as propostas não foram adiante.

Essa delegação de poderes por acaso não acarretaria em aumento da ameaça da tecnocracia? Sim, é verdade. Esse risco, porém, pode ser reduzido se a outorga for conduzida com parcimônia, se envolver apenas algumas atribuições e se o processo for aberto e transparente. Os eleitores sabem que os bancos centrais manejam as taxas de juros como instrumento de política monetária e têm acesso on-line às atas das reuniões dos comitês especializados. Outra maneira de limitar o desvio para a tecnocracia é transferir mais poder na direção oposta, para os eleitores — sobretudo no nível local.

Um tema consistente em todo este livro é o de que o governo melhora quando se aproxima do povo ao qual presta contas e perante o qual é responsável (prefeitos em geral alcançam o dobro das taxas de aprovação dos políticos nacionais) e quando tira mais proveito da tecnologia. Comunidades on-line, como a inglesa Mumsnet, estimula que os leigos se interessem pelos problemas políticos, como a rotulagem de alimentos e o cuidado de crianças. Os finlandeses, que estão buscando soluções para impedir que os políticos gastem demais, também experimentaram muitas maneiras de restituir o poder às comunidades locais e às comunidades eletrônicas. As decisões sobre sistemas de pensão devem ser delegadas a tecnocratas (sujeitas a homologação parlamentar). As questões de âmbito local, porém, devem ser resolvidas por "democracia líquida" ou "democracia delegada", em que se elegem delegados com um mandato específico, envolvendo determinada questão. Algumas reformas da Califórnia também se encaixam nesse padrão, convocando especialistas tecnocratas para a solução de alguns problemas, como o loteamento político, enquanto tentam ampliar a democracia, abrindo as primárias para todos os candidatos. "As instituições locais são para a liberdade o que as escolas primárias são para a ciência; estão ao alcance das pessoas, levam os indivíduos a apreciarem a fruição pacífica [...] arregimentam-se sentimentos e opiniões, amplia-se o coração, e desenvolve-se a mente humana, por nenhum outro meio senão pela influência recíproca das pessoas entre si."[10]

Unidos no fim

A Quarta Revolução aborda muitos temas. Trata do aproveitamento do poder da tecnologia para oferecer melhores serviços. Trata da busca de ideias inteligentes em todos os cantos do mundo. Trata do descarte de práticas trabalhistas ultrapassadas. No âmago, todavia, versa sobre duas grandes ideias liberais.

Uma é a reanimação do espírito da liberdade, atribuindo mais ênfase aos direitos individuais que aos direitos sociais. Outra é a revivificação do espírito da democracia, atenuando os encargos do Estado. Ao prometer demais, o Estado gera desordem e dependência entre os cidadãos; apenas reduzindo suas promessas, a democracia será capaz de expressar suas melhores tendências para a flexibilidade, para a inovação e para a solução de problemas. Essa é uma luta de extrema importância. A democracia é a melhor salvaguarda dos direitos basilares e das liberdades fundamentais. Também é a melhor garantia de inovação e de solução de problemas. Combater, porém, os piores instintos não será fácil.

As três revoluções que relatamos neste livro foram todas empreendidas com muita luta. Os revolucionários tiveram de questionar premissas há muito tempo dadas como certas e de afigurar diferentes mundos, em geral afrontados por uma oposição acirrada de indivíduos aboletados no próprio cerne do Estado. Hobbes concebeu um mundo em que o poder era legitimado não pela divindade ou pela linhagem, mas pela capacidade de resolver problemas de ordem pública. Os grandes construtores de Estados dos primórdios da Europa moderna tiveram de enfrentar senhores temporais e espirituais ciosos de seus privilégios. Também precisaram criar máquinas administrativas em um mundo em que as viagens eram difíceis e os burocratas capazes eram raros. Mill concebeu um mundo em que o poder era refreado pela liberdade individual. Os grandes reformadores dos séculos XVIII e XIX travaram longa batalha contra as forças da "Velha Corrupção", que tanto lucravam com a velha ordem. Beatrice Webb repensou as premissas de sua infância sobre os males da intervenção do Estado. Os socialistas do começo do século XX foram vorazes construtores de instituições, criando o Estado de bem-estar social moderno, com escolas, hospitais e seguro-desemprego, contra o pano de fundo de extrema suspeição.

Cada uma dessas revoluções, entretanto, apesar dos entrechoques, trouxe enormes recompensas. A nascente Europa moderna foi o continente mais dinâmico do mundo. A Inglaterra vitoriana criou o Estado liberal, que fornecia melhores serviços a preços mais baixos do que a "Velha Corrupção"; que promoveu a transição para a democracia de massas, com poucas rupturas; e que governou um vasto império a custos muito baixos. O Estado de bem-estar social ofereceu a milhões de pessoas uma ampla rede de segurança em um mundo que poderia ser terrivelmente hostil.

A Quarta Revolução não será mais fácil: o sucesso parcial das reformas Reagan-Thatcher demonstra isso. Ela obrigará muitos ocidentais a repensarem duas situações que, em geral, são consideradas boas em si mesmas: o Estado de bem-estar social e o exercício da democracia. Isso é necessário porque ambas as ideias se tornaram, no limite, autodestrutivas. O Estado de bem-estar social hipertrofiou-se e a prática da democracia tornou-se autocomplacente, populista e, não raro, corrupta. Difícil será convencer as pessoas de que o Estado mais estreito e menos paternalista será mais forte e mais eficaz; também o será impor regras de autocontenção à democracia. Muitas serão as oportunidades para a demagogia por parte dos grupos com interesses específicos. Os parlamentares não renunciarão de bom grado aos burgos podres; o capitalismo de laços lutará com unhas e dentes pela preservação dos privilégios.

Os reformadores, contudo, devem persistir, aferrando-se às três verdades irrefutáveis de sua causa. A primeira é que o custo da inação é alto — da mesma maneira que teriam sido onerosas as consequências caso a nascente Europa moderna tivesse se recusado a desenvolver a estrutura do Estado ou caso a Europa dos primórdios do século XX tivesse declinado da proteção aos pobres. Sem reformas, o moderno Estado de bem-estar social estagnará sob o próprio peso: já não está ajudando as pessoas que mais precisam de seus préstimos, esbanjando benesses entre grupos de interesses apaniguados. E a democracia se esgarçará exatamente como previu John Adams. A segunda verdade irrefutável é a oportunidade. As recompensas pela deflagração imediata da Quarta Revolução serão extraordinárias: qualquer Estado que aproveitar com mais eficácia essas poderosas forças inovadoras da sociedade saltará à frente de seus congêneres mais morosos. E, finalmente, os revolucionários contarão com o respaldo da história: a Quarta Revolução diz respeito à liberdade e aos direitos individuais. Essa é a tradição que, primeiro, impulsionou a Europa e, em seguida, impeliu os Estados Unidos. O Ocidente tem sido a região mais criativa do planeta porque, reiteradamente, reinventa o Estado. Estamos absolutamente confiantes de que o fará de novo, mesmo em tempos tão árduos.

AGRADECIMENTOS

NESTE LIVRO, SOMOS RUDES SOBRE A PRODUTIVIDADE do setor público e reclamamos do fato de algumas pessoas receberem muito crédito pelo trabalho alheio. Trata-se, evidentemente, de uma posição um tanto hipócrita. Os dois jornalistas que escreveram este livro levaram um tempo deprimentemente longo para produzir um material relativamente pequeno e, em geral, recorreram com muita frequência ao trabalho árduo de outras pessoas, cuja única recompensa será uma menção nestas páginas e uma parcela da culpa, caso algo dê errado.

Nossa maior dívida é para com *The Economist* — por nos permitir o uso de trechos de artigos publicados, por nos fornecer emprego e por nos oferecer a excelente posição de observadores privilegiados na análise do tema. Todos os nossos colegas foram extremamente tolerantes conosco, mesmo considerando o fato de um de nós, em muitos casos, ser o chefe deles. Gostaríamos de mencionar especialmente as seguintes pessoas que nos ajudaram diretamente com pesquisas, leituras de provas, seleção de fotografias, desenho da capa e, talvez a mais difícil de todas as tarefas, a fotografia dos autores: Sheila Allen, Mark Doyle, Celina Dunlop, Rob Gifford, Graeme James, Robert Banbury e Tom Nuttall. Também gostaríamos de agradecer a Ed Carr, Emma Duncan e Zanny Minton Beddoes por terem lido a versão preliminar do livro e por terem melhorado bastante o material. O trabalho de Simon Cox, Simon Long, Anne McElvoy, Michael Reid, Ed McBride e Helen Joyce também nos foi muito valioso. Gostaríamos de nos desculpar com Caroline Carter, Patsy Dryden, Georgia Grimond, Daniel Franklin e Anne Foley, cujas vidas foram frequentemente atribuladas por este trabalho.

Outros amigos, generosamente, leram o livro, deram-nos conselhos ou toleraram a nossa presença ao lado deles, como Jesse Norman, Victor Halberstadt, Donella Tarantelli, Charles e Juliet Macdonald, Anne Applebaum e Anne Bernstein. Sempre que nos cansávamos da tarefa ou nos deixávamos levar pela busca ilusória da gratificação imediata, a figura gentil, mas severa, de Gideon Rachman aparecia, chicote em punho, para manter-nos na linha. Também fazemos questão de agradecer a Akif Saifi, Yamil Anglada, Mally Anderson e Tracy Locke, da Penguin Press, em Nova York, assim como a Sarah Watson, em Londres. E, como de costume, este livro não teria vindo a lume sem nosso agente, o incomparável Andrew Wylie.

Mas o principal encargo deste livro recaiu sobre nossas famílias — sobre nossas esposas, Fev e Amelia; nossos pais, tios e tias, que tiveram natais, aniversários e feriados comprometidos; e nossos filhos. Em famílias mais perfeitas, é possível que Ella e Dora Wooldridge e Tom, Guy e Eddie Micklethwait tivessem abraçado do fundo do coração a ideia de escrevermos este livro. Houvessem eles nascido com o senso de propósito e disciplina equiparável ao de, digamos, Sydney e Beatrice Webb, não teriam lamentado que os pais se refugiassem no barracão ou se atrasassem para pegá-los no colégio nem teriam lastimado que nossos computadores, tão maravilhosos para jogos on-line, houvessem sido requisitados para propósitos malignos. Seja como for, amamos muito nossos filhos e estamos convencidos de que A Quarta Revolução, quando acontecer, em muito os beneficiará. Por esse motivo, dedicamos este livro a eles.

NOTAS

INTRODUÇÃO [pp. 9-30]

1. "Politics and the Purse", Daily Chart, *The Economist*, 19 set. 2013.
2. Alexander Hamilton, "The Federalist Number One", in *The Federalist Papers*, Clinton Rossiter, org. (Nova York: New American Library, 1961), p. 1.
3. Boyd Hilton, *A Mad, Bad, and Dangerous People? England 1783-1846* (Oxford: Oxford University Press, 2006), p. 558.
4. Vito Tanzi e Ludger Schuknecht, *Public Spending in the 20th Century: A Global Perspective* (Nova York: Cambridge University Press, 2000), p. 6, e "Economic Outlook", OCDE, jan. 2013.
5. Neil King e Rebecca Ballhaus, "Approval of Obama, Congress Falls in New Poll", *Wall Street Journal*, 24 jul. 2013. Baseado em pesquisa de opinião pública de *Wall Street Journal*/NBC, jul. 2013.
6. Francis Fukuyama, "The Middle-Class Revolution", *Wall Street Journal*, 28 jun. 2013.
7. Gurcharan Das, *India Grows at Night: A Liberal Case for a Strong State* (Nova York: Allen Lane, 2012).
8. O valor dos títulos de dívida em circulação era de US$ 70 trilhões; os títulos públicos correspondiam a 61% desse total. "Bond Markets", Financial Markets Series, publicada por TheCityUK, Londres, out. 2012.
9. "Working-Age Shift", *The Economist*, 26 jan. 2013.
10. Dois otimistas astutos são Martin Wolf ("The Reality of America's Fiscal Future", *Financial Times*, 22 out. 2013) e Lawrence Summers ("The Battle over the US Budget Is the Wrong Fight", *Financial Times*, 13 out. 2013).

11. Ezra Klein, "The U.S. Government: An Insurance Conglomerate Protected by a Large, Standing Army", *Ezra Klein: Economic and Domestic Policy, and Lots of It* (blog), WashingtonPost.com, 14 fev. 2011.
12. Merkel usou esses números em comentários no World Economic Forum, jan. 2013.
13. John Maynard Keynes, *The End of Laissez-Faire* (Londres: Hogarth Press, 1927). Apresentado pela primeira vez como palestra na Universidade de Oxford, em 1924.

1. THOMAS HOBBES E A ASCENSÃO DO ESTADO NACIONAL [pp. 33-50]

1. Um de nós (AW) foi colega de Finer quando ele estava escrevendo o livro e ainda se lembra com espanto da determinação daquele homem minúsculo para escalar as altas montanhas que ele estabelecera como objetivo e o entusiasmo com que discutia suas descobertas do dia no almoço, no chá, no jantar e nas libações da madrugada.
2. Virginia Woolf, "Mr Bennett and Mrs Brown", in *The Hogarth Essays* (Londres: Hogarth Press, 1924).
3. Não se sabe ao certo se o *Leviatã* foi publicado em fins de abril ou em princípios de maio. O livro começou a ser visto nas livrarias em maio.
4. George Will, *Statecraft as Soulcraft: What Government Does* (Nova York: Touchstone, 1983), p. 30.
5. A. P. Martinich, *Hobbes: A Biography* (Nova York: Cambridge University Press, 1999), p. 2.
6. Noel Malcolm, *Aspects of Hobbes* (Oxford: Clarendon Press, 2002), pp. 2-3.
7. O. L. Dick, org., *Brief Lives* (Oxford: Oxford University Press, 1960), p. 604.
8. Ibid., p. 12.
9. Alan Ryan, *On Politics: A History of Political Thought from Herodotus to the Present* (Londres: Allen Lane, 2012), pp. 445-6.
10. Geoffrey Parker, *Global Crisis: War, Climate Change and Catastrophe in the Seventeenth Century* (New Haven, CT: Yale University Press, 2013), p. XIX.
11. Ibid., p. 64.
12. Niall Ferguson, *Civilization: The Six Killer Apps of Western Power* (Nova York: Penguin Books, 2012).
13. "Reflita sobre as lonjuras para as quais se estendeu a Cristandade e sobre quantas terras agora se perderam para os turcos vitoriosos, que dominam o Norte da África e os Bálcãs e cercaram Viena", escreveu o filósofo francês Louis le Roy, em 1559. "Enquanto isso, como que em resposta às preces a Maomé, a Europa está embebida do próprio sangue." John Hale, *The Civilization of Europe in the Renaissance* (Nova York: Athenaeum, 1993), pp. 6-7.
14. Ibid., p. 42.
15. Rondo Cameron, *A Concise Economic History of the World: From Paleolithic Times to the Present* (Nova York: Oxford University Press, 1997), p. 86.
16. Ferguson, *Civilization*, pp. 73-4.

17. Francis Fukuyama, *The Origins of Political Order: From Prehuman Times to the French Revolution* (Londres: Profile Books, 2011), p. 124.
18. Charles Tilly, "Reflections on the History of European State Making", in Charles Tilly, org., *The Formation of National States in Western Europe* (Princeton, NJ: Princeton University Press, 1975), p. 42.
19. Charles Wilson, *Profit and Power* (Nova York: Springer, 1978), p. 2.
20. Malcolm, *Aspects of Hobbes*, p. 8.
21. Daron Acemoglu e James Robinson, *Why Nations Fail: The Origins of Power, Prosperity and Poverty* (Nova York: Crown, 2012), p. 233.
22. Étienne Balázs, *La bureaucratie celeste: Reserches sure l'economie et la société de la Chine traditionelle* (Paris, 1968), citado em David Landes, *The Wealth and Poverty of Nations: Why Some Are So Rich and Some So Poor* (Nova York: W. W. Norton, 1998), p. 57.
23. Jonathan Spence, *The Search for Modern China* (Nova York: W. W. Norton, 1999), pp. 122-3.
24. Samuel Huntington, *The Clash of Civilizations and the Remaking of World Order* (Nova York: Simon & Schuster, 1996), p. 70.
25. Jonathan Israel, *Radical Enlightenment: Philosophy and the Making of Modernity* (Oxford: Oxford University Press, 2001), pp. 2-3.
26. John Locke, *Second Treatise on Civil Government*, 1690.
27. Steve Pincus, *1688: The First Modern Revolution* (New Haven, CT: Yale University Press, 2009), p. 371.
28. Ibid., p. 8 e pass.
29. Thomas Paine, *Common Sense*, 1776, Project Gutenberg e-book.
30. Ryan, *On Politics*, p. 534.
31. Paine, *Common Sense*.

2. JOHN STUART MILL E O ESTADO LIBERAL [pp. 51-66]

1. John Stuart Mill, *Autobiography* (Project Gutenberg e-book, 2003), p. 5.
2. Ibid., p. 34.
3. Ibid., p. 52.
4. Ibid., p. 156.
5. W. D. Rubinstein, "The End of 'Old Corruption' in Britain 1780-1960", *Past and Present* 101, n. 1 (nov. 1983), p. 73.
6. Peter G. Richards, *Patronage in British Government* (Londres: George Allen & Unwin, 1963), p. 23.
7. Boyd Hilton, *A Mad, Bad, and Dangerous People? England 1783-1846* (Oxford: Oxford University Press, 2006), p. 558.
8. Martin Daunton, *State and Market in Victorian Britain: War, Welfare and Capitalism* (Woodbridge: Boydell Press, 2008), pp. 73-4.

9. The Northcote-Trevelyan Report of the Organization of the Permanent Civil Service, vol. 1, 23 nov. 1854. Reimpresso in Report of the Committee on the Civil Service, 1966-8 (presidido por Lord Fulton).
10. Ibid., p. 108.
11. Ibid., p. 109.
12. John Stuart Mill, "Reform of the Civil Service", *Collected Works of John Stuart Mill*, vol. 18 (Toronto, 1977), p. 207.
13. David Vincent, *The Culture of Secrecy: Britain 1832-1998* (Oxford: Oxford University Press, 1998).
14. Michael Sandel, *Democracy's Discontent: America in Search of a Public Philosophy* (Cambridge, MA: Belknap Press, 1998), p. 156.
15. *Democratic Review*, 1838, vol. 1, n. 1, p. 6.
16. Alan Ryan, *On Politics: A History of Political Thought from Herodotus to the Present* (Londres: Allen Lane, 2012), p. 695.
17. Mill, *Autobiography*, p. 97.
18. A. V. Dicey, *Lectures on the Relation Between Law and Opinion in England During the Nineteenth Century* (Londres: Macmillan, 1920), pp. 430-1.
19. Oxford University Commission: Report of Her Majesty's Commissioners Appointed to Inquire into the State, Discipline, Studies and Revenues of the University and Colleges of Oxford (Londres, 1852), p. 149.
20. Citado em Simon Heffer, *High Minds: The Victorians and the Birth of Modern Britain* (Londres: Random House, 2013), p. 445.
21. Discurso de Gladstone em Saltney, Cheshire, 26 out. 1889.
22. Michael Dintenfass e Jean-Pierre Dormois, *The British Industrial Decline* (Londres: Routledge, 1999), p. 14.
23. Bentley B. Gilbert, *The Evolution of National Insurance in Great Britain: The Origins of the Welfare State* (Londres: M. Joseph, 1966), p. 61.
24. De um discurso de julho de 1854, citado em G. S. Boritt, *Lincoln on Democracy* (Nova York: Fordham University Press, 2004), p. 64.

3. BEATRICE WEBB E O ESTADO DE BEM-ESTAR SOCIAL [PP. 67-81]

1. Bertrand Russell, *The Autobiography of Bertrand Russell, 1872-1914*, vol. 1 (Londres: Allen & Unwin, 1967), p. 107.
2. Citado em W. H. G. Armytage, *Four Hundred Years of English Education* (Cambridge: Cambridge University Press, 1970), p. 174.
3. Norman e Jeanne MacKenzie, orgs., *The Diary of Beatrice Webb*, vol. 2, *1892-1905: All the Good Things of Life* (Cambridge, MA: Harvard University Press, 1984), p. 63.
4. George Bernard Shaw, *Man and Superman*, citado em A. E. Dyson e Julian Lovelock, *Education and Democracy* (Londres: Routledge & Kegan Paul, 1975), p. 270.
5. Granville Eastwood, *Harold Laski* (Londres: Mowbray, 1977), p. 4.

6. Vito Tanzi, *Government Versus Markets: The Changing Economic Role of the State* (Cambridge: Cambridge University Press, 2011), p. 126.
7. Citado em Robert Skidelsky, *Keynes: A Very Short Introduction* (Oxford: Oxford University Press, 2010), p. 46.
8. Nicholas Timmins, *The Five Giants: A Biography of the Welfare State* (Londres: HarperCollins, 1995), p. 25.
9. Christian Caryl, *Strange Rebels: 1979 and the Birth of the 21st Century* (Nova York: Basic Books, 2013), p. 54.
10. Martin van Creveld, *The Rise and Decline of the State* (Cambridge: Cambridge University Press, 1999), p. 361.
11. Citado em John Samples, *The Struggle to Limit Government* (Washington, D.C.: Cato Institute, 2010), p. 24.
12. Jim Sidanius e Felicia Pratto, *Social Dominance: An Intergroup Theory of Social Hierarchy and Oppression* (Cambridge: Cambridge University Press, 1999), p. 196.
13. R. H. Tawney Papers, "The Finance and Economics of Public Education", Londres School of Economics, palestra proferida em Cambridge, fevereiro de 1935, p. 5.
14. Barry Goldwater, *The Conscience of a Conservative* (Portland, OR: Victor Publishing, 1960), p. 15.
15. John Micklethwait e Adrian Wooldridge, *The Right Nation: Conservative Power in America* (Nova York: Penguin, 2004), p. 63.

4. O PARAÍSO PERDIDO DE MILTON FRIEDMAN [pp. 82-100]

1. John Micklethwait.
2. O autor deve declarar com franqueza que não está absolutamente certo de que a conversa aconteceu numa sauna. Os dois garotos realmente ficaram com Fisher, realmente se encontraram com Milton Friedman, e estiveram numa sauna. Se tudo aconteceu ao mesmo tempo, não se sabe ao certo. Ele se lembra de ter sido numa sauna. Seu companheiro de viagem, agora um major general, confirma que a conversa de fato ocorreu, mas não sabe com certeza se foi numa sauna. Tudo aconteceu há muito tempo.
3. Daniel Stedman Jones, *Masters of the Universe: Hayek, Friedman, and the Birth of Neoliberal Politics* (Princeton, NJ: Princeton University Press, 2012), p. 55.
4. Buchanan e Tullock não lecionaram em Chicago, mas foram alunos da universidade.
5. Angus Burgin, *The Great Persuasion: Reinventing Free Markets Since the Depression* (Cambridge, MA: Harvard University Press, 2012), p. 192.
6. Ibid., pp. 90-1.
7. Ibid.
8. Daniel Yergin e Joseph Stanislaw, *The Commanding Heights: The Battle Between Government and the Marketplace That Is Remaking the Modern World* (Nova York: Simon & Schuster, 1998), p. 147.
9. Burgin, *Great Persuasion*, pp. 206-7.

10. Ibid., p. 207.
11. Ibid., p. 154.
12. Jones, *Masters of the Universe*, p. 180.
13. R. H. Tawney, *Equality* (Nova York: Capricorn Books, 1961), p. 163.
14. Brian Watkin, *The National Health Service: The First Phase and After: 1948-1974* (Londres: Allen & Unwin, 1978), p. 155.
15. Paul Addison, *No Turning Back: The Peacetime Revolutions of Post-War Britain* (Oxford: Oxford University Press, 2010), p. 38.
16. Citado em John Samples, *The Struggle to Limit Government* (Washington, D.C.: Cato Institute, 2010), p. 54.
17. Richard Sander e Stuart Taylor, *Mismatch: How Affirmative Action Hurts Students It's Intended to Help, and Why Universities Won't Admit It* (Nova York: Basic Books, 2012).
18. A. H. Halsey, org., Department of Education and Science, *Education Priority*, vol. 1, *Problems and Policies* (Londres: HMSO, 1972), p. 6. Cf. A. H. Halsey, "Sociology and the Equality Debate", *Oxford Review of Education* 1, n. 1 (1975), pp. 9-26.
19. A frase é de Reyner Banham, historiador da arquitetura.
20. Christian Caryl, *Strange Rebels: 1979 and the Birth of the 21st Century* (Nova York: Basic Books, 2013), p. 183.
21. Charles Moore, *Margaret Thatcher: The Authorized Biography*, v. 1, *Not for Turning* (Londres: Allen Lane, 2013), p. 315.
22. Caryl, *Strange Rebels*, p. 160.
23. Yergin e Stanislaw, *Commanding Heights*, p. 107.
24. Moore, *Margaret Thatcher*, p. 245.
25. Ibid.
26. Ibid., p. 352.
27. Charles Moore, "The Invincible Mrs. Thatcher", *Vanity Fair*, nov. 2011.
28. Yergin e Stanislaw, *Commanding Heights*, p. 123.
29. "Bruges Revisited", texto do discurso proferido em Bruges por Margaret Thatcher, 20 set. 1988 (Londres: Bruges Group, 1999).
30. Hendrik Hertzberg, "Walking the Walk", Talk of the Town, *New Yorker*, 4 fev. 2013.
31. Manmohan Singh, citado em Patrick French, *India: An Intimate Biography of 1.2 Billion People* (Londres: Allen Lane, 2011), p. 164.
32. Caryl, *Strange Rebels*, p. 326.
33. Clive Crook, "Special Report on the Future of the State", *The Economist*, 20 set. 1997. Crook teve o mérito de refutar a ideia de que o Estado definharia.
34. "Taming Leviathan", *The Economist*, 17 mar. 2011, p. 5.
35. Milton Friedman, "The Euro: Monetary Unity to Political Disunity?", Economists Club, *Project Syndicate*, 28 ago. 1997.
36. Richard Carter, "Friedman: 'Strong Possibility' of Euro Zone Collapse", *EUObserver*, 17 maio 2004.
37. Stephen D. King, *When the Money Runs Out: The End of Western Affluence* (New Haven, CT, e Londres: Yale University Press, 2012), pp. 49-50.
38. Burgin, *The Great Persuasion*, p. 223.

5. OS SETE PECADOS MORTAIS — E UMA GRANDE VIRTUDE — DO GOVERNO DA CALIFÓRNIA [PP. 103-129]

1. Parte do material deste capítulo se baseia numa seção de "Taming Leviathan", relatório especial de *The Economist*.
2. Troy Senik, "The Radical Reform That California Needs", *The Beholden State: California's Lost Promise and How to Recapture It*, Brian Anderson, org. (Boulder, CO: Rowman and Littlefield, 2013), p. 77.
3. "Taming Leviathan", *The Economist*, p. 5.
4. Jon Ungoed-Thomas e Sarah-Kate Templeton, "Scandal of NHS Deaths at Weekends", *Sunday Times*, 14 jul. 2013.
5. William Baumol e William Bowen, *Performing Arts: The Economic Dilemma* (Cambridge, MA: MIT Press, 1966).
6. Regents of the University of California, Budget for Current Operations, 2012-3. Para os números de 1990-1, ver "UC Budget Myths and Facts", Charton Per Student Average Expenditures of Education. Disponível em:< http://budget. universityofcaliforniaedu/files/2011/11/2012-13_budget.pdf/?page_id=5>. Acesso em: 19 dez. 2014.
7. Mancur Olson, *The Logic of Collective Action: Public Goods and the Theory of Groups* (Cambridge, MA: Harvard Economics Studies, 1965), p. 36.
8. Esse termo foi popularizado por Angela Davis: ver "The Prison Industrial Complex": CD-ROM, Ak Press, 1999.
9. "Fading Are the Peacemakers", *The Economist*, 25 fev. 2010.
10. Troy Senik, "The Worst Union in America", in Anderson, *Beholden State*, p. 199.
11. "Enemies of Progress", *The Economist*, 17 mar. 2011.
12. Senik, "The Worst Union in America", pp. 203-5.
13. Mark Niquette, Michael B. Marois e Rodney Yap, "$822,000 Worker Shows California Leads U.S. Pay Giveaway", Bloomberg, 10 dez. 2012.
14. Michael Marois e Rodney Yap, "Californian's $609,000 Check Shows True Retirement Cost", Bloomberg, 13 dez. 2012.
15. Perry Anderson, "An Entire Order Converted into What It Was Intended to End", *London Review of Books*, 26 fev. 2009.
16. William Voegeli, "The Big-Spending, High-Taxing, Lousy-Services Paradigm", in Anderson, *Beholden State*, p. 27.
17. "California Reelin'", *The Economist*, 17 mar. 2011.
18. Joel Stein, "How Jerry Brown Scared California Straight", *Bloomberg Businessweek*, 25 abr. 2013.
19. Edward McBride, "Cheer Up" (relatório especial sobre a competitividade americana), *The Economist*, 16 mar. 2013.
20. James D. Hamilton, "Off-Balance-Sheet Federal Liabilities" (working paper n. 19 253, National Bureau of Economic Research, jul. 2013).
21. National Center for Policy Analysis, "America's True Debt: The Fiscal Gap" (issue brief no. 101, 7 set. 2011). Disponível em: <http://www.ncpa.org/pub/ib101>. Acesso em: 19 dez. 2014.

22. Entrevista com Micklethwait, Buenos Aires, 9 out. 2013.
23. "Boundary Problems", *The Economist*, 3 ago. 2013.
24. Todos os números neste segmento são de "For Richer, for Poorer", relatório especial de Zanny Minton Beddoes sobre a economia mundial em *The Economist*, 13 out. 2012, especialmente de "Makers and Takers".
25. Beddoes, "Makers and Takers", *The Economist*, 12 out. 2012.
26. Richard Reeves, "'The Pinch': How the Baby Boomers Stole Their Children's Future by David Willetts", *Guardian*, 6 fev. 2010.
27. Dennis Jacobe, "One in Three Young U.S. Workers Are Underemployed", *Gallup*, 9 maio 2012.
28. Don Peck, "How a New Jobless Era Will Transform America", *Atlantic*, 1 mar. 2010.
29. Nicolas Berggruen e Nathan Gardels, *Intelligent Governance for the 21st Century: A Middle Way Between West and East* (Cambridge: Polity, 2013), p. 26.
30. Gavin Newsom, *Citizenville: How to Take the Town Square Digital and Reinvent Government* (Nova York: Penguin Press, 2013), pp. 80-1.
31. Dennis Kavanagh e Philip Cowley, *The British General Election of 2010* (Nova York: Palgrave Macmillan, 2010), p. 327.
32. Citado em "Staring into the Abyss", *The Economist*, 8 jul. 2010.
33. Luigi Zingales, *A Capitalism for the People: Recapturing the Lost Genius of American Prosperity* (Nova York: Basic Books, 2012), p. XIII.
34. Joel Stein, "How Jerry Brown Scared California Straight", *Bloomberg Businessweek*, 25 abr. 2013.

6. A ALTERNATIVA ASIÁTICA [PP. 130-161]

1. Graham Allison e Robert D. Blackwill, com Ali Wyne, *Lee Kuan Yew: The Grand Master's Insights on China, the United Sates and the World* (Cambridge, MA: MIT Press, 2013), p. XV.
2. Ibid., p. VII.
3. Citado em Michael Barr, "Lee Kuan Yew's Fabian Phase", *Australian Journal of Politics & History*, mar. 2000.
4. Ibid., p. 128.
5. "Taming Leviathan", *The Economist*, 19 mar. 2011, p. 9.
6. Joshua Kurlantzik, *Democracy in Retreat: The Revolt of the Middle Class and the Worldwide Decline of Representative Government* (New Haven, CT: Yale University Press, 2013), p. 79.
7. Allison e Blackwill, *Lee Kuan Yew*, p. 27.
8. Ibid., p. 32.
9. Ibid., p. 120.
10. Ibid., p. 113.
11. Ibid., p. 34.

12. Ibid., p. 25.
13. "New Cradles to Graves", *The Economist*, 8 set. 2012.
14. "Asia's Next Revolution", ibid.
15. "Widefare", *The Economist*, 6 jul. 2013.
16. Francis Fukuyama, "The End of History", *National Interest*, Summer 1989.
17. Joint news conference in Washington, D.C., 29 out. 1997.
18. Fukuyama, "The End of History".
19. Kurlantzik, *Democracy in Retreat*, p. 201.
20. Ibid., p. 7.
21. Bertelsmann Foundation, "All Over the World, the Quality of Democratic Governance Is Declining" (press release), 29 nov. 2009.
22. Jim Krane, *Dubai: The Story of the World's Fastest City* (Londres: Atlantic Books, 2009), pp. 137-8.
23. "Taming Leviathan", *The Economist*, p. 8.
24. Entrevista com John Micklethwait, Davos, jan. 2013.
25. Kurlantzik, *Democracy in Retreat*, p. 142.
26. Lant Pritchett, "Is India a Flailing State: Detours on the Four-Lane Highway to Modernization", Kennedy School of Government, working paper, maio 2009.
27. Allison e Blackwill, *Lee Kuan Yew*, p. 15.
28. Entrevista com John Micklethwait, 5 mar. 2013.
29. Dexter Roberts, "Is Land Reform Finally Coming to China?", *Bloomberg BusinessWeek*, 20 nov. 2013.
30. Jiang Xueqin, "Christmas Comes Early", *Diplomat*, 24 nov. 2010.
31. Timothy Beardson, *Stumbling Giant: The Threats to China's Future* (New Haven, CT: Yale University Press, 2013), p. 73.
32. David Shambaugh, *China Goes Global: The Partial Power* (Oxford: Oxford University Press, 2013), p. 188.
33. Paul Mozur, "China Mobile's Profit Growth Eases", *Wall Street Journal*, 22 abr. 2013.
34. Richard McGregor, *The Party: The Secret World of China's Communist Rulers* (Nova York: HarperCollins, 2010).
35. Shambaugh, *China Goes Global*, p. 69.
36. Kurlantzik, *Democracy in Retreat*, p. 128.
37. "Leviathan as a Minority Shareholder: A Study of Equity Purchases" do Banco Nacional de Desenvolvimento Econômico — BNDES (Brasil), 1995-2003, Harvard Business School, working paper.
38. Adrian Wooldridge, "The Visible Hand: A Special Report on State Capitalism", *The Economist*, 21 jan. 2012. Trabalho da OCDE, de 2005, observou que a produtividade total dos fatores de empresas privadas corresponde a duas vezes a das empresas estatais. Estudo do McKinsey Global Institute do mesmo ano constatou que empresas nas quais o Estado tem participação minoritária são 70% mais produtivas que as de propriedade integral do Estado.
39. Shambaugh, *China Goes Global*, p. 254.

40. Beardson, *Stumbling Giant*, p. 99.
41. Jagdish Bhagwati e Arvind Panagariya, *Why Growth Matters: How Economic Growth in India Reduced Poverty and the Lessons for Other Developing Countries* (Nova York: Public Affairs, 2013), p. XVII.
42. Entrevista off-the-record com Adrian Wooldridge, nov. 2011.
43. "Social Security with Chinese Characteristics", *The Economist*, 11 ago. 2012.
44. Nicolas Berggruen e Nathan Gardels, *Intelligent Governance for the 21st Century: A Middle Way Between West and East* (Cambridge: Polity Press, 2013), p. 45.
45. Richard McGregor, *The Party: The Secret World of China's Communist Rulers* (Nova York: HarperCollins, 2010), p. 31.
46. Daniel A. Bell, "Political Meritocracy Is a Good Thing (Part 1): The Case of China", *Huffington Post*, 21 ago. 2012.
47. Ibid.
48. Tom Doctoroff, *What Chinese Want: Culture, Communism, and China's Modern Consumer* (Nova York: Palgrave Macmillan, 2012), pp. 105 e 127.
49. He Dan e Huang Yuli, "NGOs Get Boost from Shenzhen Register Reforms", *China Daily*, 21 ago. 2012.
50. "Taming Leviathan", *The Economist*, 17 mar. 2011, p. 1.
51. Ibid., p. 11.
52. Ivan Zhai e Echo Hui, "Beijing Steps Up Centralisation of Power to Control Provincial Leaders", *South China Morning Post*, 5 jul. 2013.
53. Pranab Bardhan, "The Slowing of Two Economic Giants", *New York Times*, 14 jul. 2013.
54. David Barboza, "Billions in Hidden Riches for Family of Chinese Leader", *New York Times*, 25 out. 2013.
55. Beardson, *Stumbling Giant*, p. 194.
56. McGregor, *The Party*, p. 140.
57. Andrew Jacobs e Dan Levin, "Son's Parties and Privilege Aggravate Fall of Elite Chinese Family", *New York Times*, 16 abr. 2012.
58. Rupa Subramanya, "Economics Journal: Why Do We Accept Political Dynasties?", *Wall Street Journal*, 15 fev. 2012.
59. Thomas Friedman, "Our One-Party Democracy", *New York Times*, 8 set. 2009.
60. Martin Jacques, *When China Rules the World* (Londres: Penguin, 2010), p. 168.
61. Entrevista com Wang Jisi, *Asahi Shumbun*, 12 jun. 2010.
62. Zhang Weiwei, "Meritocracy Versus Democracy", *New York Times*, 9 nov. 2012; Zhang Weiwei, "China and the End of History", *Globalist*, 5 mar. 2013.
63. Bhagwati e Panagariya, *Why Growth Matters*, p. 207.
64. "Asia's Next Revolution", *The Economist*, 8 set. 2012.
65. OECD (2013), "Education at a Glance 2013: OECD Indicator", OCDE Publishing. Disponível em: <http://dx.doi.org/10.1787/eag-2013-en>. Acesso em: 19 dez. 2014.
66. Entrevista com Dominique Moïsi with John Micklethwait, 18 jan. 2013.

7. O LUGAR ONDE O FUTURO ACONTECEU PRIMEIRO [PP. 165-182]

1. Jo Blanden, Paul Gregg e Stephen Manchin, "Intergenerational Mobility in Europe and North America", Centre for Economic Performance, London School of Economics, abr. 2005.
2. Anders Böhlmark e Mikael Lindahl, "Independent Schools and Long-Run Educational Outcomes: Evidence from Sweden's Large Scale Voucher Reform" (CESifo Working Paper Series No. 3866, Institute for the Study of Labor, Bonn, 29 jun. 2012).
3. Alan Downey, "Mind the Gap", in *Reform: The Next Ten Years*, Nick Seddon, org. (Londres: Reform Research Trust, 2012), p. 125.
4. James Manyika et al., "Disruptive Technologies: Advances That Will Transform Life, Business, and the Global Economy", McKinsey Global Institute, maio 2013, p. 42.
5. "Where Have All the Burglars Gone?", *The Economist*, 20 jul. 2013.
6. "The Curious Case of the Fall in Crime", ibid.
7. "Age Shall Not Wither Them", *The Economist*, 7 abr. 2011.
8. Lynn Hicks, "Older Entrepreneurs Find New Niche in Startups", *USA Today*, 11 mar. 2012.

8. CONSERTANDO O LEVIATÃ [PP. 183-212]

1. Gerald F. Davis, "The Rise and Fall of Finance and the End of the Society of Organizations", *Academy of Management Perspectives*, ago. 2009, p. 30.
2. Ludwig Siegele, "Special Report on Start-ups", *The Economist*, 18 jan. 2014, p. 13.
3. Ken Auletta, *Googled: The End of the World as We Know It* (Nova York: Penguin Press, 2009), p. 15.
4. Don Tapscott e Anthony D. Williams, *Macrowikinomics: Rebooting Business and the World* (Nova York: Portfolio / Penguin, 2012), p. 253.
5. Chris Anderson, *The Long Tail: Why the Future of Business Is Selling Less of More* (Nova York: Hyperion, 2006), p. 5.
6. Nicholas Bloom e John van Reenen, "Measuring and Explaining Management Practices Across Firms and Countries", *Quarterly Journal of Economics* 122, n. 4, nov. 2007.
7. Gavin Newsom, *Citizenville: How to Take the Town Square Digital and Reinvent Government* (Nova York: Penguin Press, 2013), p. 9.
8. Bruce Katz e Jennifer Bradley, *The Metropolitan Revolution: How Cities and Metros Are Fixing Our Broken Politics and Fragile Economy* (Washington, D.C.: Brookings Institution Press, 2013), pp. 176-7.
9. "Old School Ties", *The Economist*, 10 mar. 2012.
10. Ibid.
11. McKinsey & Company, "The Economic Impact of the Achievement Gap in America's Schools", abr. 2009. Disponível em: <http://mckinseyonsociety.com/downloads/reports/Education/achievement_gap_report.pdf>. Acesso em: 19 dez. 2014.

12. Philip K. Howard, "Fixing Broken Government" (seminário da Long Now Foundation, San Francisco, 18 jan. 2011).
13. Em dólares constantes de 2000.
14. James Q. Wilson, *Bureaucracy: What Government Agencies Do and Why They Do It* (Nova York: Basic Books, 1989), p. 326.
15. "Taming Leviathan", *The Economist*, 17 mar. 2011.
16. "Whoops", *The Economist*, 2 nov. 2013.
17. "Squeezing Out the Doctor", *The Economist*, 2 jun. 2012.
18. Ibid.
19. "How to Sell the NHS", *The Economist*, 3 ago. 2013.
20. Marcelo Neri, um economista local, nos disse que o Bolsa Família responde por 17% da redução da desigualdade desde 2001.
21. TaxPayers' Alliance, "New Research: The Cost of Collecting Tax Has Barely Fallen in over 50 Years", 20 maio 2012. Disponível em: <http://www.taxpayersalliance.com/home/2012/05/cost-collecting-tax-barely-fallen-50-years.html>. Acesso em: 19 dez. 2014.
22. Entrevista com John Micklethwait, citada em "Taming Leviathan", *The Economist*, 19 mar. 2011, p. 11.
23. John D. Donahue e Richard J. Zeckhauser, *Collaborative Governance: Private Roles for Pubic Goals in Turbulent Times* (Princeton, NJ: Princeton University Press, 2011), p. 9.
24. Bernard Marr e James Creelman, *More with Less: Maximizing Value in the Public Sector* (Londres: Palgrave Macmillan, 2011), p. 18.
25. Ibid., p. 55.
26. Anders Böhlmark e Mikael Lindahl, "The Impact of School Choice on Pupil Achievement, Segregation and Costs: Swedish Evidence" (IZA discussion paper n. 2786, maio 2007). Disponível em: <http://ftp.iza.org/dp2786.pdf>. Acesso em: 19 dez. 2014.
27. Stephen Machin e James Vernoit, "Changing School Autonomy: Academy Schools and Their Introduction to England's Education" (Centre for the Economics of Education, discussion paper n. 123, abr. 2011). Disponível em: <http://cee.lse.ac.uk/ceedps/ceedp123.pdf>. Acesso em: 19 dez. 2014.
28. Benjamin R. Barber, *If Mayors Ruled the World: Dysfunctional Nations, Rising Cities* (Nova York: Yale University Press, 2013), pp. 84-5.
29. William D. Eggers e Paul Macmillan, *The Solution Revolution: How Business, Government, and Social Enterprises Are Teaming Up to Solve Society's Toughest Problems* (Boston: Harvard Business Review Press, 2013), p. 15.
30. Marr e Creelman, *More with Less*, p. 3

9. PARA QUE SERVE O ESTADO? [PP. 213-238]

1. John Stuart Mill, *On Liberty* (1859) (Oxford: Oxford World's Classics series, 1998), p. 17.

NOTAS

2. Os números são do relatório do diretor de Inteligência Nacional no "Congress on Security Clearance Determinations for Fiscal Year 2010", set. 2011.
3. Jonathan Rauch, "Demosclerosis Returns", *Wall Street Journal*, 14 abr. 1998. Observe que a citação não aparece no livro *Demoscclerosis*.
4. Christopher DeMuth, "Debt and Democracy" (working paper apresentado no Legatum Institute, 21 maio 2012).
5. Joseph R. Mason, "Beyond the Congressional Budget Office: The Additional Economic Effects of Immediately Opening Federal Lands to Oil and Gas Leasing", Institute for Energy Research, fev. 2013. Disponível em: <http://www.instituteforenergyresearch.org/wp-content/uploads/2013/02/IER_ Mason_Report_NoEMB.pdf>. Acesso em: 19 dez. 2014.
6. Chris Edwards, "Agricultural Subsidies" (Washington, D.C.: Cato Institute, jun. 2009). Disponível em: <http://www.downsizinggovernment.org/agriculture/subsidies>. Acesso em: 19 dez. 2014.
7. "The Agriculture Reform Act of 2012 Creates Jobs and Cuts Subsidies", Democratic Policy and Communications Center, 13 jun. 2012. Disponível em: <http://www.dpcc.senate.gov/?p=issue&id=163>. Acesso em: 19 dez. 2014.
8. Edwards, "Agricultural Subsidies".
9. Luigi Zingales, "How Political Clout Made Banks Too Big to Fail", *Bloomberg View*, 29 maio 2012.
10. Thomas Philippon e Ariell Reshef, "Wages and Human Capital in the U.S. Financial Industry: 1906-2006", *Quarterly Journal of Economics* 127, n. 4, nov. 2012.
11. Hamilton Project, *15 Ways to Rethink the Federal Budget* (Washington, D.C.: Hamilton Project, 2013).
12. "Public Views of Inequality, Fairness and Wall Street", Pew Research Center, 5 jan. 2012. Disponível em: <http://www.pewresearch.org/daily-number/ public-views--of-inequality-fairness-and-wall-street/>. Acesso em: 19 dez. 2014.
13. "True Progressivism" was a creed put forward in *The Economist*, 13 out. 2012.
14. As estatísticas são do Congressional Budget Office, "The 2013 Long-Term Budget Outlook", 17 set. 2013.

CONCLUSÃO: O DÉFICIT DEMOCRÁTICO [pp. 239-258]

1. "Letter to John Taylor of Carolina, Virginia", in George W. Covey, ed., *The Political Writings of John Adams* (Washington, D.C.: Regency Publishing, 2000), p. 406.
2. Ibid.
3. "Civilization", (1836) in John Stuart Mill, *Dissertations and Discussions* (Nova York: Cosimo, 2008), p. 172.
4. Alexis de Tocqueville, *Democracy in America*, vol. II, 1840, George Lawrence, trad., J. P. Mayer, ed. (Londres: Fontana Press, 1994), p. 692.
5. Ibid., p. 12.
6. "Dropping the Bomb", *The Economist*, 30 nov. 2013.

7. The Center for Responsive Politics. Disponível em: <http://www.opensecrets.org/bigpicture/>. Acesso em: 19 dez. 2014.
8. Ibid.
9. Douglas Carswell, "iDemocracy and a New Model Party", The Spectator.com, 15 jul. 2013.
10. Tocqueville, *Democracy in America*, p. 63.

ÍNDICE REMISSIVO

1984 (Orwell), 73

AARP – American Association of Retired Persons [Associação Americana de Aposentados], 121
absolutismo, 37, 47
Academia Chinesa de Liderança Executiva – CELAP, em Pudong, 9-13, 25, 141, 149, 152
ação afirmativa, 80, 88
Adams, John, 239-41, 244, 250, 258
Adonis, Andrew, 128
aeroportos, privatização de, 225-6
África do Sul, 149, 242-3
África, negócios chineses na, 148
agricultura: no mundo emergente, 228; subsídios para, 180, 228
Ai Weiwei, 39
Alemanha, imperial, 14, 63-4
Alemanha, nazista, 72, 223

Alemanha, República Federal da (Alemanha Ocidental), 76, 79, 223, 253
Alemanha, unificada, 20, 29, 168, 181, 205
Alton Locke (Kingsley), 61
América Latina: economias da, 16; reforma dos direitos sociais na, 24, 199, 234
American Federation of State, County and Municipal Employees [Federação Americana de Servidores Públicos Estaduais, Municipais e Locais], 111
American Medical Association [Associação Médica Americana], 197
Amtrak, 225
Anderson, Chris, 185
Antholis, Bill, 210
Aravind Eye Care System, 196-7
Archer Daniels Midland, 228
áreas de responsabilidade superpostas, 106

Argentina, economia da, 118
Armada Espanhola, 36, 41
Arnold, Matthew, 62
Ásia: crise econômica da (1997), 139; envelhecimento da população, 160; nos séculos XVI e XVII, 40-1; pensões na, 138
Asquith, Herbert, 64
assistência médica, 15, 17, 90, 98, 206; custo da, 108, 118, 232-3; disparidades custo/resultado, 189; domínio pelo governo, 18; envelhecimento da população e, 23, 178, 232; função dos médicos na, 196-8, 233; globalização e, 194; grupos de interesses e, 193; na China, 160; na Índia, 24-5, 194-8; na Suécia, 167-9; Obamacare e, 27, 98, 115, 192, 200, 209; produção em massa na, 194-6; produtividade do trabalho na, 193; sistema de pagamento único na, 198, 223, 233; tecnologia e, 178, 201-2
assistência social *versus* seguro social, 137-8, 232
assistentes de médicos, 197
Associação Americana de Aposentados *ver* AARP - American Association of Retired Persons
Associação de Guardas Penitenciários da Califórnia [California Correctional Peace Officers Association – CCPOA], 110
Associação dos Professores da Califórnia [California Teachers Association], 111
Associação Médica Americana *ver* American Medical Association
Atos de Navegação, 54
Aurora Dourada (partido político grego), 248
Austrália: serviço público na, 207

Bagehot, Walter, 125
Balázs, Étienne, 45
Balcerowicz, Leszek, 96
Banco Central Europeu, 248
Banco da Inglaterra, 47
Banco Mundial, 77; crise financeira asiática e, 139
Bangalore, Índia, 194, 211
Barboza, David, 157
Bartlett, Bruce, 118
Baruch, Bernard, 224
Baumol, William, 27, 107, 174, 182, 214
Becker, Gary, 85
Bélgica, 219
Bell, Daniel, 153
Bentham, Jeremy, 53, 60, 86
Berggruen, Nicolas, 121, 126, 128, 155
Berlin, Isaiah, 52, 217, 220
Berlusconi, Silvio, 20, 125, 190, 219
Bertelsmann Foundation, 140
Bevan, Aneurin, 76
Beveridge, William, 75-6, 78, 90, 97, 235
bicicletas, compartilhamento de, 209, 211
Bildt, Carl, 171
Bismarck, Otto von, 14-5, 63, 170
Blair, Tony, 96, 188, 251; sobre o governo pequeno, 95, 204-6
Bleak House (Dickens), 54
Bloom, Nick, 185
Bloomberg Businessweek, 126
Bloomberg, Michael, 190, 209
Bo Xilai, 150, 157, 210
Boao Forum for Asia, 149
Bodin, Jean, 35
Böhlmark, Anders, 172
Bolsa Família, 199
Booth, Charles, 68
Boston, 203
Boston Consulting Group, 168
Boston Tea Party, 230

ÍNDICE REMISSIVO

Brandeis, Louis, 251
Brasil, 21, 25, 96, 149; reforma dos direitos sociais, 24, 199
Bright, John, 59
British Airways, 94
British Gas, 94
British Medical Association, 111
British Rail, 206
British Telecom, 94, 225
Brown, George, 131
Brown, Gordon, 98, 127, 208
Brown, Jerry, 17, 91, 104, 116, 122, 211; reformas fiscais de, 116, 126
Brown, Pat, 103, 122
Buchanan, James, 85, 251
Bureau of Corporations (EUA), 73
Bureau of Land Management (EUA), 226
"burgos podres", 54, 122, 218, 241, 246, 257, *ver também gerrymandering*
busca de rendas, 229
Bush, George H. W., 95
Bush, George W., 18, 97, 159, 173, 191, 244, 251
Butler, R. A., 76

Califórnia, 103-29; como exemplo de fracassos do Estado ocidental, 104; Constituição da, 105; déficit na, 116; desprezo do público pelo governo na, 104, 109; doença de Baumol e, 107-8; educação na, 108; idosos e ricos como principais beneficiários dos gastos públicos na, 120; impostos na, 114, 126; iniciativa popular na, 124; passivos a descoberto na, 116, 126-7; pensões, 111-2, 117, 126; polarização política na, 122; população da, 105; proliferação de regulação na, 114; Proposição 13 na, 91-2, 105; reforma fiscal na, 126; sindicato de servidores públicos na, 110-1, 113; sistema governamental ultrapassado da, 105-6; sistema prisional da, 110

Câmara dos Comuns (Inglaterra), 124
Câmara dos Representantes (EUA), 97, 124
câmeras de TV em circuito fechado, 177, 217
Cameron, David, 127, 153, 192, 208
Caminho da Servidão, O (Hayek), 17, 84, 86
Canadá, 192
Capio, 167-8
capitalismo, 54-5, 57-8; desigualdade e, 251-2; ligação presumida com a democracia, 250; supostamente autocorretivo, 71
capitalismo de Estado: como fenômeno global, 148-9, 151, 225; corrupção no, 149; desconfiança dos investidores e, 150; na China, 66, 145-52, 224; na Rússia, 149-50; produtividade e, 150, 269; supressão da inovação pelo, 151
capitalismo de laços (capitalismo de compadrio), 73, 110, 151, 224, 227-8, 236, 257
Capitalismo e Liberdade (Friedman), 86
Cardoso, Fernando Henrique, 96
Carlino, Gerald, 210
Carlyle, Thomas, 48, 61
Carney, Mark, 208
Carswell, Douglas, 249
Carter, Jimmy, 192
cartistas, 55, 61
Carville, James, 96
Castiglione, Baldassare, 39
Cato Institute, 228
católicos, 43
Cavendish, família, 37, 44, 51
Cavendish, William, 37
Cawley, James, 197
Centre For Policy Studies [Centro para Estudos Políticos] (Inglaterra), 92
centrismo, 95, 97

Centro de Orçamento e Prioridades políticas [Center on Budget and Policy Priorities] (EUA), 121
Centro de Políticas Públicas da Califórnia [California Public Policy Center], 116
Chamberlain, Joseph, 68
Charles I, Rei da Inglaterra, 36
Charles II, Rei da Inglaterra, 37, 43, 46
"charter schools" [escolas autônomas], 204, 207
Chidambaram, Palaniappan, 96
Child, Josiah, 44
Childs, Marquis, 165
China Executive Leadership Academy CELAP *ver* Academia Chinesa de Liderança Executiva
China Mobile, 147
China Youth Daily, 144
China, Imperial, 42; burocracia da, 42, 45; desprezo da inovação pela, 46; no século XVII, 40-1; rejeição do comércio com o Ocidente pela, 46
China, República Popular da: assistência médica na, 160; aumento da população urbana na, 145; capitalismo de Estado na, 66, 145-52, 224; corrupção na, 12, 25, 144-5, 181; democracia ocidental considerada ineficiente pela, 141; desaceleração do crescimento econômico na, 159; economia da, 11, 142, 159; educação na, 143-5, 160; eficiência do governo na, 142, 149, 155; elitismo na, 157; empresas estatais na, 146-8, 150-1; envelhecimento da população, 160, 178; Estados Unidos, em comparação com a, 143, 149; falta de confiança do público na, 21; governo local na, 156, 210; ideologia comunista na, 66, 141; Índia em comparação com a, 142, 149; meritocracia na, 152-9, 243; modelo de Cingapura para, 141; modelo do Estado asiático na, 133, 141, 145, 148, 152; mudança do governo na, 155; ONGs de serviços sociais na, 153; pensões na, 152, 178; perspectivas de longo prazo, 154; Revolução Cultural na, 152; seguro-saúde na, 138, 152; tradição mandarim da, 135, 152-3; treinamento de liderança na, 104

Chongqing, China, 210
Christensen, Clayton, 196
Chua, Amy, 139
Churchill, Winston, 70, 76, 237
cidades: crescimento da população nas, 145, 210; relações operacionais entre, 211
Cingapura, 25, 130-1, 140-1, 151; autoritarismo, 132-4; como "Estado vigia noturno", 136; como elitista, 132-3, 135; como modelo de um Estado asiático, 12, 25, 131, 138; governo pequeno, 132, 136; modelo previdência social da, 137, 232-3; receptividade às empresas, 134; rede de segurança social, 137; serviço público, 135; sucesso econômico da, 132; tensões étnicas na, 136
Citizens United, decisão, 230
Clark, Joseph, 78
classe média, 121; como principal beneficiário do Estado de bem-estar social, 120; direitos sociais e, 18, 25; Estado de bem-estar social e, 25, 89; gastos públicos e, 18
cláusulas de extinção automática, 116, 236, 254
Clinton, Bill, 18, 95-6, 98, 139, 209
Clinton, Hillary, 158
Coase, Ronald, 84, 220
Cobbet, William, 53
Cobden, Richard, 59
Code for America, 208

Coggan, Philip, 251
Cohen, Jared, 203
Cohen, Leonard, 180
Colloquies on Society (Southey), 216
combustíveis fósseis, subsídios do governo para, 230
comércio, Estado nacional e, 38
Comissão de Supervisão e Administração de Ativos Estatais SASAC (China), 147, 149
Comissão Europeia, 243
Commitee on Social Thought, 84
Common Sense (Paine), 48
compaixão, 64
Companhia das Índias Orientais, 41, 45, 51-2, 54, 59, 146, 230
Comunidade Econômica Europeia, 77
Comunidade Europeia de Energia Atômica, 77
Comunidade Europeia do Carvão e do Aço, 77
comunistas, comunismo, 15-6, 66, 72, 77, 131, 134, 141, 217; sucessos, 91, 242
Condorcet, Nicolas de, 214
Confederação de Associações Médicas da Ásia e Oceania, 197
Congo, 29
Congressional Budget Office (EUA), 22, 232
Congresso Nacional da África, 243
Congresso, EUA, 24, 100, 219; disfunção no, 245; lobbies e, 228-30, 247; taxas de aprovação do, 19
Conselho de Barbearia e de Cosmetologia da Califórnia [California Board of Barbering and Cosmetology], 113
conservadores, conservadorismo, 17; "compassivo", 97; *ver também* direita
Conspiração da Pólvora (1605), 36
Constituição, EUA, 106-7, 246; Décima Quarta Emenda, 117

Constitution of Liberty, The (Hayek), 92
contrato social, 16-7, 24, 38-9, 47, 214, 231
controle de rendas, 83
Coreia do Sul, 138-9, 151
Corn Laws *ver* Leis do Milho
corrupção, 181
crianças mais inteligentes do mundo e como elas chegaram lá, As (Ripley), 199
crime, Estado ocidental e, 176-7
crise do euro, 19, 99, 123, 127, 248
crise financeira de 2007-8, 99, 159, 252
crise fiscal, como incentivo para a mudança, 192
Croly, Herbert, 73
Cromwell, Oliver, 37
Cromwell, Thomas, 14, 42

Da Democracia na América (Tocqueville), 242
Daily News de Nova York, 218
Darwin, Charles, 62
darwinismo social, 63
Das, Gurcharan, 21
Davies, Mervyn, 208
Décima Quarta Emenda, 117
Declaração de Direitos, EUA, 217, 240
Declaração de Direitos, Inglaterra (1689), 47
Declaração Universal dos Direitos Humanos, 253
defesa, gastos com, 23
déficits, gasto público deficitário, 22, 100, 173, 222, 231; passivos a descoberto, 116, 222
déficits, gasto público deficitário, 116-9
democracia: arraigada na cultura, 251; benefícios de curto prazo *versus* de longo prazo na, 250, 253; como aspiração universal, 251; como princípio cen-

tral do Estado ocidental, 13, 16, 24, 30, 133, 137, 213; desigualdade de renda e, 251; escassez e, 237; Estado do bem--estar social como ameaça à, 29, 138; Estados nacionais e, 248, 251; forças da, 252; fracassos da, no século XXI, 242-50; globalização e, 251; governo grande como ameaça à, 241, 252-4, 256-7; grupos de interesses e, 24, 109-13, 237, 241; história acidentada da, 239-40; imperfeições da, 24, 125, 137, 140, 142, 217-8, 237, 241, 257; interesse próprio e, 240, 249; liberdade individual ameaçada pela, 217, 241; ligação presumida com o capitalismo, 250; na Índia, 133, 142; no modelo do Estado asiático, 25; Pais Fundadores e, 218, 240, 253; Quarta Revolução e, 239-58; triunfo da, no século XX, 241
Democracy in Europe (Siedentop), 241
Democratic Review, 58
Deng Xiaoping, 139; Cingapura como fonte de inspiração, 141
Departamento de Agricultura (EUA), 106, 228-9
Departamento de Saúde e Previdência Social (Inglaterra), 90
Departamento do Interior (EUA), 226
descentralização, 209-11
Detroit, 211; falência, 22, 117
Detter, Dag, 226
Dicey, A.V., 60
Dickens, Charles, 54, 61
Dinamarca, 29, 202; "flexiguridade", sistema de, na, 169, 172; benefícios por incapacidade, 234; crise financeira de 1980 na, 171; inovação na, 212; reinvenção do Estado de bem-estar social na, 169
direita, 83, 93; e crescimento do governo grande, 18, 95, 97, 219, 221; eficiência do governo e, 182; em oposição a serviços sociais, 89, 180; inchaço do governo e, 18, 97; privatização e, 224, 226-7
direita libertária, 83
direitos: de propriedade, 45, 47, 215; expansão dos, no Estado liberal, 15, 52-4; no Estado Nacional, 36, 47, 48; proteção dos, como papel fundamental do Estado liberal, 49; Quarta Revolução e, 258; *ver também* liberdade
direitos de propriedade, 45, 47, 215
direitos sociais, 17-8, 22-3, 80, 100, 124-5, 137, 214, 219; benefícios universais em, 121, 137, 233; classe média e, 18, 25; envelhecimento da população e, 121, 178-9, 222, 232; passivos a descoberto, 236, 253-4; pensões como, 80, 180, 233
Dirksen, Everett, 186
Discovery Group, 203
diversidade, 207-8
DNA, bancos de dados, 177
Do Contrato Social (Rousseau), 48
Dodd-Frank, lei, EUA (2010), 115, 229
doença de Baumol, 27, 107-8, 170, 173-4, 178, 214
doenças crônicas, 178, 193, 197; internet e, 202
Doncaster, prisão, 206
Downey, Alan, 173
Drucker, Peter, 192
Dubai, 140, 210
Dukakis, Michael, 95
Dundase, família, 53

Eastman Kodak, 184
École Nationale d'Administration, 187
Economist, The, 86, 97
Edison, Thomas, 175
educação, 15, 17, 23, 52, 61, 190; "charter schools" [escolas autônomas], 204,

207; classificações internacionais de, 26, 144, 199-200; custo/resultado, disparidades, 188; diversidade de modelos, 207; domínio do governo sobre, 18; na China, 143-5, 160; na Suécia, 167, 172; no Estado de bem-estar social, 70; pré-escola, 120; qualidade declinante, 108; reforma da, 62, 204; sistemas de vouchers, 167, 172, 212; tecnologia e, 175

Education Act [Lei da Educação] (Inglaterra 1944), 76

Egito, 151; fracasso da democracia no, 243, 251; Mubarak, derrubada do regime no, 140, 243

Eisenhower, Dwight, 78

eleições, EUA, custo das, 246

eletrocardiograma, máquinas de, 198

elitismo, 132-3, 135; Estado de bem-estar social e, 79; no Partido Comunista Chinês, 157; nos Estados Unidos, 158

Emanuel, Rahm, 209

empresas estatais *ver* SOES

Equality (Tawney), 71

Erdogan, Recep Tayyip, 21, 243

Escandinávia, 161; envelhecimento da população, 170, 173, 179; fracasso do Estado de bem-estar social tradicional, 171; mobilidade social na, 169; mulheres na força de trabalho da, 169; previdência social na, 167, 169, 179; reforma fiscal na, 170; reinvenção do Estado de bem-estar social na, 165-73, 179, 181, 205, 254

escassez, democracia e, 237

"escola austríaca", 84

Escola Central do Partido (China), 146, 152

escolas acadêmicas, 204, 207

escolas autônomas *ver* "charter schools"

escolha dos consumidores, 185

Escritório de Estatísticas Nacionais (Inglaterra), 26, 173

Escritório de Inovação e Participação Social [Office of Social Innovation and Participation] (EUA), 212

Espanha, 127

esquerda, 65, 74, 89, 178; corte de subsídios e, 224, 228; e crescimento do governo grande, 18, 97, 128, 171, 180, 219, 221; eficiência do governo e, 27, 182, 205

Estado do bem-estar social, modelo asiático do, 160; gastos com assistência médica no, 138; gastos com, *versus* modelo ocidental, 138; seguro social como base do, 137-8, 232-3

Estado do bem-estar social, modelo ocidental do, 15-7, 67-81, 89, 213; "bufê ilimitado", 25, 133, 137, 179, 231; assistência social como base do, 137-8; classe média no, 25, 89, 120; como ameaça à democracia, 29, 138; como ameaça à liberdade, 29, 75, 214; criação do, 33-4, 252, 257; dependência e, 126; direitos sociais no, *ver* direitos sociais; educação no, 70; elitismo e, 78; envelhecimento da população e, 23, 120-1, 160, 170, 173, 179, 222, 232; expansão do setor público no, 77; fracasso das políticas igualitárias no, 87-8, 90-1; fraternidade e, 75, 79; grupos de interesse no, 90; hipertrofia do, 87, 172, 214, 220, 224, 253-4, 256-7; igualdade e, 70, 75, 79, 214; incentivos perversos gerados pelo, 89; inchaço do governo no, 17-8, 26, 90, 98, 172, 214, 218, 220, 222, 224; ineficiência no, 90, 220; Lee Kuan Yew, críticas de ao, 25; mínimo nacional e, 70-1; na Europa, 76; pobreza e, 70; reinvenção nórdica

do, 165-73, 179, 181, 205, 254; serviços sociais e, 70, 75; Webbs, como criadores do, 67
Estado liberal, 15-6, 212-3; ascensão do, 33-4, 257; capitalismo e, 54-5, 57-8; competição e, 237; educação no, 15, 52, 62; expansão do papel do governo no, 59-65; expansão dos direitos dos cidadãos pelo, 15, 17, 52-4; governo pequeno como princípio do, 52-3, 55, 64, 223; igualdade e, 70; liberdade como base ideológica do, 70, 215-7, 223, 257; meritocracia como princípio do, 54, 56; Pais Fundadores e, 49, 214; proteção dos direitos como papel fundamental do, 49; revolução industrial e, 236
Estado nacional, 14, 16, 213; comércio e, 38; democracia e, 248, 251; direitos dos cidadãos no, 36, 47-8; eficiência do governo no, 42; Estado de direito, 42; globalização e, 249, 251; inovação e, 42, 44; instituições representativas no, 43; legitimidade do, 38; mínimo de bem-estar social, 38; resistência do governo local ao, 249; segurança como dever básico do, 35, 38, 42, 44, 176, 214
Estado, modelo asiático de, 130-61; Cingapura como inspiração para, 12, 25, 131, 138; como autoritários, 133; como concorrente do modelo de Estado ocidental, 24, 159, 237; como elitista, 133; democracia no, 25; difusão do, 140; envelhecimento das populações como fonte de tensão para, 160; Estado de bem-estar social no, *ver* Estado de bem-estar social, modelo asiático de; ideologia de governo pequeno do, 182; inovação no, 161; melhoria do governo como objetivo do, 133, 161; meritocracia no, 152-9, 243; na China, 10-3, 133, 141, 145, 148, 152; nacionalismo, 133; tecnologia e, 160

Estado, modelo ocidental de, 12-3; Califórnia como exemplo do fracasso do, 104; como instrumento de civilização, 29; contrato social no, 16, 23, 38-9, 47, 214, 231; crime e, 177; debate ideológico sobre, 214; declínio dos serviços públicos no, 23; democracia como princípio central do, 13, 16, 24, 30, 133, 137, 213; direitos dos cidadãos no, 17; doença de Baumol e, 27, 107-8, 170, 173-4, 178, 214; eficiência no, 26-8, 42, 90, 182, 192, 205, 223, 237, 245; falta de inovação no, 27; gastos públicos deficitários no, 21, 100, 116-9, 173, 222; grupos de interesses e, 24; idosos e ricos como principais beneficiários dos gastos públicos no, 119-21; igualdade e, 213; liberdade como princípio central do, 16, 30, 50, 70, 214; modelo de Estado asiático como concorrente do, 24, 159, 237; oportunidades para a reinvenção do, 25; papel adequado do, 28, 34; proliferação da regulação no, 114-5; revolução do Estado do bem-estar social no, *ver* Estado do bem-estar social, modelo ocidental de; revolução do Estado nacional no, *ver* Estado nacional; revolução liberal no, *ver* Estado liberal; sistemas obsoletos no, 106; Thatcher-Reagan, meia revolução de *ver* revolução Thatcher-Reagan; *ver também* governo

"Estado vigia noturno", 15, 17, 52, 64, 80, 87, 100, 132-3, 136, 176, 223

Estados Unidos: ação afirmativa nos, 80; capitalismo de Estado nos, 226; capitalismo de laços nos, 227-8, 236; China em comparação com os, 143, 149;

déficits e gastos públicos deficitários nos, 22, 97, 100, 117, 222, 231; direitos sociais nos, 231-2; discurso antiliberal dos, 96; dívida pública dos, 117, 231-2; elitismo nos, 158; expansão do papel do governo nos, 65, 78; falhas da democracia nos, 244-8; gastos públicos nos, 17, 249; governo grande nos, 73; governo local nos, 209; impostos nos, 83, 114, 118, 227, 230; incerteza fiscal nos, 19, 244; inchaço do governo nos, 17, 97, 172; indústria de serviços financeiros nos, 229; modelo de governo pequeno nos, 58; na Guerra do Iraque, 139; passivos financeiros dos, 23, 117; período do pós-guerra nos, 79; pessimismo do público nos, 19, 123; polarização política nos, 100, 122-3, 159, 245; política do dinheiro nos, 246, 247; privatização nos, 224-7; queda da taxa de criminalidade nos, 176; reforma da educação nos, 204, 207; reforma do bem-estar social nos, 95; sistema de freios e contrapesos nos, 218, 240, 245, 253; Webbs e, 73
estatismo, 63, 64, 68, 72, 74; elitismo e, 78
esterilização compulsória, 79
Estônia, 119, 202
Estrada da Seda (China), 148
Euclides, 37, 39
eugenia, 69, 79, 165
euro, 99, 247
Europa: consolidação nacional na, 43; cooperação transnacional na, 77; crise econômica na, 123; disputa por supremacia secular na, 43; era de conquistas na, 41-2, 44; Estado do bem-estar social na, 76; esterilização compulsória na, 79; fracassos da democracia na, 247; gastos públicos na, 99; guerras religiosas na, 40, 43; iluminismo na, 46; inchaço do governo na, 98-9; inclinação tecnocrática na, 77, 248; índice de dependência de idosos na, 22; período do pós-guerra na, 79; políticas mercantilistas na, 44; revolução de 1848 na, 57; sistema político disfuncional na, 123
exército, EUA, 177
Extraordinary Black Book, The (Wade), 53
Exxon, 150

fabianos, 16, 28, 69, 74, 96, 131, 165, 212
Facebook, 185
Falklands War *ver* Guerra das Malvinas
Fantástica Fábrica de Chocolate, A (Dahl), 219
Farrell, Diana, 129
fascismo, 16, 72, 77, 242
Fatal Conceit: Errors of Socialism, The (Hayek), 131
Federação Americana de Servidores Públicos Estaduais, Municipais e Locais *ver* American Federation of State, County and Municipal Employees
Federal Communications Commission (EUA), 74
Federal Register [Registro Federal] (EUA), 114
Federalista, O (Hamilton, Madison, Jay), 13, 253
felicidade, direito à, 52-3
Fernando e Isabel, da Espanha, 42
Filipinas, seguro-saúde na, 138
Fim da História, O (Fukuyama), 250
Finer, Samuel, 33, 262
Finlândia, 202; crise financeira da década de 1990 na, 171; inovação na, 212
Fisher, Antony, 82-3, 90, 92, 265
"flexiguridade", 169, 172

Ford, Henry, 26, 183, 185, 194
Fórum Econômico Mundial, 142, 144
Foster, William, 62
França, 47, 79; capitalismo de Estado, 225; elite governante, 188; expansão da burocracia na, 63; gastos deficitários na, 22; gastos públicos na, 76, 99; idade de aposentadoria na, 24; inchaço do governo na, 20
Francisco I, rei da França, 42
Fraser Institute, 170
fraternidade, Estado do bem-estar social e, 75, 80
Frederico, o Grande, rei da Prússia, 43
Freedom House, 140, 242
freios e contrapesos, sistema de, 218, 240, 245, 253
Frente Nacional, França, 248
Friedman, Milton, 82-7, 89, 93, 104, 125, 167, 265; "Estrada para o Inferno", palestra, 85; antecedentes, 83; como evangelista do livre mercado, 85, 87; governo grande como alvo, 83, 85, 89; oposição de, à moeda única, 99; Prêmio Nobel de, 83, 87, 91; Reagan e, 87; revolução Thatcher-Reagan e, 16, 34, 97, 100
Friedman, Thomas, 159
Friedrich, Carl, 253
Fukuyama, Francis, 139, 246, 250
Fundo Monetário Internacional (FMI), 22, 77, 90; crise financeira asiática e, 139
Fundo Providente Central (Cingapura), 137
Future of Freedom, The (Zakaria), 139

G20, países do, 23
Galbraith, John Kenneth, 86-7
Galtieri, Leopoldo, 94
Galton, Francis, 69
Gardels, Nathan, 121
Gaskell, Elizabeth, 61
gastos discricionários, 189
Gates, Bill, 96
Gazprom, 148-50
Geely, 146
General Electric (GE), 198, 233
General Motors (GM), 98, 183-5, 224
Geometria (Euclides), 37
George III, rei da Inglaterra, 19, 45
gerrymandering, ou loteamento político, 20, 104, 110, 122, 246, 252, 255; *ver também* "burgos podres"
gestão, reinvenção da, 183-6
Gillray, James, 218
Gladstone, William, 15; como "economizador", 55, 216; governo pequeno como princípio de, 55-6, 63; política tributária de, 55
globalização, 18, 185, 187; assistência médica e, 194; democracia e, 251; determinação nacional e, 249, 251; governo e, 18, 96, 194-200; reforma dos direitos sociais e, 235
GOATS (Government of All the Talents) (Inglaterra), 208
Godolphin, Sidney, 36
Goldman Sachs, 118
Goldwater, Barry, 80, 87
Google, 103, 183-5, 224
Gore, Al, 95, 128, 192
Government Accountability Office (EUA), 226
governo: cláusulas de extinção automática, 116, 236, 254; desafios à reforma do, 189, 191; desprezo do público pelo, 104, 109, 219, 221, 224, 241, 250; eficiência do, 26-8, 42, 90, 182, 192, 205, 223, 237, 245; força de trabalho entrincheirada do, 187-8; globalização e, 193-200; inchaço do, 17-8, 26, 90,

97, 172, 214, 218, 220, 222, 224; local, 209-11, 255; poder coercitivo do, 191; tecnologia e, 193, 200-4; viés anti-inovador do, 188-9, 205, 211; viés centralizador do, 186, 205, 209; viés interno do, 186, 205; viés para uniformidade, 187-8, 205, 207; voluntarismo e, 208
Grace Commission (EUA), 192
Grande Depressão, 71, 86
Grande Exposição de 1851 (Inglaterra), 57
Grande Sociedade, 78, 186
Gray, Vincent, 203
Great Western Railway, 67
Grécia, 23; economia da, 118, 248; empregados do setor público na, 112; gastos públicos na, 99
Green River Formation (EUA), 226
Green, T.H., 64
Grenville, família, 53
Grillo, Beppe, 20, 219
Grote, George, 57
grupos de interesses, 24, 90, 109-11, 113, 173, 193, 214, 229, 237, 241, 246-7, 257
Guangdong, China, 210
guerra à pobreza, 88
guerra ao terror, 98, 139
Guerra Civil, inglesa, 14, 36, 43, 47
Guerra da Crimeia, 67
Guerra das Malvinas, 94
Guerra do Iraque, 139, 243
Guerra dos Bôeres (1899-1902), 64
Guerra dos Trinta Anos, 40, 43
Guerra Fria, 77, 242
guerra, tecnologia e, 177

Hagel, Chuck, 245
Hall, Joseph, 40
Halsey, A. H., 88
Hamilton, Alexander, 13, 146
Hamilton, James, 117

Hard Times (Dickens), 61
Havel, Václav, 242
Hayek, Friedrich, 17, 84, 86, 92-3, 131, 166
healthcare.gov, 192
Heath, Edward, 93
Hegel, G.W.F., 49, 63, 72
Helsinki, 212
Heritage Foundation (EUA), 92
Hewlett, Bill, 103
Higgins, David, 208
Hilton, Steve, 128
História da Guerra do Peloponeso (Tucídedes), 240
Hitler, Adolf, 72
Hobbes, Thomas, 14, 16-7, 28, 33-5, 44, 48, 66, 132, 176, 211, 256; antecedentes, 36-7; como materialista, 38; como pensador controverso, 37; como realista, 14, 37; contrato social e, 38-9, 47, 214; liberdade individual e, 38; sobre a natureza humana, 35-6, 49
Hogarth, William, 218
Holanda, gastos públicos, 76
Hollande, François, 20, 24, 149, 179, 188
holocausto, 79
Homestead Act (EUA, 1862), 65
Hospital St. Göran's, Estocolmo, 167-8, 173, 178
House of Cards (seriado de TV), 218
Howard, Philip, 115, 129, 189
Hu Jintao, 10
Huldai, Ron, 209
Hume, David, 48
Hungria, 243
Huntington, Samuel, 46
Hurun Report, 157

idade de aposentadoria, 179, 232
igualdade: capitalismo e, 251-2; de oportunidade *versus* de resultados, 79, 219;

Estado do bem-estar social e, 70, 75, 80, 214; Estado liberal e, 71; Estado ocidental e, 213
igualdade sexual, 165
iluminismo, 46
Império Otomano, 40
imposto retido na fonte, 83
impostos sobre o consumo, 121
impostos, tributação, 114, 124, 125; consumo, 121; EUA, 83, 114, 118, 227, 230-1; obscuridade, 119
Índia, 16, 40-1; assistência médica na, 24-5, 194-8; como Estado fraco, 42; democracia na, 133, 142; educação, 143; em comparação com a China, 142, 149; estagnação econômica na, 143; falta de confiança do público, 21; governo local na, 210; nepotismo na, 158; reforma tatcherista na, 96; taxa de mortalidade infantil na, 194
índice de liberdade econômica, 170
Indivíduo contra o Estado, O (Spencer), 62
Indonésia, 139; seguro-saúde, 138
indústria automobilística, 183-5
indústria de serviços financeiros, 229
indústria do açúcar, 228
indústria, aristocracia rural em oposição à, 52
Industry and Trade (Marshall), 223
informação, acesso à, 203, 206
infraestrutura: gastos com, 119, 223; Quarta Revolução e, 223
iniciativa popular, 124
inovação, 211-2; Estado nacional e, 42, 44; no setor privado, 188; viés do governo contra, 188, 204, 211
Institute for Energy Research (EUA), 226
Institute of Economic Affairs (Inglaterra), 83, 92
Institute of Medicine (EUA), 197

Instituto de Biologia Racial (Suécia), 79
internet, 185, 249; assistência médica e, 201; autoajuda e, 202
Irã: China e, 148
Iraque, 242
Irlanda, 43; gastos públicos na, 99
Irmandade Muçulmana, 140, 243
Isabel I de Castela, rainha da Espanha, 42
Islândia, 250
Istambul, 40
It's Even Worse Than It Looks (Mann e Ornstein), 123, 218-9
Itália, 190, 248; apatia dos eleitores na, 20; gastos públicos na, 99; reforma previdenciária na, 127; remuneração e benefícios dos políticos na, 112

Jackson, Andrew, 58
Jacques, Martin, 159
Jagger, Mick, 90, 234
Jaime I, Rei da Inglaterra, 36
Jaime II, Rei da Inglaterra, 47
Japão, 23-4, 41
Jarvis, Howard, 91
Jay, Douglas, 78
Jiang Jiemin, 149
Jiang Zemin, 139
Johnson, Boris, 209
Johnson, Lyndon, 78, 80, 87
Joseph, Keith, 92, 93
Juncker, Jean-Claude, 125
juventude, gastos públicos enviesados contra, 121

Kamarck, Elaine, 128
Kangxi, Imperador da China, 45
Kansas, 127
Kant, Immanuel, 215
Kaplan, Robert, 140
Kapoor, Anish, 39

Kennedy, Joseph, 74
Kentucky Fried Chicken, 180
Kerry, John, 95
Keynes, John Maynard, 30, 71, 77, 97; pragmatismo de, 72
keynesianismo, 72, 78, 84, 95; contrarrevolução em oposição ao, 83-6
Khan Academy, 175
Khan, Salman, 175
Khanna, Parag, 210
King, Martin Luther, Jr., 80
Kingsley, Charles, 61
Kirk, Russell, 86
Kissinger, Henry, 130, 133
Kleiner, Morris, 115
Knight, Frank, 84
Knowledge is Power Program (KIPP) (EUA), 207
Kocher, Robert, 193
Kotlikoff, Laurence J., 117
Kristol, Irving, 88
Kroc, Ray, 180

L. V. Prasad Eye Institute (Índia), 197
laissez-faire, economia do, 60-1, 64, 67, 71, 73
Laski, Harold, 69, 131
Lazzarini, Sergio, 149
Le Pen, Marine, 248
Le Roy, Louis, 262
Lee Hsien Loong, 132, 134
Lee Kuan Yew, 12, 25, 57, 130-1, 134, 136-41, 143, 152, 166, 178, 234; autoritarismo de, 134-5; ideologia de governo pequeno de, 136, 160
legislação ocupacional, 115
Lehman Brothers, 22
Lei da Educação, Inglaterra, 1944 *ver* Education Act
Lei da Pureza de Alimentos e Medicamentos (EUA, 1906) *ver* Pure Food and Drug Act

Lei de Olson, 109-12, 115, 121, 227
Lei de Qualidade Ambiental da Califórnia [California Environmental Quality Act], 114
Leis do Milho [Corn Laws], 54, 228, 230
Lenovo, 146
Leviatã, 18
Leviatã (Hobbes), 35, 37-9, 47
Leviathan, Monumenta 2011 (Kapoor), 39
liberais, liberalismo: direito à felicidade como princípio do, 52-3; e debate sobre tamanho do governo, 52-3, 223; *ver também* esquerda; liberdade como princípio central do, 70, 215-7, 223; papel do Estado na visão do, 29, 214, 217, 223
liberdade: como base ideológica do Estado liberal, 70, 215-7; como princípio central do Estado ocidental, 16, 30, 50, 70, 214, 246; conceito reduzido de, 217-8, 220; democracia como ameaça a, 217, 240-1; elementos centrais, 215; equilíbrio entre segurança e, 221; Estado do bem-estar social como ameaça à, 29, 75, 214, 254; Hobbes e, 38; Mill e, 51-2, 58, 214-5, 220, 240, 246, 257; Quarta Revolução e, 237-8, 256, 258; restrições necessárias a, 215; *ver também* direitos
Líbia, 243
LifeSpring Hospitals (Índia), 196
Liga Árabe, 243
Lincoln, Abraham, 65, 92
Lindahl, Mikael, 172
Lindgren, Astrid, 166
Lisboa, Tratado de (2007), 248
Little Dorrit (Dickens), 54
Liu Xiaobo, 161
Livingstone, Ken, 209

livre comércio, 54, 58, 60; defesa do, por Mill, 58
livre mercado, 53, 62, 138; Friedman como evangelista do, 85, 87; Thatcher e, 93
Lloyd George, David, 64
lobbies, Congresso e, 228-30, 246
Locke, John, 46-7, 49; contrato social e, 47
Logic of Collective Action, The (Olson), 109
London School of Economics, 69, 75
Lowe, Robert, 62
Luiz XIV, rei da França, 42
luta de classes, 65

Ma Hong, 153, 155
Mac 400 (GE), 198
Macartney, George, 45
Macaulay, Thomas Babington, 214, 216-7
Macmillan, Harold, 71
Macrae, Norman, 76
Madison, James, 253
maioria, tirania da, 218, 240, 245
Mandela, Nelson, 242
Mandelson, Peter, 95
Manhattan Institute, 83
Mann, Thomas, 123, 218-9
Manning, Bradley, 221
Manor, Texas, 203
Mao Zedong, 147
Maquiavel, Nicolau, 35, 39
Marshall, Alfred, 223
Marshall, T. H., 75
Martineau, Harriet, 57
Marx, Karl, 49, 65, 72; Estado na visão de, 66
marxismo, *ver* comunistas, comunismo
Mary Barton (Gaskell), 61
Mary II, rainha da Inglaterra, 47
Mazzini, Giuseppe, 57

McConnel, Mitch, 245
McDonald's, 153, 180
McGregor, Richard, 147, 153
McKinsey, 188, 197
Meat Inspection Act [Lei de Vigilância da Carne] (EUA), 73
Medicaid (EUA), 232
Medicare (EUA), 117, 120, 232
Melhor Partido, Islândia, 250
mercantilismo, 45
Merkel, Angela, 20, 23, 221-2
Mettler, Suzanne, 118
"micropoderes", 249, 254
Miliband, Ed, 111, 149
Milken, Michael, 126
Mill, James, 51-2, 57, 136
Mill, John Stuart, 15, 17, 28, 33, 71, 80, 86, 132, 211, 241, 244; antecedentes, 51; como intelectual público, 51; função ampliada do governo adotada por, 60; liberdade como preocupação predominante de, 52, 58, 214, 216-7, 220, 240, 246, 257; liberdade intelectual como princípio de, 58; livre comércio promovido por, 58; meritocracia promovida por, 57
Mindlab (Dinamarca), 212
"mínimo básico", 87
"mínimo nacional" (de bem-estar), 70-1
Mises, Ludwig von, 84
Mississipi, 108
Modi, Narendra, 210
Mogol, Império, 41
Moïsi, Dominique, 161
Mont Pelerin Society, 84, 86
Montefiore Medical Center, 202
Monti, Mario, 248
Moody's, 116
Morrill Act (EUA, 1862), 65
Morsi, Mohamed, 243
Moynihan, Daniel Patrick, 89

Mubarak, Hosni, 140, 243
Muggeridge, Malcolm, 69
Mulgan, Geoff, 128
mundo emergente: agricultura no, 228; falta de confiança do público no, 21; governos locais no, 209; incapacidade de explorar a tecnologia para avançar, 25; inovação no, 24; mudança da população urbana no, 210; necessidade de reforma no, 22
mundo islâmico: atitudes anticientíficas no, 46; nos séculos XVI e XVII, 40
Muro de Berlim, 242
Musacchio, Aldo, 149
Mussolini, Benito, 242
Myrdal, Alva, 165-6
Myrdal, Gunnar, 42, 165-6

nações secessionistas, 249
Naím, Moisés, 181, 249, 254
Nanquim, 40
Napoleão I, imperador da França, 50
Narayana Hrudayalaya Hospital, Bangalore, 194
National Audit Office (Inglaterra), 192
National Education Association (Inglaterra), 111
National Health Service (NHS) (Inglaterra), 64, 83, 106, 178, 192, 198; gastos com, 127
National Health Service Act (Inglaterra), 76
National Institute for Health and Care Excellence (NICE) (Inglaterra), 233
National Insurance Act (Inglaterra, 1946), 76
National Journal (EUA), 245
National Labor Relations Board (EUA), 74
nazistas, 72, 223
neoconservadores, 89

"New Brutalism" [Nova Brutalidade] dos urbanistas, 89
New Deal, 74, 83, 186, 227
New Digital Age, The (Schmidt e Cohen), 203
New Republic (EUA), 73
New Stateman (Inglaterra), 69
Newnham College (Inglaterra), 61-2
Newsweek, 87
Niebuhr, Reinhold, 253
Nigéria, 224
Nixon, Richard, 78
Nock, Albert Jay, 172
Northcote, Stafford, 56
Noruega, crise financeira da década de 1990 na, 171
Nova Brutalidade *ver* "New Brutalism"
Nova Zelândia, 229
Novey, Don, 110, 176
Novos Trabalhistas, 95, 98
Nye, Joseph, 11, 191

O'Donnell, Christine, 219
Obama, administração, 212-2; regulação e, 114
Obama, Barack, 100, 123, 186, 226, 231, 244-5; ideologia de governo grande, 98; pragmatismo de, 98, 212; reformas da assistência médica de, 27, 98, 115, 192, 200, 209
obstrucionismo (filibuster), 245
OCDE (Organização para a Cooperação e Desenvolvimento Econômico), 181
Office of Social Innovation and Participation (EUA) *ver* Escritório de Inovação e Participação Social
Oldham, John, 188
óleo de xisto, 226
Olivares, Count-Duke, 42
Olson, Mancur, 107, 109
On Liberty (Mill), 58, 62, 71

onze de setembro, ataques terroristas, 98, 221
Open University (Inglaterra), 175
opinião, liberdade de, 215
Orban, Viktor, 243
Organização das Nações Unidas, ONU, 77, 253
Organização Mundial da Saúde, OMS, 194
Organização Mundial do Comércio OMC, 249
Organização para a Cooperação e Desenvolvimento Econômico (OCDE), 181
Organizações Não Governamentais (ONGS), China, 154
Oriente Médio: China e, 148; fracasso da democracia no, 243; governo local no, 210
Ornstein, Norman, 123, 218-9
Orwell, George, 73
Our Enemy, the State (Nock), 172

Packard, David, 103
Paine, Thomas, 28, 48
Pais Fundadores, 106; democracia e, 217, 240, 253; Estado liberal e, 49, 214
Pall, Niti, 198
Palme, Olof, 166, 171
Palo Alto, Califórnia, 103-4
Papademos, Lucas, 248
Parlamento Britânico, 36, 47
Parlamento Europeu, 247
Partido Comunista, chinês, 66, 141, 149; como meritocracia, 153; Departamento de Organização do, 147; elitismo no, 157
Partido Conservador (Tories), Inglaterra, 19, 71, 76
Partido de Ação Popular (Cingapura), 131, 134
Partido Democrata (EUA), 97, 230; contenção de gastos aprovada pelo, 20; oposição ao corte de gastos pelo, 100, 245
Partido do Congresso Nacional Indiano, 158
Partido Liberal (Inglaterra), 70-1
Partido pela Liberdade (Holanda), 248
Partido Progressista (EUA), 73
Partido Republicano (EUA), 120, 227; oposição ao aumento de impostos, 100, 245
Partido Social Democrata (Suécia), 166, 171
Partido Trabalhista (Inglaterra), 70-1, 78, 93, 95, 111
partidos políticos, declínio do número de afiliados, 19, 250
Party, The (McGregor), 147
passivos a descoberto, 22, 116-7, 126-7, 222, 236, 253-4
patronagem, 54, 56, 214, 227, 230
Paul, Ron, 39
Paz de Vestfália, 43
Peace Corps (EUA), 208
Pearson, Karl, 69
Peel, Robert, 54, 57
Pequim, 40
Peterson Foundation (EUA), 244
Peterson Institute for International Economics (EUA), 150
Peterson, Pete, 128
PetroChina, 148, 150, 151
Philippon Thomas, 229
Pitágoras, teorema, 37
Platão, 240, 244, 249, 253
pluralismo, 204-6
pobres, pobreza: Estado do bem-estar social e, 70; fracasso dos programas de bem-estar social para, 87-8, 90; gastos públicos enviesados contra, 120-1

polícia, tecnologia e, 177
política: dinheiro na, 246-7; fuga de talentos da, 124; inchaço do governo e, 18; polarização da, 19, 100, 122-4, 159, 245
política do dinheiro, 246-7
Political Economy (Mill), 60
Pomperipossa, efeito, 166
Popper, Karl, 84
população: envelhecimento da, 23, 121, 160, 170, 173, 178-9, 231-2; urbanização da, 145, 210
Por que não sou conservador (Hayek), 86
Porter, Michael, 128
Portugal, gastos públicos em, 99
Potter, Laurencina, 67
Potter, Richard, 67
Praça da Paz Celestial, protestos, 139
Prêmio Nobel, 83, 87, 91
previdência social, 24, 117, 120, 232, 255; benefício definido *versus* contribuição definida, sistemas de, 179; benefícios por invalidez, 234; como direito social, 80, 179, 233; como passivo a descoberto, 22, 116; expansão na Ásia, 138; na Califórnia, 111, 113, 117, 126; na China, 152, 178; na Escandinávia, 167, 169, 179; no Brasil, 25
Primavera Árabe, 140
Principles of Political Economy (Mill), 58
Pritchett, Lant, 143
privatização, 16, 94, 96, 224-7
Procter & Gamble, 184
produtividade, 174; Baumol, doença de, 107; capitalismo de Estado e, 150; setor público *versus* setor privado, 26-7, 173, 269
produto interno bruto (PIB), falta de confiança no, 118
Programa Internacional de Avaliação de Estudantes (PISA), 199-200

progressivismo, 230; autodestrutivo, 220
proposição 13, 91-2, 105
protestantes, 43
Pudong, China, 9-13, 16
Pune, Índia, 211
Pure Food and Drug Act [Lei da Pureza de Alimentos e Medicamentos] (EUA, 1906), 73
Putin, Vladimir, 140, 149, 243

Qianlong, Imperador da China, 45
Quarta Revolução, 13; como pós-burocrático, 204; competição com os Estados Asiáticos, como impulso para, 24, 159, 237; corte de subsídios e, 227-31; descentralização e, 209-11; diversidade e, 207-8; eficiência do governo na, 224; fracasso do modelo vigente como impulso para, 21-2, 24; fundamentos ideológicos da, 28, 34, 213-5; governo pequeno como princípio da, 223, 252-4, 256-7; infraestrutura e, 223; inovação e, 212; liberdade e, 237-8, 256, 258; pluralismo na, 204-6; pragmatismo e, 26, 223; privatização e, 224-7; reforma democrática e, 239-58; reforma dos direitos sociais e, *ver* reforma dos direitos sociais; reforma monetária e fiscal na, 255; revolução da informação e, 235-7; tecnologia e, 25-7, 224, 255

racismo, 89
radicais filosóficos, 52-3, 86, 176
Rauch, Jonathan, 222
razão, religião em oposição à, 52
Reagan, Ronald, 16, 34, 89, 92, 97, 192; Friedman e, 16; ideologia de governo pequeno, 95; *ver também* Thatcher-Regan, revolução
Reform (Inglaterra), 196

Reforma, 52
reforma dos benefícios por invalidez, 234
reforma dos direitos sociais, 95, 209, 224, 231-6; benefícios por invalidez e, 234; condicionalidade, 24, 199, 234; globalização e, 235; na América Latina, 24, 199, 234; responsabilidades dos beneficiários e, 235; revolução da informação e, 235; transparência e, 234; verificação prévia da condição financeira (teste de meios), 234-5
Registro Federal *ver* Federal Register
registros de saúde, 168, 178, 201
Reinfeldt, Fredrik, 179
Reino Unido: "inverno da desesperança" no, 93; aristocracia rural do, 52-3; baixa confiança do público no, 19; busca de asilo no, 57; como Estado capitalista, 54-5, 57-8; déficit do, 173; gastos com assistência médica no, 90; gastos públicos no, 17, 76; guerras do, 14; império comercial do, 44; inchaço do governo no, 90; orgulho nacional no, 64; patronagem *versus* meritocracia no, 54, 56-7, 214; período do pós-guerra no, 79; poder da Igreja Anglicana no, 52; queda da taxa de criminalidade no, 176; reforma da educação no, 62; reforma fiscal no, 127; revolução liberal no, 50
relatório Beveridge, 75
"Relatório sobre Manufaturas" (Hamilton), 146
religião: liberdade de, 215; razão em oposição à, 52
República Tcheca, 242
República, A (Platão), 240
Reshef, Ariell, 229
Restauração Bourbon (França, 1814), 50
Revolução Americana, 14-5, 48-50, 253
Revolução Cultural (China), 152

revolução da informação, 235-7
Revolução Francesa, 14, 48-50, 239
Revolução Gloriosa (Inglaterra, 1688), 47
Revolução Russa, 49
Revolução Thatcher-Reagan, 104, 172; considerada incompleta, 16, 83, 97-100, 236, 257; difusão global, 96; Friedman e, 16, 34, 97, 100; governo grande como alvo da, 83; ideologia do governo pequeno, 92-4, 125; influência de Hayek sobre, 92; privatização e, 94, 224
Reykjavik, Conselho Municipal, 250
Ricardo, David, 53
Richelieu, Cardeal, 42
Rights of Man, The (Paine), 48
Ripley, Amanda, 199
Robôs Táticos com Autonomia Energética (Energetically Autonomous Tactical Robot – EATR), 177
rodovias, cobrança pelo uso de, 209
Rodrik, Dani, 251
Romney, Mitt, 209
"Roofs or Ceilings" (Friedman) (artigo), 83
Roosevelt, Franklin Delano, 74, 242
Roosevelt, Theodore, 73, 247
Rousseau, Jean-Jacques, 48-9
Rousseff, Dilma, 149
Royal Society, 46
Ruanda, 140
Rumsfeld, Donald, 78, 242
Rússia, 72; capitalismo de Estado na, 149-50; China e, 148; corrupção na, 181; fracasso da democracia na, 243, 251; modelo de Cingapura admirado na, 140; privatização na, 96

Sacramento, Califórnia, 103-4, 124
Sahni, Nikhil, 193

ÍNDICE REMISSIVO

San Bernardino, Califórnia, 23; falência de, 22, 125
San Francisco, Califórnia, 203, 211
Sanders, Harland, 180
Sarkozy, Nicolas, 20, 24
Sberbank (Rússia), 149
Schmidt, Eric, 203
School Medical Service (Inglaterra), 64
Schopenhauer, Arthur, 63
Schuck, Peter, 128
Schwarzenegger, Arnold, 122, 126
Securities and Exchange Commission (EUA), 73-4
Ségolène Royal, Marie, 188
Segunda Guerra Mundial, 74-5, 223
segurança: como dever fundamental do Estado nacional, 35, 38, 42, 44, 176, 214; equilíbrio entre liberdade e, 221; Quarta Revolução e, 223
seguro-desemprego, 120, 234-5
seguro-saúde, 138
Serco Group (Inglaterra), 205-6
serviços sociais, 70, 75; como direitos, 75-6
setor privado: globalização e, 185, 187; inovação no, 188; produtividade no, 26; reinvenção do, 184-6; tecnologia e, 185
setor público, 77, 90, 112, 173, 175; tecnologia e, 175
Shaw, George Bernard, 69, 222
Shenzhen, China, 157, 210
Sherman, Alfred, 93
Shetty, Devi, 194-6, 233
Sidgwick, Henry, 60-1
Siedentop, Larry, 241
sindicatos, setor público: bloqueio de inovações pelo, 27; pagamentos e benefícios dos, 111-2, 117; poder político dos, 110-2
Singh, Manmohan, 96

sistemas de vouchers, 167, 172, 212
Sloan, Alfred, 183-4
Smith, Adam, 48, 216, 227
Snowden, Edward, 221
socialismo, 62, 69, 96, 131, 216, 257; na Suécia, 165
Socialist Case, The (Douglas Jay), 78
sociedade aberta e seus inimigos, A, 84
SOES (empresas estatais), 146-8, 150-2
Southey, Robert, 216
Spencer, Herbert, 62-3, 67, 92
Stalin, Joseph, 69, 72
Starr, Kevin, 105
Stein, Herbert, 21
Steinberg, Darrell, 126
Steuerle-Roeper, índice, 189
Stewart, Jon, 219
Stigler, George, 84
subsídios, 180, 224, 227-8
Suécia, 90, 179; "crise da escuridão", travamento do sistema bancário em 1991, 171; assistência médica na, 98, 167-9; dívida pública da, 166; educação na, 167, 172, 207; gastos públicos na, 166; mistura de capitalismo e socialismo na, 182; privatização na, 226; reforma fiscal na, 166; registros de saúde na, 168, 178, 201; reinvenção do Estado do bem-estar social na, 166, 205, 254; renda média na, 169; sistema previdenciário na, 167, 179, 232; socialismo na, 165
sufrágio, 15, 17, 54
Suleiman, o Magnífico, 40
Summers, Larry, 108
Suprema Corte (EUA), 218, 230, 240
Swift, Jonathan, 218

Tailândia, 139
Tawney, R. H., 64, 71, 78-9, 88
Taylor, A. J. P., 17

Taylor, Matthew, 203
Tea Party, 18, 66, 230, 233
Teach for America, 208
tecnocratas, 77, 248-9, 254-5
tecnologia, 160, 170; assistência médica e, 178, 201; como agente do governo pequeno, 173; crime e, 177; educação e, 175; governo e, 193, 200-4; guerra e, 177; Quarta Revolução e, 26-7, 224, 255; setor privado e, 185
tecnologia da informação (TI), 26-7
Temple, Frederick, 61
Tennessee Valley Authority, 74, 227
Teoria Geral do Emprego, do Juro e da Moeda (Keynes), 71
Terror (1792-93), 50
Tesouro (EUA), 139
teste de meios (verificação prévia da condição financeira), 234-5
Thatcher, Margaret, 16, 34, 82, 89, 92, 97, 127, 130, 176; guerra das Malvinas e, 94; política econômica de, 93; teoria do livre mercado e, 93
Thick of It, The (programa de TV), 218
Thiel, Peter, 200
Think Long Committee (EUA), 126
Thomas, Norman, 83
Tilly, Charles, 44
Timbro, 128, 171
tirania da maioria, 218, 240, 245
Tocqueville, Alexis de, 58, 214, 218, 240-2, 246
Tomás de Aquino, São, 35
totalitarismo, 72
Toyoda, Kiichiro, 194
Transparência Internacional, 144
Trevelyan, Charles, 56
Tucídedes, 240
Tullock, Gordon, 85
Tunísia, 243

Turner, Ted, 228
Turquia, 21, 243

União Europeia, 20, 23, 24, 77, 98, 106-7, 247-9
União Soviética, 73, 75, 237; colapso da, 66, 171, 242; como Estado falido, 91
Unirule Institute of Economics (China), 150
Universidade de Tsinghua (China), 153
Universidade de Upsala, Suécia, 79
Urban Institute (USA), 180
utilitarismo, 53, 60-1

Vale do Silício, 103, 124
Van Reenen, John, 185
vantagem competitiva, 183
Veep (programa de TV), 218
"Velha Corrupção", 14, 53, 55, 61, 145, 180, 218, 246, 257
vida privada, liberdade na, 216
VisionSpring (Índia), 196
Voegeli, William, 113

Wade, John, 53
Wall Street Journal, 90
Wallas, Graham, 78
Wang Jisi, 159
Warren, Earl, 103, 122
Washington Post, 87
Washington, Consenso de, 16, 96, 139, 159
Washington, D.C., 203
Washington, George, 240
Webb, Beatrice e Sidney, 15, 33, 66, 68, 70, 73, 75-6, 88, 113, 131, 136, 211, 257; admiração de Stalin por, 69; coletivismo como princípio de, 70; como criadores do Estado do bem-estar social, 67; endosso da eugenia por, 69; esta-

tismo e, 68; mínimo nacional, conceito de, 70-1
Weibo, 156
Weiner, Anthony, 219
Wells, H. G., 68
Wen Jiabao, 157
Westminster, modelo, 58
When China Rules the World (Jacques), 159
Whitaker, Jeremiah, 39
Wilders, Geert, 248
Will, George, 36
Willetts, David, 121
William III, rei da Inglaterra, 47
Williamson, John, 16, 159
Wilson, James Q., 191
Wolfson Institute of Preventive Medicine (Inglaterra), 202
Woolf, Virginia, 34

World Forum on Democracy, 242
World on Fire (Chua), 139
Wukan, China, 156

Xi Jinping, 130, 141, 144, 156, 160-1
Xilai, Bo, 150, 157, 210
Xinmin Weekly, 157

Yang Jianchang, 155-6
Ye Lucheng, 147
Yeltsin, Boris, 243
Yes, Minister (programa de TV), 188
Yongle, Imperador da China, 41

Zakaria, Fareed, 139
Zhang Weiwei, 159
Zheng He, 41
Zingales, Luigi, 125, 229
Zuma, Jacob, 243

TIPOLOGIA Miller
DIAGRAMAÇÃO Acqua Estúdio Gráfico
PAPEL Pólen Soft
IMPRESSÃO Geográfica, abril de 2015

A marca FSC® é a garantia de que a madeira utilizada na fabricação do papel deste livro provém de florestas que foram gerenciadas de maneira ambientalmente correta, socialmente justa e economicamente viável, além de outras fontes de origem controlada.